· 全球领导力 ·

# 领导全球团队

## 高效能敏捷团队的养成

GLOBAL TEAMS
How the Best Teams Achieve
High Performance

[英] 乔·欧文
Jo Owen
著

苏衡 译

机械工业出版社
CHINA MACHINE PRESS

Jo Owen. Global Teams: How the Best Teams Achieve High Performance.

ISBN 978-1-292-17191-3

Copyright © 2017 by Pearson Education, Inc.

Simplified Chinese Edition Copyright © 2024 by China Machine Press.

Published by arrangement with the original publisher, Pearson Education, Inc. This edition is authorized for sale and distribution in the Chinese mainland (excluding Hong Kong SAR, Macao SAR and Taiwan).

No part of this book may be reproduced or transmitted in any form or by any means, electronic or mechanical, including photocopying, recording or any information storage and retrieval system, without permission, in writing, from the publisher.

All rights reserved.

本书中文简体字版由 Pearson Education（培生教育出版集团）授权机械工业出版社在中国大陆地区（不包括香港、澳门特别行政区及台湾地区）独家出版发行。未经出版者书面许可，不得以任何方式抄袭、复制或节录本书中的任何部分。

本书封底贴有 Pearson Education（培生教育出版集团）激光防伪标签，无标签者不得销售。

北京市版权局著作权合同登记　图字：01-2021-2730 号。

## 图书在版编目（CIP）数据

领导全球团队：高效能敏捷团队的养成 /（英）乔·欧文（Jo Owen）著；苏衡译 . —北京：机械工业出版社，2024.5

（全球领导力）

书名原文：Global Teams: How the Best Teams Achieve High Performance

ISBN 978-7-111-75659-0

Ⅰ.①领… Ⅱ.①乔…②苏… Ⅲ.①企业管理 - 组织管理学 Ⅳ.①F272.9

中国国家版本馆 CIP 数据核字（2024）第 080827 号

机械工业出版社（北京市百万庄大街 22 号　邮政编码 100037）

策划编辑：白　婕　　　　　责任编辑：白　婕　崔晨芳

责任校对：张雨霏　李　婷　　责任印制：郜　敏

三河市国英印务有限公司印刷

2024 年 6 月第 1 版第 1 次印刷

147mm×210mm·10.875 印张·1 插页·238 千字

标准书号：ISBN 978-7-111-75659-0

定价：69.00 元

电话服务　　　　　　　　　　网络服务

客服电话：010-88361066　　　机 工 官 网：www.cmpbook.com

　　　　　010-88379833　　　机 工 官 博：weibo.com/cmp1952

　　　　　010-68326294　　　金 书 网：www.golden-book.com

封底无防伪标均为盗版　　　　机工教育服务网：www.cmpedu.com

# 培生寄语

培生人都信奉学习的力量——所有人都需要各种方式的学习。无论是在家里、在课堂还是在工作场所，学习都是改善人生际遇的钥匙。

为此，培生同优秀的作者合作，为你奉上最新的思想和最佳实践案例，以便你能更加从容自如地处理那些对自己重要的事务。你可以依照图书学习，也可以边做边学。培生图书的内容都经过精心设计，以便你能快速地理解并运用它们。

如果你希望提升个人技能、加速职业发展，希望成为高效的领导者或者更有影响力的交流者，希望寻找机遇或者获取灵感，那么培生定能为你的生活和工作进步助一臂之力。

培生无时无刻不致力于促进学习繁荣。只要有学习的繁荣，就会有人的茁壮成长。

欲了解更多培生的信息，请访问我们的网站：www.pearson.com/uk。

# Contents

# 目　录

作者简介

致　　谢

## 第 1 章　导论　/ 1

　　　　为何需要本书　/ 1

　　　　关于本项研究　/ 4

　　　　研究来源　/ 9

　　　　后续研究　/ 9

　　　　关于表达用语　/ 10

　　　　本书的框架和纲要　/ 12

## 第 2 章　全球团队有何特别之处　/ 14

　　　　为什么全球团队很特别　/ 14

　　　　第 1 部分　全球团队领导者的视角　/ 18

第 2 部分　全球团队成员的视角　/ 18

第 3 部分　广义的公司的视角　/ 20

第 4 部分　迎接全球挑战　/ 27

# 第 1 部分　领导全球团队

## 第 3 章　全球团队领导者面临的挑战：新技能、新思维　/ 30

全球团队领导者面临的挑战：准入门槛高　/ 32

全球团队领导者面临的挑战：智商、情商和政商　/ 36

全球团队领导者：全球背景下智商、情商和政商的培养　/ 39

来自公司核心层的领导力：隐形的操纵大师　/ 51

全球团队的领导力议题和性别议题　/ 56

准备好迎接全球团队领导力的挑战了吗　/ 58

结论　/ 62

# 第 2 部分　打造全球团队

## 第 4 章　信任：凝聚团队的黏合剂　/ 66

信任对于全球团队的意义　/ 68

信任如何提高绩效　/ 76

如何在全球团队中建立和维持信任　/ 92

结论　/ 103

第 5 章　沟通：少些噪声，多些理解　/ 106

　　全球团队面临的信噪挑战　/ 107
　　语言噪声：基于语义层面　/ 111
　　文化噪声　/ 117
　　心理噪声　/ 126
　　技术与噪声　/ 129
　　有效沟通与技术利用　/ 137
　　结论　/ 145

# 第 3 部分　创建有利于成功的公司环境

　　引言　/ 148

第 6 章　目标：制定清晰的目标还是共同的目标　/ 152

　　制定清晰的目标还是模糊的目标　/ 153
　　如何应对模糊的目标　/ 155
　　为什么在复杂的环境下很难制定目标　/ 159
　　为什么在全球环境下更难制定目标　/ 162
　　如何为全球团队制定目标　/ 168
　　全球团队的意义何在　/ 176
　　结论　/ 180

第 7 章　系统和流程：成功的基石　/ 182

　　为什么系统和流程在全球团队中运作起来更困难　/ 183

责任 / 188

制定决策 / 202

学习和创新 / 211

结论 / 220

## 第 8 章 人才与技能：全球人才、全球思维 / 222

在凝聚力和多元化之间做选择 / 224

全球团队成员应具备更高超的技能组合 / 232

全球团队成员应具备新的技能组合 / 235

全球团队成员应具备独特思维：自主权、责任感、能适应模糊的处境 / 236

建设合适的团队 / 240

结论 / 242

## 第 9 章 文化：培养文化智能 / 244

文化挑战的本质 / 244

了解团队内部的文化差异 / 248

结论 / 286

## 第 10 章 结构：组织的协调与冲突 / 290

总部和分部之间的冲突 / 291

全球化公司真正的崛起 / 302

全球公司的结构性选择 / 308

结论 / 312

# 第 4 部分　迎接全球挑战：引领、信任与支持

## 第 11 章　结论 / 318

全球团队有何不同之处 / 319
不断涌现的全球运作方案 / 323
全球团队的未来 / 331

## 术语表 / 332

# About the author

# 作者简介

为了创作《领导全球团队：高效能敏捷团队的养成》一书，乔·欧文倾注了30多年的时间，对全球100多家成功企业以及一两家衰败的企业展开了深入研究。

乔·欧文在日本创办了自己的企业，并掌管欧洲业务和北美业务；他是拥有年营业总额近2亿美元的8家非营利组织的创始人之一，也是英国最大的毕业生招聘机构 Teach First 的联合创始人之一。此外，他还经营着一家银行。在职业生涯之初，他曾经担任宝洁公司的品牌管理之职。

乔·欧文是获奖无数的作家。他的15本著作在全球出版发行已近百版。《框架领导力：如何让想法、团队和行动更成功》《拿结果的管理者：让平凡的人取得非凡成就》以及 *Tribal Business School* 堪称他的领衔之作。

乔·欧文也是备受欢迎的演讲者。他的演讲涵盖领导力、部落以及全球团队等主题。读者可通过邮箱 jo@ilead.guru 与他取得联系。

# Acknowledgements

# 致　谢

　　我酝酿写《领导全球团队：高效能敏捷团队的养成》已有多年。可临到起笔之际，我却紧张不已。研究项目开始前，我很担心。人们为什么要牺牲自己的时间来帮我做研究？人们会认同全球团队是一个值得研究的问题吗？可收到的反馈却让我大为惊讶。我一次又一次地发现，这些公司以及它们的高管都非常愿意参与这个项目，认为对全球团队的管理相当重要且极具挑战性，而大家对它知之甚少。显而易见，对于全球公司和全球管理者来说，领导全球团队是一个热点问题。

　　在此，我谨向给予我帮助的遍布全球的高管们致以诚挚的谢意，本书汲取了他们的智慧、知识以及经验，他们对本书做出了巨大的贡献。我还要特别感谢以下80多家公司，它们让我直接参与其中，对个人及团队开展正式的研究：

　　埃森哲、全球保险集团、美国国际集团、空中客车公司、ALICO、安理国际律师事务所、美国证券交易所、澳新银行、苹果公司、阿姆斯壮世界工业有限公司、阿斯利康制药有限公司、英杰华集团、美林银行、印度尼西亚银行、巴克莱银行、巴斯夫集团、美国纽约银行梅隆公司、英国文化教育协会、佳能、凯捷集团、花旗银行、德同律师事务所、德意志银行、陶氏化学、欧洲复兴开发银行、美国电子数据系统公司、教育发展信托基金、伊莱克斯、Facebook、英国《金融时报》、富士通、谷歌、美国HCA公司、Hiscox再保险公司、日立、汇丰控股、IBM、伊藤忠商事株式会社、日本航空公司、莱尔德、大都会人寿、三菱化学、商船三井株式会社、三井住友海上火灾保险有限公司、孟山都、美国全国保险公司、诺基亚、野村证券、瑞典北欧联合银行、野村综合研究所、日本电报电话公司、宝洁、培生、百事公司、菲利普·莫里斯、飞利浦、Premier Foods、高通、苏格兰皇家银行、励讯集团、能多洁、罗尔斯·罗伊斯、沙特基础工业公司、生力啤酒、西科姆、Social Media、渣打银行、环球银行金融电信协会、赛门铁克、利乐、东京海上日动火灾保险公司、瑞银集团、联合利华、维萨、华纳音乐集团、世界银行、苏黎世保险,以及许多小型公司和非政府组织,包括Ares & Co、Arrowgrass、CRU、The Groove、HERE、好侍、曼达林基金、Modern Tribe、Opportunity Network、STIR、Vastari以及World Faith。

它们的高管的洞见让我受益匪浅,但愿他们享受研究的过程,并从中获益。全书的引文,源于对高管们一对一的结构化访谈,在此也对他们一一表示感谢。

若是没有众多幕后人员的支持,一切都无从实现。培生集团一如既往地保持它高度的专业性,从研究项目一开始就给予我极大的支持。尤其值得一提的是,培生集团的出版总监理查德·斯塔格（Richard Stagg）再一次地展现了他过人的洞察力，他站在现实主义的角度，给予了我这个作者所需的一切支持；埃洛伊丝·库克（Eloise Cook）作为编辑，在颇具挑战性的时间点接手这个棘手的项目，并且一路坚持到底，完美地完成了项目。还有陪伴我很长时间的经纪人弗朗西丝·凯利（Frances Kelly），她尽职尽责，让我无须为合同分神，她一如既往的支持是我的力量源泉。

万事开头难，寻找第一批受访者的过程总是困难重重。因为没有什么东西可以回馈第一批受访的"小白鼠"，所以解决这个难题非得用人情、关系和人脉不可。我的妻子洋美（Hiromi）为我的研究项目四处奔波，帮我联系了许多日本高管。数月来，我一直忙于写作和研究，她只能与书做伴。

任何一本书都存在事实错误或判断错误的风险，更何况这还是一本高度基于原创性研究的书。本书若有任何误漏，责任当完全在我，而不在诸位同人，他们已经为促成此书尽心尽力了。

# 第1章

# 导　论

## 为何需要本书

　　写全球化的文章有很多，而写全球团队的文章却少之又少。全球化有赖于全球各地的人士所组成的小团队。这些团队可能会承担供应链或产品研发业务，向全球客户提供全球产品或服务，他们还可能负责公司的信息技术、风险控制、财务以及人力资源管理等职能工作。全球团队是助力全球化公司运转的润滑剂。

　　打造一支成功的本土团队就已经够难了，打造一支成功的全球团队更是难上加难。由于团队成员生活在不同的时区、语言和文化环境中，加之他们对事务优先级的看法存在很大的分歧，因此在制定决策、设立目标、沟通交流、建立信任和管理团队等方面，都会变得更加困难。

　　若是想寻找有关管理全球团队的实用方法，你会发现收效甚微。其中许多关于文化方面的建议，虽然有用，但远远不够。你能从中知晓在日本该如何交换名片,这将有利于你更好地介绍自己,但是这并不足以帮助全球团队取得成功。

本书重在解决困扰职业经理人的一些难题:

- 面对那些距离我千里之外,且与我使用不同语言的总部员工,我如何才能影响他们的决策呢?
- 我该如何权衡本土目标、本土优先事务与全球优先事务?
- 我能相信那些身在异国的团队成员会履行他们对我的承诺吗?
- 我该如何了解到真实情况以及这些情况对我的影响?
- 我能相信最高管理层会通过我的议题并支持我本人吗?
- 我该如何领导那些我没见过而且与我不一样的人?

伴随全球化的发展,公司对高效能全球团队的需求也日益增加。管理者若缺乏全球管理的经验,将越发难以取得成功,原因就在于全球的关联性变得越来越强。这一点由以下几个简单的事实就可以说明。

- 1972年至2014年,全球GDP的年增长率为3.5%,2014年的GDP为1972年的GDP的4.4倍。
- 1973年至2011年,全球贸易额的年增长率为6.1%,即在不到40年的时间里,贸易额增长为原来的10倍。贸易额的增长一直快于GDP的增长。
- 中国进入全球市场,推动了贸易额和GDP的增长。2000年,中国的出口额仅2490亿美元;到2014年,中国的出口额达23 420亿美元,增长了近10倍,已超过美国成为全球最大的出口国。同期，美国的出口额由 7800 亿美元增加到 16 200 亿美元。
- 全球通信的发展速度比 GDP 和贸易额的增长速度更快。1995 年至 2015 年这 20 年间，全球电信流量从 700 亿分钟增长到 5600 亿分钟。其中将近一半的流量来自网络语音服务，而这在 20 年前是根本不存在的。
- 互联网用户的爆炸式增长也能反映全球通信的发展。1996 年全球互联网用户只有 4500 万人。到 2015 年，互联网用户已达 34 亿人，他们在弹指之间就能获知全球资讯。

当代的经理人比以往任何时候都更需要懂得如何在全球化经济背景下管理公司。在过去，全球化只是在全球传播西方模式的一个代名词。日本的最先崛起让西方的管理模式成为默认的管理模式。而当今中国的崛起表明，成功的模式不止一种。印度和亚洲其他地区紧随其后。当今的"全球化"才是真正意义上的"全球化"，遍布全球的不再仅仅是西方的经验。

> 在过去，全球化只是在全球传播西方模式的一个代名词。

## 本书有何不同之处

本书填补了我们对全球化知识的空缺。大多数关于全球化的研究仅着眼于个人或公司面临的挑战，本书则明确关注全球团队面临的挑战，将公司与个人关联起来研究。

巴特利特（Bartlett）和戈沙尔（Ghoshal）在早期的全球化研究中，探讨了公司如何在全球一体化与本土响应之间权衡。随后，他们还探索了这种权衡在价值链中的不同表现。这种研究对于高层次的组织设计和战略制定来说是有价值的,但对团队领导者和团队成员的日常工作并无用处。团队领导者每天都得思考,该如何权衡全球需求和本土需求。巴特利特和戈沙尔是从公司的角度探讨全球化的,而本书则是从团队的角度来探讨全球性工作的。全球团队很快就意识到,在全球一体化与本土响应之间没什么好权衡的。即便这两者会把团队引向两个相反的努力方向,两个目标也是有望同时实现的。

不久前,艾琳·迈耶(Erin Meyer)针对世界各地的文化差异做了非常有价值的研究。该研究表明了文化差异对个人的影响。这对个人来说有一定的借鉴意义,但它仍然没有解决如何让团队高效运转的问题。文化只是影响团队运转的因素之一,全球团队还必须思考其他诸多问题:如何建立信任,如何有效沟通,如何在不确定性、模糊性和冲突的状态中做决策,如何为团队制定清晰的共同目标,以及如何打造一个具备必要技能和正确价值观的团队。

巴特利特和戈沙尔聚焦于公司层面面临的全球化问题,艾琳·迈耶聚焦于个人层面面临的全球化问题,本书则填补了两者的空缺。让全球公司实现高效运转的关键在于让全球团队实现高效运转,而本书在解决这一问题上迈出了第一小步。

## 关于本项研究

之所以说本书基于原创性研究,原因很简单:"全球团队"是一个被严重忽视的话题,没有其他实质性的研究可供借鉴。本书涉及的原创性研究工作针对80多家全球公司中的员工及团队，其中包括：

埃森哲、全球保险集团、美国国际集团、空中客车公司、ALICO、安理国际律师事务所、美国证券交易所、澳新银行、苹果公司、阿姆斯壮世界工业有限公司、阿斯利康制药有限公司、英杰华集团、美林银行、印度尼西亚银行、巴克莱银行、巴斯夫集团、美国纽约银行梅隆公司、英国文化教育协会、佳能、凯捷集团、花旗银行、德同律师事务所、德意志银行、陶氏化学、欧洲复兴开发银行、美国电子数据系统公司、教育发展信托基金、伊莱克斯、Facebook、英国《金融时报》、富士通、谷歌、美国HCA公司、Hiscox再保险公司、日立、汇丰控股、IBM、伊藤忠商事株式会社、日本航空公司、莱尔德、大都会人寿、三菱化学、商船三井株式会社、三井住友海上火灾保险有限公司、孟山都、美国全国保险公司、诺基亚、野村证券、瑞典北欧联合银行、野村综合研究所、日本电报电话公司、宝洁、培生、百事公司、菲利普·莫里斯、飞利浦、Premier Foods、高通、苏格兰皇家银行、励讯集团、能多洁、罗尔斯·罗伊斯、沙特基础工业公司、生力啤酒、西科姆、Social Media、渣打银行、环球银行金融电信协会、赛门铁克、利乐、东京海上日动火灾保险公司、瑞银集团、联合利华、维萨、华纳音乐集团、世界银行、苏黎世保险等大型公司和非营利组织，还包括许多小型公司和非政府组织：Ares & Co、Arrowgrass、CRU、The Groove、HERE、好侍、曼达林基金、Modern Tribe、Opportunity Network、STIR、Vastari 以及 World Faith 等。

总体来看，本书总结了在100多个国家和地区所做的研究工作和经验成果，审慎反驳了大多数研究在全球化问题上表现出的西方模式偏见。

研究涵盖三个基本方面：

- 同全球团队成员进行深度的结构化访谈。
- 针对全球团队的工作效能开展简短的调查。
- 建立工作坊，同选定的公司共同探讨如何改善全球团队的工作。

本研究从始至终聚焦于实践经验和现实案例，着眼于全球团队真实的日常状况，而非人们对全球团队的看法和见解。

为全面了解全球团队，需要从多个不同的方面进行考察。本研究考察的主要有如下几个方面：

- 轮毂与辐条。
- 团队领导者与团队成员。
- 西方管理模式与非西方管理模式。
- 小公司与大公司。

下面对以上各方面做简要说明。

## 轮毂与辐条

全球团队通常由一个轮毂（即总部）和几个辐条（即分部）组成。总部是权力中心、决策中心和沟通中心。这就给远离总部、身处分部的人员带来了问题。在我们自己的世界中，我们是主角，其他人是配角。当自己在别人的世界中只是一个无关紧要的小角色时，你会发现事情可能就难办了。突然间,你会更加强烈地感受到来自信任、决策和沟通等诸多方面的挑战。而与此同时,身处总部的人员想的则是能否信任那些位于分部的人员,以及在他们的休息时间,那些位于分部的人员能否做出正确的决策。本研究的核心在于了解总部和分部两方的看法。

## 团队领导者与团队成员

团队领导者经常会为了权衡全球事务和本土事务而伤脑筋。作为团队领导者,他面临种种挑战:需要拉近团队成员之间的距离,可这些团队成员生活在不同的时区,使用不同的语言,有不同的文化背景,掌握不同的技能,拥有不同的期待;需要缩小全球需求与本土需求的差距;需要通过影响团队而非控制团队的方式去了解决策、影响决策;还需要保护好团队,使其免受全球工作的模糊性和不确定性因素带来的影响。对于团队领导者,这些都是巨大的挑战。

相比之下,每个团队成员都需要依赖其他团队成员执行工作任务,这就会产生团队内部的信任、沟通、决策和问责等问题。虽然团队领导者和团队成员可能会朝着共同目标努力,但他们对重要事项和个人目标却持截然不同的看法。

## 西方管理模式与非西方管理模式

纵观关于全球化以及管理学的文献,多数会带有介绍西方模式的倾向。正如一位日本受访者所言:"因为有许多关于西方管理模式的图书被翻译成日文,所以我们对西方管理模式有所了解。但是有多少关于日本管理模式的图书被翻译成英文呢?"有多少美国高管读过关于日本管理模式的书呢？如果是这样（很少有人读），可能会带来灾难性的后果。日本管理模式之所以成功，很大程度上是因为吸收和采纳了戴明质量管理法，西方对此幡然醒悟实在为时已晚。

> 有多少美国高管读过关于日本管理模式的书呢？

过去，全球化是在全球传播西方管理模式和西方企业的代名词。东亚的崛起已然让这种观念尘封于历史，而现有的文献尚未跟进全球化的现实发展。本书将开启书写全球化的现实发展的进程。

对于迈耶以及其他学者探讨的诸多文化差异问题，本研究一一予以证实。研究表明，全球团队运作过程中遇到的诸多挑战带有普遍性。本书探讨了世界各地应对挑战的相同点和不同点。研究旨在确保本书不会成为宣扬西方管理模式的又一个范本。

## 小公司与大公司

在研究全球公司的时候，人们很容易把研究重心放在大公司上。大公司的确很重要，它们久负盛名，但全球化的未来并不仅仅属于它们，还可能属于小型的初创公司。2004 年，Facebook 还只是一家哈佛大学内部的初创公司；而到 2015 年，它的月度用户已达 16 亿之多。

有研究表明，小公司在全球化运作中锐意创新，很好地解决了跨国运作中遇到的一些挑战。在完全没有公司生存保障系统的情况下工作，是一件好坏参半的事情——生存保障系统既能助我们一臂之力，又将我们禁锢其中。小公司会受到资源的限制，它们清楚地意识到，要专注于全球化能给自己带来什么，以及如何才能最好地进行跨国管理。它们会犯错误，但也会快速地从中吸取教训。本书记录了它们学习成长的过程,好让大家也能加快学习进程。毕竟,相比于从自己的错误中吸取教训,从别人的错误中吸取教训感觉好受一些。

## 研究来源

研究的整个过程都高度注重原创性。为此,我由衷感谢那些贡献了时间和洞见的受访者。对同意公开身份的受访者,我都对其予以注明。不过大多数人要求匿名。尤其是金融业的从业者,他们发表任何言论都需要获得合规部、风险部、企业通信部、法务部、公共关系部以及产品部和地区各级管理部门等的批准。这或许是金融业的现状。对所有的匿名受访者,我为他们做了必要的匿名处理,所有经过匿名处理的数据均真实可靠。

对于可能引发对个人或公司的争议的言论或案例,我在引用时也做了匿名处理。

## 后续研究

研究全球团队的运作方式是一项艰巨的任务,它涉及大量的研究变量,如团队成员的国籍及文化背景、公司的所在国及文化背景,团队的职能和工作重心,常设团队与项目团队,行业类型,公司类型及规模,问题及困难的类型。要想对所有变量做统计,并希望建立关于每个变量的有效数据库,至少需要十亿个数据点。大数据的确管用,但前提是得有足够的初始数据点。因此,这项研究可能要持续数年。但经过本阶段的研究，职业经理人已明确了公司的中心思想以及公司面临的主要挑战，这足以让他们知晓如何通过全球团队来提高公司竞争力。

下一阶段的研究重点放在如下两个方面：

- 研究公司如何实现从现有模式向最佳模式的转变。
- 从地理位置和地区两个变量对团队进行深入研究。

后续研究将以合作项目的形式进行，它将为参与的机构提供简单有益的工具，帮助其改善全球团队的运作。读者若对参与本研究感兴趣，不妨访问网站：www.teams.world。本人非常乐意同世界各地有相关经验的人士保持交流。同样，大家可以通过该网站与本人取得联系。

## 关于表达用语

表达"全球化"的词比比皆是，介意这些用语的人会发现，这些用语各自带有非常确切的含义：全球公司、无国界公司、国际公司、跨国公司、多地区公司等。本研究表明，无须担心这些不同的表达形式和称谓。一旦你深入了解跨国团队的实际运作，这种用语之间的差异就不再重要了。上述这些组织的全球团队都在为解决领导力、信任、决策和沟通等问题而努力。只有在考察组织架构的时候，这些不同用语才会体现实质性的差异，第 10 章探究了不同用语对全球团队的重要意义。

为了便于大家阅读，我在书中简单地使用"全球"一词，统指所有类型的跨国公司。准确地说，我指的是全球团队和跨国团队。虽然现在大多数跨国团队并没有做到完全全球化，但大多数人使用"全球"一词来形容它们，我遵循这个常规的用法，让易读性优于意义的精确性。

我也宽泛地使用了"公司"一词。当案例涉及非政府组织或非营利组织的时候，我都用"公司"来指代。另外，"公司"也简单地用来统称参与本研究的所有类型的组织机构。

世界各国的文化千差万别，需要加以简化。我所指的盎格鲁地区和其他地区就存在重要的差异。广泛来讲，盎格鲁地区包括北美、英国和其他英语国家。虽然这些国家之间也存在显著的差异，但为简要起见我在这里仍用盎格鲁地区指代，以说明它们与其他文化的差异。从管理学的角度来看，欧洲包括几个不同的文化群体：盎格鲁人、日耳曼人、拉丁人、北欧人和法国人，他们都有自己独特的行事方式。同样地，我用"亚洲文化"统一指代中国文化、日本文化、印度文化、菲律宾文化与其他亚洲文化，这是一种偷懒且有失妥当的做法。这些国家之间事实上也存在重大的差异。

最后，我将全球公司定义为两种类型：中心辐射型和网络型。中心辐射型公司有着强大的中心（即轮毂），虽然辐条在很大程度上是相互独立的，但所有的通信都会经过轮毂。网络型公司的轮毂（中心）不像前者的那么强大，但它具有一个鲜明的特点，即网络中的节点相互依赖。在现实情况中，没有一家全球公司是纯粹的中心辐射型或网络型公司，它们都是二者的混合体。就本书而言，区分公司类型有助于强调不同类型的组织结构会遇到不同的挑战和机遇。

在文末我附加了一张简短的术语表，以供大家参考。

## 本书的框架和纲要

本书本质上涉及多种不同的研究视角：不同的国别、轮毂与辐条、团队领导者与团队成员、不同类型的团队。如果对每个角度都进行详尽无遗的研究，定会让人筋疲力尽，且结果会搞得人一头雾水。因此必须做一定程度的简化。

本书分为 4 个部分。前 3 个部分从不同的角度分析全球团队。第 4 部分是结论，简要地概括了改善全球团队工作的方法。如果你想取巧，请先阅读第 2 章及第 11 章，这些内容会让你对本书有一个整体的了解。

以上就是本书的结构，每章都独立成文，读者可以根据自己的喜好排序阅读。图 1-1 为本书的主题和框架。

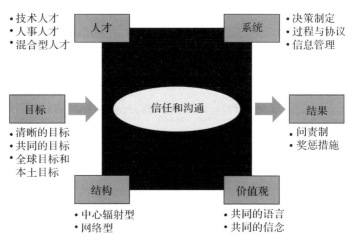

图 1-1　管理全球团队的新兴领导力框架

本书的第 1 部分从团队领导者的角度进行分析，团队领导者的关注点涵盖图 1-1 领导力框架的每个组成部分。

第 2 部分从团队成员的角度进行分析，该部分对应图 1-1 中间的椭圆形区域。对每一个团队成员而言，不管自己是否认可这个框架，都会把整体框架当作既定框架。他们关注的是团队内部的信任（详见第 4 章）和沟通（详见第 5 章）。

第 3 部分从公司的角度出发，分析如何为团队的成功创造环境。这意味着公司需要做好以下工作。

- 目标：清晰的目标与共同的目标，详见第 6 章。
- 系统：决策系统、问责系统、学习系统以及创新系统，详见第 7 章。
- 人才：招聘与培养优秀人才，详见第 8 章。
- 价值观与文化：管理文化差异，详见第 9 章。
- 结构：结构的复杂性、协调与冲突，详见第 10 章。

第 4 部分是研究发现和结论，详见第 11 章。

# 第 2 章

# 全球团队有何特别之处

　　加入全球团队能加速你的个人发展和职业发展。你会在工作中结识不同的人，接触不同的文化。你可能还会从事有重要价值的创意性工作，毕竟全球团队不是为处理无足轻重的琐事而组建的。全球团队意味着巨大的机会，也意味着巨大的责任。

　　在全球团队，你会因为一切与以往截然不同而需要快速地学习。在本土团队中行得通的做法放到全球团队中就不管用了。你需要与那些素未谋面的人一起共事，他们的思想、行为、言谈和外表、生活的时区与你迥异，这意味着再简单的任务也会变得很复杂。

　　要想在新环境下成功，就得采用新的工作方法。你必须放下那套久经验证的本土团队工作方法，代之以崭新而陌生的工作方法。这既是学习的机会，也是学习的义务。

## 为什么全球团队很特别

　　有很多图书、指南是关于如何实现本土团队高效运作的，但是关于如何实现全球团队高效运作的指南却寥寥无几。全球团队的生存法则和成功法则是与本土团队截然不同的。在全球背景下，让团队运作所需要的基本任务更加困难。以下从四个方面加以说明。

**团队沟通：** 在本土团队，沟通就是一件很艰难的事情了。虽然总会有这样那样的误解，但至少你面前的这个人所表示的不理解或提出的异议是显而易见的，任何分歧都可以迅速化解。而在全球团队，由于文化差异和空间阻隔，沟通成了更加艰巨的挑战。

在全球团队，误解更容易产生，更难发现，也更难解决。空间的阻隔意味着你无法看见对方的肢体语言，无法立刻发现沟通中存在的误解与分歧。跨文化噪声意味着你说的和对方听到的可能会有出入。不同文化背景的人对彼此的沟通方式感到陌生，他们可以选择沟通或者不沟通。各种小分歧在无意之中变成了大分歧。

**决策制定：** 在本土团队，你知道谁是利益相关者，知道他们的利益所在，接近他们也相对容易些，因而你知道决策制定的背景。即便如此，决策过程也会发生争议，也会很耗时。而在全球团队，你可能并不知道利益相关者都是谁，不知道他们的利益所在，不太容易接近那些来自不同时区、具有不同文化背景、使用不同语言的人，也无法参与办公室里的八卦闲聊，不能通过闲聊来了解决策制定的背景和过程。你虽然很盲目，却还是得找出能有效影响决策和利益相关者的办法。

**任务委派：** 任务委派是一种信任他人的行为，即信任他人能完成你委派的任务。如果同在一个办公室，你就能看见他们正为完成任务而忙得焦头烂额的情形，并且能实时地与他们对话，这会让一切步入正轨。而在全球团队中，信任的门槛却要高好多。你无从看到团队忙得焦头烂额的工作状态，也无从与身处世界各地的同事们实时对话。此外，文化上的隔阂可能导致你在获知坏消息或发现问题时为时已晚。在全球团队中，不但信任的门槛更高，而且建立信任的阻力更大。你会轻易信任那些你没法真实看见、跟你不一样且很少见面的人吗？

> 你会轻易信任那些你没法真实看见、跟你不一样且很少见面的人吗？

**目标设定**：有许多文章谈到公司如何平衡全球市场与本土市场的问题：应专注全球目标和需求，还是本土目标和需求？对公司高层来说，全球需求是首要的。对一线员工来说，本土需求是当务之急，是应解决的需求。全球团队则夹在公司高层和一线员工之间，他们发现自己陷于全球需求优先和本土需求的冲突中，即使面临沟通和决策的种种困难，他们也得找到平衡两方的办法。

事实上，在全球团队，几乎任何事做起来都会比在本土团队更困难。全球团队的成员在不同的监管环境和法律环境下工作；各个部门系统可能互不兼容，沟通平台可能存在差异；虽然绩效管理制度看上去相同，但各地区执行绩效管理的办法并不一致；至于团队成员之间的沟通方式以及团队成员和领导者之间的沟通方式，也存在文化差异。

> 在全球团队，几乎任何事做起来都会比在本土团队更困难。

面对这些挑战，团队领导者、团队成员和公司必须一起努力，使全球团队的运作方式有别于本土团队的运作方式，具体如下：

- **团队领导者**：全球团队的领导者准入门槛更高。全球团队的领导者必须具备独特的心理素质——开放包容，适应性强且具备好奇心。作为全球团队的领导者，如果固守管理本土团队的那套成功模式，势必会失败。因为在某个国家行之有效的工作模式未必在所有国家都行之有效。全球团队的领导者还必须具备远程影响决策的能力，必须有能力远程激励员工和管理团队成员。这些能力在本土团队中是学不到的。在本土团队，你每天都能见到团队成员，随时可以影响、激励和管理他们。

- 团队成员：相比本土团队，信任和沟通对全球团队构成的挑战严峻得多。人们更容易信任能见面交谈的人，倘若对方的文化背景与自己的相似，则更容易赢得信任。要跟那些同自己极少见面、极少交谈且与自己有着巨大文化差异的人建立信任则困难得多。为了应对挑战，全球团队的成员更需要讲究沟通和建立信任的方法，需要在团队上下深入培养文化智能。团队成员需要具备独特的心理素质——有适应能力和责任心，开放包容且积极向上。
- 公司：公司必须为全球团队提供与本土团队一样的支持框架，例如招聘与培养人才、建立绩效管理机制、完善相关流程和系统等。虽然两个框架看上去是一样的，但在不同的国家和文化背景下，实践起来却要复杂得多。

《领导全球团队》从团队领导者、团队成员和广义的公司三个视角来组织全书的内容，旨在揭示三者如何通过提高和改变技能实现全球团队的高效运转。

# 第 1 部分　全球团队领导者的视角

## 第 3 章　全球团队领导者面临的挑战：新技能、新思维

全球化正在让领导者的领导方式发生根本性转变。全球团队需要一种新型的领导者，他们拥有与本土团队领导者不同的技能和思维方式。他们需要做到如下几点：

- 行使权力，但不摆权威的架子。
- 远程影响决策。
- 平衡多个有冲突的利益相关者和目标。
- 激励和调动那些不常见面的团队成员。
- 与思维不同、行事风格不同的人建立信任。
- 拥有适应不同环境的文化智能。

这是一种极致的领导力，它提高了对领导者的要求。未来的领导者与过去本土环境下的领导者有着天壤之别，他们不可能安安逸逸地做领导。

# 第 2 部分　全球团队成员的视角

高效能全球团队的核心在于信任和沟通。这两个话题被团队成员反复提及。信任和沟通如同黏合剂，能将高度分散的团队成员凝聚在一起。

## 第 4 章　信任：凝聚团队的黏合剂

72% 的全球团队视信任为五大挑战之一。在推动任务委派、自

主性、问责制、诚实开放的沟通体系和激励机制方面，信任起着至关重要的作用。团队成员之间只有达成高度信任，才能有效地表达不同的观点和化解冲突。高度信任可以改善沟通，而良好的沟通可以建立信任，从而形成良性循环。

由于文化差异和物理距离的存在，又由于全球团队从事的是高风险事务，达成信任的水准更高，所以在全球团队中建立信任更为艰难。

一个团队需要建立两种信任：职业信任和个人信任。盎格鲁文化、日耳曼文化和北欧文化更注重职业信任，其他文化则更注重个人信任。对于全球团队，这两种信任需要兼而有之。

个人信任源于找到共同的兴趣、经验和价值观。职业信任讲求协调事务议程的能力，即能达成一致的沟通、决策和行动方案，并通过一贯的交付能力和可信度建立信誉。整个团队还需要培养文化智能，破除对不同国别的刻板印象，能认可不同文化为团队所做的杰出贡献。

## 第5章 沟通：少些噪声，多些理解

在这个"超级沟通"时代，沟通依然是一件很困难的事。跨国沟通虽比以往任何时候容易，但要想在沟通中被理解却是一如既往地艰难。沟通和理解是两码事。

> 跨国沟通虽比以往任何时候容易，但要想在沟通中被理解却是一如既往地艰难。

沟通的困难程度与噪声有关，我们说的与他人听到和理解的可能不是一回事。与本土团队相比，全球团队在沟通过程中受到的噪声干扰要大得多。因为受不同语言、文化假设以及物理距离的干扰，信息在沟通过程中会流失。由于物理距离的阻隔，全球团队很难做到隔三岔五地聚在办公室闲聊，而这种闲聊是有助于避免和消除误解的。

科学技术虽有助于传递事务性的消息，但也会妨碍关系的培养和信任的建立。全球团队发现，电子邮件特别容易被误用和造成误解，它简直就是破坏信任的"好帮手"。

许多小型公司正在利用高新技术改进团队沟通，改善自主性和问责机制。它们利用技术手段建立高透明度、低隐私性的沟通机制。如此一来，沟通便成为一种文化选择。高度透明的沟通机制既可对沟通不断起到强化作用，也可对沟通起到越来越大的制约作用。如果两者过于失衡以至于不可控，沟通和信任就会出问题。即便是高科技公司，也认为信任问题需要当面沟通解决。无论是以个人会晤的形式，还是以团队或公司会议的形式见面沟通，都会产生很高的成本，但这也是很好的投资。

# 第 3 部分　广义的公司的视角

本书的第 6～10 章阐述了公司如何为全球团队的繁荣发展创建有利的环境。

## 第 6 章　目标：制定清晰的目标还是共同的目标

公司高层和团队对目标持迥然不同的看法。公司高层通常都认为目标够清晰，而团队则习惯性地抱怨目标不清晰。约 65% 的高层管理者认为制定清晰的目标是他们需要面对的最大挑战之一；在非高层的管理者中,有近80%的人认为制定清晰的目标是团队需要面对的五大挑战之一。

制定清晰的目标竟会成为一个问题,乍一想,这让人匪夷所思。短期目标、关键绩效指标和长远目标泛滥的公司不在少数。制定目标是经营好公司的基础条件之一。但全球团队一致认为,制定目标是一大挑战,原因有以下两点:

- 目标不清晰。在公司高层看来再简单明了不过的目标,在全球团队看来却非常不清晰。这是因为全球团队不得不做好各种权衡——既要服务于全球需求,又要满足本土需求。事实上,每一个全球团队都面对着众多不同的观点、利益相关者以及各种利益诉求,必须想方设法地摆平它们,以找到共同前进之路。

- 目标不被理解或不能达成共识。仅有清晰的目标是不够的,目标还必须分享给团队的每个成员。他们不仅需要理解目标(是什么),还需要理解目标制定的背景(为什么设立这个目标以及如何实现)。这会带来决策方面的问题,即平衡效率和流程规范的问题。在盎格鲁文化下,人们制定决策通常快速高效,但在流程公平方面却做得很糟糕:他们不能让决策达成共识。亚洲文化则恰好相反,人们制定决策的过程看似缓慢而低效,但在达成共识方面颇有成效。

## 第7章 系统和流程:成功的基石

本章考察系统和流程。系统和流程好比管道工程,看上去不起眼，其实至关重要。它们要么助全球团队一臂之力，要么阻碍团队发展。系统和流程是重要的保障因素。一旦运转失常，它们就会让团队一蹶不振；但如果运转正常，是没人把它们当回事的。

> 系统和流程好比管道工程，看上去不起眼，其实至关重要。

公司需要重视以下四个主要方面：

- 角色和职责。如果角色和职责不明晰，责任也会不明晰。在本土团队，你可以看到谁在做什么，因此责任分配相对比较容易。在全球团队，你无法看到谁在做什么，这就要求责任更加明晰。一旦责任明晰了，委派任务就容易多了。委派的任务越多，越能激发团队成员的自主性和积极性。当然，委派任务不仅仅依靠系统和流程，还有赖于信任。毕竟，你只会把任务委派给你信任的人。

- 流程与规范。全球团队需要富有预见地做好沟通、决策和汇报等事务活动的安排，需要加强参加各项事务活动的纪律，因为面临时间、语言和文化差异的问题，全球团队其实很难做到像本土团队那样享有参加活动的灵活性。通常情况下，公司的高管们对流程和规范并不怎么关注，但一线的团队成员会高度关注。这是因为一旦流程相互冲突而引发问题，他们不得不承受由此带来的后果。

- 决策制定。由于身处不同的时区、文化和语言环境，全球团队会面临决策影响方面的挑战。他们可能不认识对决策起关键作用的人物，对决策层最近谈论什么议程、谁在想什么、谁真的有影响力等也全然不知。无论哪一个全球团队，都需要有一个圈内人士当他们的带头人，替他们周旋，以改变他们对决策制定一无所知的局面。
- 学习与创新。优秀的全球公司懂得从公司内外获取世界各地的知识和学问。对许多公司来说，学习和创新需要从根本上转变企业文化，即由封闭系统转向开放系统。封闭系统认为总部最了解情况，开放系统则认为生态系统比我们所有人更智能。有了合适的文化，公司还必须开发技术，构建流程，建立基础设施，以便开展学习和创新。

## 第8章 人才与技能：全球人才、全球思维

全球团队需要具备非凡技能和思维的人才。如果一个人仅仅拘泥于一种文化，他就不会具备全球思维。这样的人即便拥有精湛的技能，也无法在全球团队中取得成功。

本章探讨公司如何招聘和培养全球型人才。这要从顶层谈起。如果只有本土人才才能获取登上金字塔顶端的通行证，那么全球团队就很难吸引到他们需要的顶尖人才。全球团队需要的顶尖人才具备以下三个特征：

- 具备不同于本土人才的技能。像全球团队的领导者一样，团队成员也需要具备过硬的影响力、高超的文化智能和卓越的沟通技能。所谓沟通技能，指的是非凡的倾听技能，而不是广而告之的技能。
- 具备比本土人才更高超的技能。原因之一是，全球团队经常从事高风险项目。原因之二是，如果你在国外工作，那么你

就是具有高价值的资产，而你只有具备让本土人才信服的技能，他们才会向你学习。
- 具备不同于本土人才的思维。全球思维习惯于开放、多样化，推崇自主和责任，并总是对新文化和新的行事方式好奇。全球思维就是要不断学习、成长和适应新环境。如果全球团队采用的是那种一成不变的思维方式和行事方式，就必然会导致不同文化之间的冲突。

事实上，全球型人才经常具有自主选择性：全球管理者希望保持全球性，要让他们重新融入本土工作环境还挺难受的。一个人一旦体验了全球化运作的自由、自主性和多元化，就很难再回到本土团队一贯的工作状态。

## 第9章 文化：培养文化智能

应对全球性挑战需要一种新的思维方式。我们习惯于成为我们自己的小宇宙的中心，我们假定事情该如何做，并认为其他的工作方式都不可思议、令人困惑且没有效果。而对其他人来说，我们的工作方式才不可思议、令人困惑且没有效果。来自盎格鲁地区的管理者特别理解不了这件事。大多数的商业文献都从这个角度着笔，意在表明其他文化对盎格鲁地区的工作方式多少有所了解，但盎格鲁地区对其他文化却了解甚微。

> 应对全球性挑战需要一种新的思维方式。

关于成功文化，全球管理者无须过早下结论。你得先理解并尊重他人的工作方式。文化没有对错之分，只是存在差异而已。

第 9 章列举了 20 种主要的文化差异，它们分属以下五大范畴：

- 对权威和等级的态度。这里存在着两组明显的分歧。首先是等级文化和平等文化的分歧，这会影响决策的制定、交谈者的主次以及团队的自主程度。其次是个人主义文化和集体文化的分歧，这同样会影响决策的制定，并且影响让管理者感到舒适的自主程度。
- 团队成员之间的沟通方式。世界上有多少人，就有多少种不同的沟通方式。即便是细小的差异，也会导致巨大的误会。简单地说，全球团队必须重视以下四个方面的差异，这些差异是始终存在的。
  - 劝说方式上，原则、逻辑、理性与务实、实用的差异。
  - 问题处理上，公开、理性与私下、人性化的差异。
  - 肢体语言上，张扬、开放与克制、封闭的差异。
  - 风格上，开门见山、简单明了与层次分明、细致入微的差异。
- 团队成员间的关系。不同文化在如何看待信任和身份地位上存在明显的分歧。一些文化注重建立个人信任，另外一些文化则注重建立职业信任。一些文化会更注重身份的高低和地位的尊卑，这也影响交谈者的主次以及交谈的时机。
- 思维与观念。许多文化存在很多根深蒂固的观念，这就导致很多人不会推翻原有观念，并反对那些观念不同的人。以下这四组对立尤为突出：
  - 乐观与务实主义。

- 以任务为中心与以人为本。
- 固定思维与适应性思维。
- 忍受模棱性或消除模棱性。

● 社会运作方式。社会对时间、法律和开放的态度不仅会改变个人的行为，还会影响团队的工作方式。

作为团队的领导者，你不必了解团队的所有文化差异。你不是创建深厚文化知识的人类学家。你是一个团队的领导者，你需要具备的是文化智能，而不是文化知识。你需要具备开放的思维，以及快速学习和快速适应的能力。全球团队的领导者绝不能故步自封。

> 团队的领导者需要具备的是文化智能，而不是文化知识。

## 第10章 结构：组织的协调与冲突

任何全球组织都有其复杂性，都需要平衡好公司上下的协调与冲突问题。全球团队经常会被卷入其中。

全球公司面临的结构性挑战是如何平衡全球需求与本土需求。而对大多数全球团队来说，这不是一个平衡问题，满足各方需求才是期望达到的结果。为此，全球团队经常要应付多个内部的和外部的利益相关者，而这些利益相关者的诉求是对立的。

管理者都会设身处地地看世界，这意味着所有组织机构都会有各自截然不同的想法和议程。设身处地是所有公司处理冲突的方法。在决定优先事项和形成新观念方面，冲突既可能是具有建设性的，也可能是具有破坏性的。全球团队对这两者都深有体会。

一种冲突是，公司的总部和分部相互之间缺乏不同程度的信任。分部不确定是否可以信任总部会照顾到它们的利益，总部不信任分部能完成委派给它们的任务。

另一种冲突是，公司高层和团队之间存在认知上的鸿沟。在高层看来，公司目标清晰、决策公正、沟通良好。而在全球团队看来，情形刚好相反。他们认为，来自高层的决策不透明、沟通不完全也不充分。高层制定的目标也是模糊的，因为团队需要协调多个利益相关方，而让各方对目标达成共识是一大挑战。

化解冲突的神奇魔杖是不存在的。无论哪种形式的组织，都需要协调好不同重要事项之间的冲突。但是任何组织如果能把员工、系统和文化合理配置的话，这个组织就能够良好运转。

# 第 4 部分　迎接全球挑战

## 第 11 章　结论

打造成功的全球团队是一项艰苦且复杂的任务，而大家又都是忙人，当然无暇去消受冗长而复杂的高谈阔论。因此，第 11 章冒着核心信息表达过于简化的风险，只为读者提供一则关于本书关键主题和信息的简短摘要。读者可以从如下三个视角来了解全球团队：

- 团队领导者。全球团队的领导者需要具备更加高超的技能，需要具备不同于本土团队领导者的技能和思维。

> 全球团队的领导者需要具备更加高超的技能，需要具备不同于本土团队领导者的技能和思维。

- 团队成员。团队成员也需要具备与团队领导者类似的技能和思维。团队成员主要关注的是在团队中建立信任和沟通机制。
- 公司。公司面临的挑战是如何创建有利于成功的环境。成功的团队和公司一定具有凝聚力。关于如何提高凝聚力,是整合本土的文化和人才,还是创建一种全球文化和培养全球型人才?公司会做决策。一旦做出明确的决策,公司就可以开始着手创建流程、系统、组织,并推进人才管理。

全球团队的作用只会变得越来越大。全球化意味着公司必须从世界各地物色和吸收优秀的人才、理念和价值观。全球团队是关于人才、理念、价值观的整合机制。一个公司要谋求生存和成功发展,将越来越有赖于全球团队的良好运转。

# Global Teams

How the Best Teams
Achieve High Performance

## 第 1 部分

# 领导全球团队

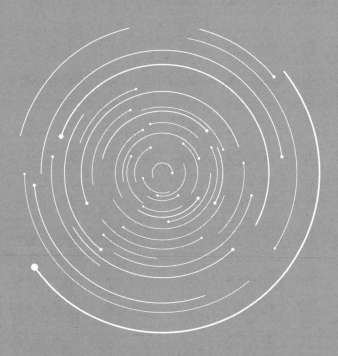

# 第 3 章

# 全球团队领导者面临的挑战：新技能、新思维

全球团队需要卓越的领导者。他需要克服种种差异带来的挑战，比如时间、文化和语言、议程安排以及执行能力的差异。这就需要领导者提高传统领导技能，包括团队管理、员工激励、绩效管理以及决策制定等方面的技能。除此之外，全球团队领导者还需要具备新技能和新思维。全球团队领导者必须具备高超的影响力，因为在距离遥远的地方只发号施令或指挥控制是不会收到好效果的。全球团队领导者还需具备很强的学习能力和适应能力。对于在本土环境下多年精心打磨出来的成功模式，领导者如果为其所困，那他会在应对全球环境的种种挑战时吃尽苦头。

本章将具体探讨全球团队领导者必须具备的三个特点：

- 高智商。这与高学历无关，而与模式识别能力有关。在全球环境下，熟悉的模式被不熟悉的行为方式和成功模式取而代

之，你得具备很强的学习能力和适应能力，才能适应这些陌生的模式和应对种种挑战。
- 高情商。领导一支全球团队，意味着你需要同一群与你想法不同的人携手一起实现目标。你要有很高的文化智能，你要学会察言观色，以便面对不同的文化、不同的思维方式和不同的工作方式等都能应对自如。
- 高政商（political quotient，PQ）。在远程条件下对决策系统和影响网络的操纵能力也非常重要，这需要有很强的政治技能，或者说是"政商"，即政治商数。传统的发号施令和指挥控制的方式是行不通的。你需要培养新的技能，如提高影响力、善于激励团队成员、在团队中培养责任心和主人翁意识。此外，你还需要具备很强的学习能力和适应能力，不摆领导架子。这是未来领导力的风范，而不是以往领导力的风范。

不只是全球团队领导者面临全新的挑战，公司的高层管理者也面临着挑战。全球团队通常都认为，其上好的绩效与从总部派来的全球团队领导者无关。而事实并非如此。他们之所以能成为表现最佳的全球团队，是因为这个身居公司核心层的领导者为他们创造了良好发展的环境。领导者伸出的援手虽然看不见摸不着，却是至关重要的。

本章我们将从以下几个方面说明全球团队的领导和公司总部的领导是如何影响成败的：

- 全球团队领导者面临的挑战：准入门槛高。

- 全球团队领导者面临的挑战：智商、情商和政商。
- 全球团队领导者：全球背景下智商、情商和政商的培养。
- 全球团队的领导力议题和性别议题。
- 核心领导力：隐形的操纵大师。
- 准备好迎接全球团队领导力的挑战了吗？

## 全球团队领导者面临的挑战：准入门槛高

全球团队领导者需要具备相当高的领导技能。

全球团队领导者的准入门槛提高，有三个原因：

- 全球团队领导者是公司从全球人才库中精心挑选出来的，因而竞争更为激烈。
- 全球团队的成员对全球团队领导者寄予更高的期望。
- 这项工作的内在挑战更大。

全球团队领导者不仅要具备那些常规的领导技能，还要具备一些特别的技能以应对时间、文化和语言差异带来的挑战。如果说这个是额外的挑战，倒也没错。对整个团队和成员个人来说，应对这样的挑战是值得的。面对这些挑战的时候，请回顾一下肯尼迪总统是怎么谈论美国登月的原因的："我们之所以做这些事，并非因为它们轻而易举，而是因为它们困难重重。因为这一目标将有助于组织和衡量我们顶尖的技术和力量。"身为全球团队的领导者，你会从挑战中学到新的领导技能。

以下详述三个原因，用以说明为什么全球团队领导者的准入门槛会大大提高。

## 全球团队领导者是公司从全球人才库中精心挑选出来的，因而竞争更为激烈

公司会从全球人才库中精心挑选全球团队领导者。大多数全球公司的核心管理层一直在苦心孤诣地开发和利用全球人才库：

> 全球化不是目标，而是招募最优人才的工具。

- "全球化不是目标，而是招募最优人才的工具。"
- "我们不光在一个地区招人，这也就意味着我们可以花更少的钱，招募到更优秀的人。"
- "在日本，计算机专业的毕业生仅 16 000 名。美国有 60 000 名，中国更是高达 300 000 名。我觉得印度的计算机专业的毕业生人数会更多。如果别人问我，是想从 16 000 人中招聘工程师，还是更想从 100 多万人中招聘工程师，答案是显而易见的。"

这尤其会对那些来自高消费国家的人才造成压力，他们得证明自己值得拿高薪。

不是所有公司都会充分利用全球人才市场。许多公司都有母国倾向，在他们心中有一个国籍金字塔，而金字塔顶端的工作一定会分配给有母国国籍的人。

这样的公司虽然具有全球性，但是缺少全球思维。他们会为这种倾向付出昂贵的代价。最优秀的全球人才往往雄心勃勃，想要登顶。如果他们发现一家公司戴着有色眼镜，设置玻璃天花板防止外

国人往上爬,他们就会把目光看向别处。这样就形成了恶性循环,公司越招不到优秀的外国人才,他们也就越会坚持自己的母国倾向,偏爱有母国国籍的员工。毕竟有母国国籍的员工有一些内在优势:他们有自己的关系网,知道怎么把事儿办成;了解当地文化,也知道怎么利用这些关系网。

那些在本国享有盛誉的公司容易产生母国倾向。如果母国本身就是巨大的市场,则更是如此。中国、日本和美国就是很好的例子。日立也意识到了这一点:"这就是日本说的'生产这么多''卖这么多'的关系。所有的控制中心都设在日本。"这是全球公司面临的同一挑战。出于此,日立考虑把总部搬离日本,"全球化正处于转型之中"。把母国的工作模式和团队模式搬到全球各地的做法已经行不通了,现在要打造真正意义上的全球团队和全球公司才行。

### 全球团队的成员对全球团队领导者寄予更高的期望

从团队的角度来说,除非这个外国领导者确实优秀,不然他们根本就不会想要一个外国人来当领导者。如果当地人中就有优秀人才,引进海外人才便毫无意义。一般情况下,引进海外人才需要很高的成本,他们需要时间来适应环境,了解当地的行事方式。如果团队成员觉得这些海外人才所做的工作当地人也能做,那么他们就会感到不满。如果你想成为全球团队领导者,你的言行就会备受关注,团队成员会对你抱有很高的期望,希望你具备优秀的工作能力和领导技能。

不管是对内还是对外,深层技能都十分重要。对外,团队领导者可能需要与外部的利益相关者协商。信誉和深层技能相辅相成。

用格雷厄姆·谢菲尔德（Graham Sheffield）的话来说："我们需要的是经验丰富的专家、拥有同事的信任和享有行业声望的能力者。"让一个外行去跟电影制片人或者出版商谈判可不是明智之举。

## 这项工作的内在挑战更大

一旦距离远了，任何事做起来都更费劲。你和同事无法天天见面，甚至和他们处在不同的时区、语言和文化背景下。这会给决策制定、任务委派、员工激励和绩效管理以及其他基础管理工作带来极大的挑战。最先想出用发电子邮件和通电话的方式激励员工的人会大赚一笔，但现在这样做是不可能赚到钱的。

> 最先想出用发电子邮件和通电话的方式激励员工的人会大赚一笔，但现在这样做是不可能赚到钱的。

对于团队领导者，远程建立信任是一件尤其难做到的事。为了团队的良好运转，所有的团队都必须建立信任和保持良好的沟通。即便大家在同一个地方办公，误会也会随时发生，建立信任和保持良好的沟通也是很难做到的。但最起码可以快速发现和消除误会，不至于破坏信任。至于在全球的不同地方办公的情形，由于跨国沟通更加困难，加之翻译过程中会损失一些信息，产生误会的可能性就会更大。误会难以化解，进而破坏信任。

全球团队很容易陷入负反馈的循环。一家对冲基金这样描述美国纽约分部和英国伦敦总部之间的矛盾："我们需要加强对美国分部的管理，但是这样做会显得我们不信任他们，他们也因此不会对我们有什么好印象。这个反应很自然。在伦敦，我们经常交流，大家可以不断地做调整。但是在美国，他们更愿意同我们进行正式的对话。你真的会想念茶水间的随意交谈,许多常规调整就是在这些随意交谈中实现的。"

对全球团队进行微观上的管理是不可能的:你在睡觉休息的那段时间里是没法对正处于工作时间的团队成员做到微观管理的,更何况你和团队成员语言不通,对他们的文化也不了解。你得另找他法去领导你的团队,你得通过远程的方式建立信任、委派任务、制定决策和进行绩效管理。

## 全球团队领导者面临的挑战:智商、情商和政商

全球团队领导者不仅需要高超的技能,还要涉猎广泛、多才多艺。全球团队需要全新的领导力。

领导全球团队与领导本土团队完全不是一回事。要想知其原因,就得好好审视一下管理的发展史,审视当今的全球领导力如何代表未来的领导力。

### 19世纪:面对智商的挑战

在过去,管理是一门靠他人办事的艺术。管理者只管出主意,然后让下面的员工照办。过去的员工既没有受过良好的教育,又没有受过良好的培训。管理者想必要头脑精明,并且具备相当高的智商,才能领导这些员工。对领导者的这种料想会造成两种误解。第一,许多专家会陷入思考的误区,认为当领导者就要表现得很高明。这意味着领导者不会轻易放过任何显摆的机会。他们之所以事必躬亲,不愿把事情交给团队做,无非是为了展现自己的专业素养。全

球团队对领导者的误解就更大了，他们会认为领导者就应该具备这样的专业素养。但光有专业素养是不够的。Vastari 是一个艺术机构，需要跟博物馆和收藏家打交道，他们的全球团队领导者显然必须具有高深的艺术素养，但是 Vastari 也表明"只拥有相关专业的博士学位是不够的，你还要知道该怎么做生意、怎么和人打交道、怎么融入集体。你得有人情味。我们寻觅的是渴望与我们协力完成共同使命的人"。

第二，现在的团队成员都不仅受过良好的教育，而且训练有素。他们的能力更强，期望值也更高。管理者应该懂得如何把手下的员工当人看，而不应该把人当成不可信赖的机器。这正是 Vastari 所说的"人情味"。管人光有精明是不够的，还需要有"情商"。

## 20 世纪：面对情商的挑战

随着时间的推移，情商问题出现了。以前，管理者是靠手下的人办事的。现在，管理者还得借助管理权限范围之外的人去办事。这就是在矩阵式组织结构中工作的乐趣。以前，你的权力就等同于你的责任。但现在不一样了，在矩阵式的组织结构，你的责任常常比你的权力还大。这句话的意思是说管理人员需要学习全新的技能，才能更好地影响他人和激励他人，让事情进展顺利。

全球团队更加重视情商。在全球团队，你不得不借助管理权限范围之外的人去办事。这些人分散在世界各地，你不了解他们，甚至连他们的面都没有见过。对于本土的领导者，在本土工作的好处在于员工与自己有相似的教育背景、价值观和社会背景，即便信息在技术部和营销部之间，或者财务部和销售部之间流转的过程中会减损很多，但因为凝聚力强，沟通和决策也相对容易些。全球团队领导者就没有这样的福分了。如果沟通不顺畅，那么激励员工、委派任务、管理绩效、制定决策以及开展其他基本的管理工作等所有事务都会变得困难，这是一种极端的管理情形。

作为全球团队领导者，不仅要有情商，还要有文化智能，即快速学习、发展和适应新环境与新文化的能力。在本土稳定而熟悉的环境下，工作方式一成不变或许行得通；但一旦环境发生变化，工作方式就得随之改变。

## 21世纪：面对政商的挑战

除了像本土团队领导者那样需要拥有智商和情商之外，全球团队领导者还需要掌握另一套技能，即政治的艺术。与传统意义的智商和情商相提并论，我们称之为"政商"（政治商数）。

公司里的权术时常被认为是一个带有贬义的话题。它用于内涵某个人正在千方百计地往上爬，或某个人正在从上面摔下来。但这就是公司运转的本质，无可厚非。既然你需要靠不归你管的员工去办事，你就必须与这些员工建立同盟，调整议程安排，协调资源，影响决策，寻求高层管理者的支持，做好各种协调工作，处理好各种冲突。这就使得权术在公司运作中居于核心地位，它需要为你所用、与你随行，这是不可回避的。然而恰恰这些技能在许多商学院以及它们的培训课程中没有受到重视。作为管理者，这些技能是万万不可忽视的。

在绝大多数矩阵式结构的公司和扁平式结构的公司中，你要想调度不归你管而你又需要的所有资源，权术技能必不可少。

处理权术问题一直都是很困难的事情,远程处理权术问题更是难上加难。你不得不在不同的时区和语言环境下处理决策问题,而你都没有机会同关键的决策者搭上话,哪怕是 5 分钟的闲聊机会都没有,所以你无法借机向他们推销你的想法,也无法针对对方的想法和说法去表达有价值的见解。

> 全球团队领导力是一种极致的领导力。如果你能领导全球团队,你就能领导任何一个团队。

全球团队领导力是一种极致的领导力。如果你能领导全球团队,你就能领导任何一个团队。

## 全球团队领导者:全球背景下智商、情商和政商的培养

过去的领导方式是老板动脑,下属动手。老板的工作就是想出方案,然后把事情委派给下属去办。老板高高在上,发号施令。而现在随着团队成员受教育的程度和专业水平的提高,一些老板事事都想冲在团队的前面,以显得自己聪明过人,专业水平更高。这是钻牛角尖的做法,因为最终总会有更年轻、更渴望成功并且拥有更多新技能的人排队等着顶替你。在全球团队,有些成员可能来自低收入国家,他们比你更聪明且更渴望成功,但他们的薪水只有你的四分之一。如果你仅仅靠聪明胜过他人,那就做好另谋高就的准备吧。

> 总会有更年轻、更渴望成功并且拥有更多新技能的人排队等着顶替你。

对全球团队领导者来说,智商并不是指领导者必须是团队中最

聪明的人。全球团队领导者要做的工作是解放团队人才。这是一种不同的思维,不妨借用谷歌游戏和应用程序部门主管珀尼玛·科奇卡(Purnima Kochikar)的话加以说明:全球团队领导者必须"相信生态系统比任何人都聪明"。

对全球团队领导者来说,与任何现代领导者一样,智商不是指你拥有的智商数。智商不是一个学术概念,而是一种实践能力。对领导者而言,智商最终在于模式识别能力。实践经验会让你知晓,什么行得通,什么行不通。你接下来就能针对你所处的特定环境建立你自己的成功模式。而一旦到了全球的环境下,一切都会改变。环境随国家的不同和任务的不同而改变,想找到一个统一的成功模式是非常困难的。

这就需要发挥公司和个人两者的作用。公司要从全球团队领导者身上发现成功的模式。真正的学习型公司会把这种模式打包分发,以便团队领导者可以加速学习的步伐(关于如何从经验中快速学习,请参见后文的文本框)。而你的作用就是为你的学习过程负责,即保持好奇心和主动学习。

### 智商

在工作坊的活动中,我问大家是怎么摸索出领导方法的。我让他们从以下六个因素中选出两个主要的因素,你也不妨选选看:

- 书籍。
- 课程。
- 同事。
- 榜样(内部榜样或外部榜样)。

- 老板（正面教训或反面教训）。
- 经验（个人经验或间接经验）。

几乎没有人选择"书籍"或者"课程"，这对举办工坊活动的本书作者来说可是个坏消息。几乎所有人都把个人经验作为首选，其次是间接经验，即来自老板、同事或者榜样的经验。尤其在全球团队领导者看来，这样的选择很正常，但不是没有问题。这里存在两个问题：其一，经验这东西不好说。如果你正在学习的对象是反面例子，那你学到的就会是消极的东西；其二，这种学习方法效率太低。如果说"经验"是全球团队领导者的入场券，那么它也是将青年才俊拒之门外的"好办法"。

你需要找到一个让你的学习速度更快、更成体系的方法。在笔者看来，这个办法就是读书和参加课程。读书可以帮助你看清什么是无稽之谈，帮助建构你的领导力之路。

我们在前文已经提到过，模式识别是构成"商业判断""经验"和"智商"等理念的重要因素。读书不是获取模式识别能力的唯一方式。公司可以对经验进行包装，并使其结构化，以便管理者悟出做事的有效方法。这与培训不同，培训具有宽泛性，而书中的经验是基于各个公司独有的环境量身定制的，而且是经过包装过的。以下文本框会告诉你模式识别能力是如何获得的。

## 从经验中快速学习：模式识别的力量

众所周知，广告效果难以判断。用广告营销学的先驱之一约翰·沃纳梅克（John Wanamaker）的话说："我做广告花的钱，有一半打水漂。问题是我不知道无效的是哪一半广告。"这就是传统的电视广告和报纸广告带来的问题——你无法直接看到消费者对广告的反应。你要花很长时间才能对新广告的效果做出判断。那么该如何打包这种直觉性的经验，快速成为该领域的专家呢？

练就判断广告效果的能力无需数年，一个下午就够了。作为一名新上任的品牌经理，我面临的一个难题是判断 Daz 广告（基于 Daz 软件制作的数字创意广告）是否可行。我花了一个下午的时间泡在宝洁的图书馆，仔细研究 50 年来用 Daz 做过的每一个广告。每条广告都附有一个关键指标来表示该则广告的效果，那时候的指标是"次日广告回顾"（Day After Recall）。一个下午过去，我已经看完了英国 50 多年来所有的广告社会史：商业广告从 90 秒的黑白迷你剧发展到 30 秒的前卫彩色大片。我也看尽了各种各样的广告模式，可以准确预测任何一条 Daz 广告的效果指标。

优秀的全球团队领导者需要对周围的人、新的文化和事物的运作方式永远保持一颗好奇心，不要花好几年的时间等待说不准的经验来建立你的成功模式，而应该学习他人的成功模式，看看别人的成功模式对你有哪些好处。本书就是你学习的好帮手。

> 优秀的全球团队领导者需要永远保持一颗好奇心。

全球团队领导者面临的最大挑战，就是要认识到自己有必要学习和适应新的成功模式。对于团队领导者，在本土环境下

> 做得越成功，他们就越难做出改变。一旦他们根据熟悉的经验教训建立起一套成功模式，他们就很难割舍。然而在巴尔的摩行得通的模式，不代表在柏林、班加罗尔和北京都行得通。

## 情商

情商指人际交往能力：既要知道怎么和自己相处，也要知道怎么和别人相处。做到其中的任何一点已非易事，而在全球环境下能做到这两点更是难上加难。

丘吉尔曾这样评价苏联："它是一个谜中谜。"人类更像谜中谜。职业经理人面临的挑战就是找到这个谜中谜的答案，而且每个人找到的答案都是不同的。这就是情商难求的原因。丘吉尔点明苏联谜题："也许是有解谜钥匙的。这把钥匙就是苏联的国家利益。"苏联的问题如此，人的问题也是如此，解谜的钥匙就是个人利益。我们终究都是自己人生故事中的英雄。

和不在一起办公的人相处很困难，和不同国家的人相处更困难，这些都是距离隔得远的缘故。因为同样的缘故，远程影响人很难：我们无法和他们每天见面，我们和他们缺少共同的兴趣爱好、共同的价值观和共同的经历，我们和他们有着不同的思维方式和行为方式。

如果说本土团队的人际关系难处理，那么全球团队的人际关系就更难处理了。情商包含以下几个核心技能：

- 自我意识。这里不是指你对内在自我的感知，而是指你要知道自己是怎么影响他人的。想知道自己怎么影响见不了面且不了解的人是一件很困难的事。与本土团队比起来，全球团队中的人际关系更难处理，因为你得不到任何明显的提示，而提示可以让你知道别人的反应。
- 自律。事情顺利的时候，我们比较容易做到自律。在压力满满，充满模糊性和不确定性的时候，自律就变得很重要。你需要保持积极性和专业性。在面对充满复杂性、模糊性和不确定性的全球任务的时候，自律的必要性会显著增加。
- 内在动力。由内在动力激发的工作热情会比外在奖励激发的还高。
- 同理心。如果你想管理好团队成员，就必须理解他们。如果你无法理解他们，觉得与他们谈话都难，那么你们的关系就会停留在交易的层面，而不会有私人感情。如何远距离产生同理心是一门未知的艺术。
- 社交技能。社交技能是在与人面对面交互的过程中形成的，远程交互不可能培养社交技能。对于全球团队领导者，学会如何远程激励员工、鼓励员工，与他们培养感情、建立信任，是对领导者情商的巨大挑战。

关于全球团队领导者的情商，还要补充两个非常重要的思维技能，即好奇心和责任思维。

### 好奇心与情商

好奇心非常重要。领导者如果缺乏好奇心，思维就会僵化，常摆出一副"要么听我的，要么别干了"的态度。这样就会导致团队冲突。许多国家的公司一致认为，好的团队领导者和好的团队成员都必须有好奇心：

- 中国公司："他们都应当发自内心地想要探索新的文化，学习新的行事方式。"
- 美国公司："我们希望员工具有四个特质，即乐观积极、乐于助人、保持好奇、办事可靠。"
- 英国公司："我们希望招聘心思缜密、拥有好奇心的人。"
- 印度公司："你得对全球性的东西感兴趣，如政治、艺术、旅行、食物等。"
- 欧洲（不包括英国）公司："拥有对学习的热情和对工艺的热情十分重要。"
- 日本公司："全球团队的成员必须保持开放的思想。他们不能像棒球队一样死板，而要像足球队一样灵活。"

好奇心之所以重要，有两个原因。第一，在全球团队，评判他人是轻而易举的事。尤其是在事情进展得不如意的时候，我们就很容易负面评判他人。但有了好奇心，我们就不会轻易评判他人，反而会试着理解他人，向他人学习。评判会制造冲突，而试图理解他人，向他人学习，则能建立信任，使人进步。当事情进展顺利的时候，大多数领导者会抽出时间和空间理解他人，向他人学习。当事情进展不顺利的时候，比如在时间紧迫或在出了差错的情况下，理解他人、向他人学习的心态就会荡然无存。

第二，好奇心对于充分发挥团队的才干也至关重要，但这并不意味着把你自己的方法强加于人，搞传统的那套领导方法——老板动脑，员工动手。用一位在日本从事保险业的高管的话说："做事情既不能只用日本的方法,也不能只用欧美的方法。我们可能会用欧美的方法来决策,用日本的方法去执行。或者反过来,用日本的方法决策,用欧美的方法执行。这种独有的混合模式是我们与竞争对手的不同之处,也是我们的优势所在。"每个团队必须充分利用团队中各种人才,这就要求团队的领导者必须具备好奇心和开放的心态,务必发现各种人才并发挥他们的才干。

"优秀的领导者务必适应新的环境,绝不可在新的公司照抄照搬以前的经验。"这有违大多数领导者的本意:既然办法可行,不妨多用几次,犯不着换法子。在相对稳定的本土环境下,这种想法是可以理解的。但在全球环境下,这种想法就非常危险了。因为环境一旦发生变化,行事方式必须随之改变。全球团队领导者必须保持开放的心态,善于变通,且具备很强的适应能力。必须要有勇气和好奇心去学习和改变工作方式。这种领导风格与本土团队的领导风格截然不同。

> 优秀的领导者务必适应新的环境,绝不可在新的公司照抄照搬以前的经验。

### 责任思维与情商

对全球团队来说,责任思维可遇不可求。问题出现的时候,团队成员会轻易怪罪远程工作的同事。当他们无法影响总部的决策,而这些决策影响到他们的时候,他们就会自然而然地抱怨总部的不公和傲慢。抱怨和责备是受害者思维的典型反应,而非责任思维的体现。具有受害者思维的人认为,掌控权在他人那里,他们受各种人、事和非常不公正的世间万物的摆布。

当问题出现的时候，有责任思维的人不会责怪他人。你需要的是被公司推崇的"积极关注"，而不是责怪远程工作的同事。只有假想对方正在尽力而为，你才会同他齐心协力地解决问题，而不是纠结于问题到底出在哪里。

责任思维意味着你需要担负起影响总部决策的责任，而不是抱怨总部了事。你需要找到有用的人脉，和他们建立联系。在必要的时候，你还需要找财务支持，去见关键的利益相关者。正如我们将在政商部分中发现的那样，这在全球环境下很难做到。

责任思维也不同于传统的企业思维。企业思维是将控制权与权威联系在一起，专注于做好分内之事。这种方式可能适用于本土团队，但不适用于全球团队。全球团队领导者必须有很强的影响力，能影响其职责范围之外的决策、人员和事项。

表3-1总结了企业思维、受害者思维和责任思维之间的差异。关于控制权在哪里，以及领导者拥有多强的自我效能感，每种思维都有不同的信念。作为全球团队领导者，不仅自己要有责任思维，还要培养团队成员具备这种思维。

表 3-1 三种思维之间的差异

| 因素 | 企业思维 | 责任思维 | 受害者思维 |
| --- | --- | --- | --- |
| 控制权 | 认为自我控制权取决于自己的职责、角色和权威 | 认为自己能控制自己的命运和所处的环境 | 认为自己受周围事物的摆布而对此又无能为力 |
| 自我效能感 | 专注于做好职责范围以内的事 | 接受职责范围之外的新挑战，愿意学习，愿意成长 | 逃避新的挑战，始终在熟悉稳定的职责范围内做事情 |

即便是意气风发的全球团队领导者，也有可能陷入受害者思维。

全球团队领导者会抱怨自己不被理解，不能影响决策，感觉自己被排除在圈子之外。在全球公司中，这样的情况经常有所耳闻，也是可以理解的，但这也属于受害者思维。正如一家实力雄厚的金融服务公司的首席运营官所说："人们会说他们无法接近某个人，见不到某个人之类的话。但是我想说，你为什么不直接飞过去见他们呢？我很乐意支付机票的费用。如果他们飞过去，就可以建立更紧密的联系。他们不应抱怨，把自己当作受害者，而应该担负起责任，亲自建立联系。"

## 政商

所谓政商就是要调动全球关系为你服务，以此扩大你的影响范围，使你的影响力远远超出你的预算范围和权力范围。在办公室的环境中培养政商是再自然、再容易不过的事，原因在于：

- 每天大家多多少少都会见面。
- 年复一年自然而然培养了信任关系（虽然时不时也有不信任）。
- 通过一起共事，了解每个管理者的工作议程和工作风格。
- 了解各种决策的决定权在谁手里或不在谁手里。
- 和其他人使用同样的语言。
- 和同事有大体相似的教育背景和文化背景。

尽管有这么多有利条件，大家仍然普遍认为，处理内部的政务非常费时费力。但大家都这么做，而且不得不这么做，因为他们都希望获得良好的业绩。

全球团队领导者离总部很远，也就不具备以上这些有利条件。

因为这个原因，全球团队领导者往往都来自母国。利用在母国已有的信任关系以及知识网络，他们才能够维护和支持全球团队。

从实际情况看，全球团队领导者需要培养两项强大的政商技能，即影响他人的技能和建立信任的技能。建立信任非常重要，值得单独用一章的篇幅来说明。信任不是自然而然产生的。如何建立信任和维持信任是要通过系统学习获得的，本书的相关章节已做了详细说明。影响他人的技能也必须通过学习才能获得。影响和说服不是一回事。说服关乎交易，而影响关乎关系。它们是相互排斥的。如果我有很强的说服力，我可能会说服你去买某个东西，或者是说服你做某件事情。如果事后你后悔了，那么当下次你我见面的时候，我对你的说服力很可能消失了。与此相对，如果你成功地影响了一个人，那么这个人不仅会甘愿与你合作，将来还会主动找你合作。影响人的艺术比说服人的艺术更微妙、更难培养，但从长远上看，前者比后者产生的收益要大得多。

> 说服关乎交易，而影响关乎关系。

全球团队领导者必须学习如何远程地影响决策和影响人事。另有一本名为 *How to Influence and Persuade* 的书，谈的就是这个话题。冒着将本书变得零乱的风险，下面介绍一些影响人和决策的方法。

## 打造个人影响力的十个原则

1. 建立融洽的关系

找到共同点、共同的兴趣和共同的经历。

2. 调整你的日程安排

了解他人的世界观、他人的需求和愿望以及担心害怕的事。根据他人的日程调整你的日程安排。不要以自己为中心，不要盲目地把你的想法强加于人。

3. 善于倾听

你倾听得越多，对他人的了解就越多，他人也会更自在。聪明的问题比聪明的办法更管用。

4. 赏识他人

赏识他人总不会起反作用：没有人会认为自己晋升的职位太高，也不会有人认为自己受到的赏识过分，更不会有人认为自己拿的薪酬过多。如果你赏识对方的天赋、勤奋和好人品，对方会觉得你慧眼识珠，也必将予以回报。

> 赏识他人总不会起反作用。

5. 逐步培养责任心

不要一下子要求太多，不要让人望而却步。做好一件件的小事，做事有分寸，逐步培养责任心。

6. 建立信任和信誉

始终兑现自己的承诺，始终明白无误地设定期望。

7. 管理好风险

人人都想规避风险。务必消除可感知的风险和人为的风险；要让人相信，你是一个能兑现承诺、值得信任的人。

8. 发挥稀缺性需求的效用

发现他人所需是指，你本能够给予的，却让他们努力为之争取，这比直接给予更值得他们珍惜。

> 9. 礼尚往来：互惠互利
>
> 不要有来无往，这样会使得他人设定错误的期望。
>
> 10. 做好自己：信守伙伴关系准则
>
> 以伙伴的身份平等相处，不卑不亢。你需要的是成人与成人的对话，而不是父母对孩子的对话。

在阅读打造个人影响力的十个原则的时候，你会发现一个熟悉的模式，即与国内环境相比，在全球环境下运用这些技能会困难得多。以第二项原则为例，要调整日程安排，需要明白谁在想什么，谁有什么优先事项要办，谁可能反对什么。即便在同一个办公室共事，也需要花时间和利益相关者频繁地打交道才能掌握情况。如果没有闲聊，又没有通畅的正式谈话，就很难了解这些情况。在运用政商技能调整日程方面，总部的领导者要比分部的领导者驾轻就熟得多。于是权力也就自然而然地流向总部核心层，并保留在他们那里。

但是，如果位于分部的领导者拥有责任思维，他们就不会妄自菲薄，不会束手无策地任人摆布自己的命运。以下 LGBT 电影节的例子表明，如果全球团队领导者心怀明晰的愿景和强烈的责任感，他就能通过影响他人和调整议程来实现预期目标。

## 来自公司核心层的领导力：隐形的操纵大师

研究发现了一个关于领导力的悖论。少数受访者直言不讳地表示，他们认为领导力并不是很重要。有些人甚至认为，过强的领导力非常危险：

- "就算没有团队领导者和支持者,一些团队也运转得好好的。"
- "我和无能的领导者一起做过项目,但事情也办成了。"
- "我们的一些团队成员对领导力的渴求程度太过了。他们依赖的是团队领导者,而不是自己的责任感。你领导得越多,他们的自主性和自我领导力就越少。"

领导力过强会减少员工的自主性和责任心,这个言论指出了解决这个悖论的方法,也表明了大家对全球团队领导者寄予的期望。全球团队领导者不是来指挥和管理日常事务的。用英国《金融时报》首席执行官约翰·里丁的话来说:"智者有言,时钟有三个指针——秒针、分针和时针,你需要同时看这三个指针才行,它们分别指短期、中期和长期。"许多领导者只看"秒针",他们对日常活动进行微观管理。全球团队领导者不能忽视"秒针",但更要时刻关注"时针",因为领导者要展望未来,为团队成功创造条件。

能干的全球团队领导者不把自己看成指挥者,而是促成者:

- "你不可能对全球团队进行微观管理。因为在跨国环境下,你总是慢一步。"
- "我觉得我的角色是个联络员,联络人员和想法。"
- "我得保护我的直接下属……我得备好梯子,让他们向上爬。"
- "我不能摆领导架子。"
- "你应该和能关心你、让你学习成长的老板一起工作。"

这不是传统领导力的看法。传统的领导者是看得见的、领导军队取得胜利的孤独英雄。就领导者的作用而言,与其说是发号施令,不如说是赋能放权。让团队发挥作用，为团队的成功创造条件，这不是逃避领导责任的借口，这不仅十分重要，也很难做到。图 3-1 概括了全球团队取得成功的条件：

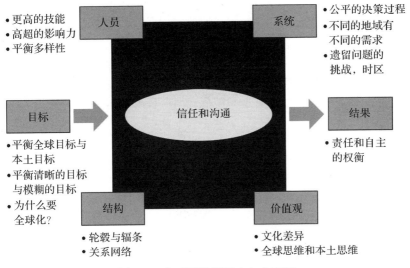

图 3-1 全球团队领导力包含事项

针对上图中的每个组成要素，全球团队的领导者都会面临如下所示的一些问题和挑战。

## 目标

- 我该如何平衡全球需求和本土需求？
- 我该如何确保各地区的人员都了解目标及其背景，以及自己所处位置的重要性？
- 我该如何让各地区携手合作、实现目标，而不是机械地完成总部下达的命令？

- 我该如何调度大家不同的技能和想法来实现共同目标？

## 人员

- 我该如何觅得有合适的技能、价值观和思维方式的团队成员来为全球团队工作？
- 我该如何激励和支持那些我不常见面的人——他们和我不一样，而且我也不是很了解他们？
- 我如何保证每个员工无论身处何处都能受到公平对待？

## 系统

- 我离决策者很远，而且可能存在和他们的语言不通的问题，我该如何影响全球决策？
- 我该如何维护团队的利益？
- 我该如何管理世界各地各不相同的技术系统和管理系统？

## 价值观

- 我该如何在团队中创立一种共同的工作语言和工作方式，并让团队达成共识？
- 所有团队成员都必须具备的核心价值观是什么？
- 我如何才能在整个团队中创建相互尊重的全球思维？
- 团队如何才能跨越不同的文化背景和思维方式之间的鸿沟？

## 结构

- 什么样的团队结构才是合适的？

- 我们如何才能有效地管理团队内部的决策？
- 我们如何才能对接总部和分部之间的不同观点和日程安排？
- 我们如何才能公平公正地分配各自的角色和职责？

## 信任

- 我如何才能与我见不到面且和我截然不同的人培养感情，建立信任和信誉？
- 我如何在见不到面、互不了解却相互依赖的团队成员之间建立信任？
- 我如何建立总部管理层与团队之间的信任，以便让团队得到应有的权力和支持？

## 沟通

- 我该如何管理跨时区、跨语言和跨文化的沟通？
- 在团队内部及团队之间实现有效沟通的正确技巧和礼仪是什么？
- 我们该如何避免误解，建立正向和相互尊重的沟通文化？

## 结果

- 我该如何在看不见员工工作方式的情况下进行绩效管理？
- 我该如何在不同的文化背景下有效地提供反馈？
- 我该如何鼓励团队保持适当的自主权？
- 比起只会向上级告状，我该如何加强大家的责任感？

所有领导者都会面临来自人员、价值观、系统、结构以及沟通等方方面面的挑战。全球团队领导者面对的挑战在性质上和本土的有所不同,因而挑战更加严峻。身为全球团队领导者,其价值不在于对全球团队进行微观管理,而在于为团队的成功创造条件。对全球团队来说,领导者的管控之手可能是隐形的,却至关重要。

> 所有领导者都会面临来自人员、价值观、系统、结构以及沟通等方方面面的挑战。

## 全球团队的领导力议题和性别议题

对全球团队的研究不是从性别问题开始的,但我们很快被这个问题震撼到了。核心管理层之外的全球团队成员几乎全是男性。总体上看,只有25%的受访者是女性。针对损益责任的受访者中,只有6%的受访者是女性。在通往全球团队领导者的道路上,男性占据了主导地位。

本书不是要争论性别平衡是否可取,而是旨在考察怎样让全球团队高效运转。我们在本章已经了解到,全球团队领导者需要具备特殊的技能。表3-2对两种类型的领导者进行了简要比较,以说明这一点。

表 3-2 两种类型的领导者的对比

| Y 型领导者 | X 型领导者 |
| --- | --- |
| 命令 | 影响 |
| 控制 | 合作 |
| 以任务为中心 | 以人为本 |
| 承担风险 | 管理风险 |
| 智商型 | 情商型 |

X 型领导者适合传统的领导模式；Y 型领导者则适合新型的全球团队领导模式。

Y 型领导者也符合人们对男性的刻板印象，为了表示对男性染色体的尊重，我们也可以称之为 XY 型。X 型领导者（或者为了表示女性染色体的尊重，我们可以称之为 XX 型）更符合人们对于女性的刻板印象。当然，单凭性别、国籍、种族、宗教或者其他任何东西来评价特定群体，存在巨大的风险。贸易类图书往往鼓吹性别差异，称男性领导者和女性领导者的风格完全不同。尽管通过学术研究确实发现了一些差异，但是学界并不支持这个观点。

艾丽斯·H.伊格利（Alice H. Eagly）教授对已有研究进行了荟萃分析，发现一个结果：

"性别差异会在领导风格中体现，但是男性和女性的相关因素的分布高度重合。也就是说，男女之间的差异很小。其中的一个差异是，平均来说，女性领导者比男性领导者更为民主，也更有参与的意愿。"

从某种程度上来说，差异确实存在，而人们似乎更喜欢女性的领导风格。从长远来看，这种偏向对于在全球组织的高层中实现性别平衡应该是个好消息。但是，女性并没有在全球团队中出现。只有 4% 的受访者是在国外工作的女性。鉴于样本的随机性，采集的这些数据可能并不具有重大的统计意义，但是它与大多数受访者的感受相符。

在全球到处跑的生活方式与家庭生活格格不入。如果按你所在的时区计时，电话例会的时间可能是晚上十点或者早上六点。出差是常态，一些全球团队的领导者对航空公司和酒店的白金卡提供的服务会津津乐道。这些是明证，时间都投入到了工作上，而不是投入到家庭生活上。在繁忙的工作中兼顾事业和家庭就已经够艰辛的了，全球性这个特点又让平衡工作和家庭变得不大可能，人们被迫在这两者之间做选择。从受访者中，我们可以得出的结论是：这种选择也存在性别差异，即男性会优先考虑赚钱养家，而不是回归家庭。

> 通往全球团队领导者的队列挤满了男性。如果有更多的女性成为全球团队领导者，全球团队会受益良多。

通往全球团队领导者的队列挤满了男性。如果有更多的女性成为全球团队领导者，全球团队会受益良多。

## 准备好迎接全球团队领导力的挑战了吗

要应对全球团队领导力的挑战，既要具备技能，还要有迎接挑战的意愿。技能可以学会，但是意愿来自人的内在，取决于个人。研究过程中，我们发现全球性的工作会吸引一种人，这种人非常愿意在全球组织中工作，以下从三个方面加以说明。

### 学习心态和全球视野

大多数在全球工作的人已经拥有了一些全球工作经验，并且享受其中，从中成长。他们接受了当地的文化和工作方式。这些人与另一些人形成鲜明对比。"一些高管拥有丰富的全球工作经验，但他们没有从中学到任何东西，他们只是把自己的观点强加于人，并且非常专横。"有一个极端的案例：一家公司的高管们居住在东京的外国人聚集区；为了避免在地铁上遇到当地人，他们乘坐专车上班；这些高管都在同一层楼办公；下班后他们又回到"美国驻东京的俱乐部"。他们生活在外籍人士居住区，最大限度地与日本撇清关系。他们属于对全球工作毫无兴趣的本土型管理者。这家公司本是全球摄影行业的领头羊，现在却已经破产。

所谓全球工作经验，意味着你完全融入当地的文化环境和商业环境，能干的全球团队领导者会乐在其中，无能的全球团队领导者则试图在全球复制他们在本土的经验。

要想在全球环境下取得成功，就需要具有全球视野。真正意义上的全球公司需要物色的是能够跳出本国视野的领导者。专业的全球技术公司莱尔德（Laird）就看得很明白："你必须拥有一个不以一国看世界的高级团队。"

## 个人的乐趣

在一些公司中，对工作的热情被视作一种无可救药的职业病。但是，如果你为了能在全球舞台上占据一席之地，愿意为此埋头苦干、废寝忘食，你就得把工作当成乐趣。只有乐在其中，才能获得成功。几乎所有的全球团队领导者都表示，他们之所以非常愿意参与全球工作，是因为这份工作带给了他们难得的快乐：

- "我总是喜欢了解不同的文化，喜欢会见外国人士，还很喜欢参观充满异域风情的地方，从中迸发奇思妙想。"
- "做业务拓展这种全球性工作很有意思。"

- "这份工作很有吸引力,充满乐趣,让人干劲十足。我人生中最有趣的经历,就是在军情六处和麦肯锡这样的全球公司工作。"
- "全球工作会拓宽你的视野,还会挑战你认为理所当然的一切。你的思维会变得更加敏锐,会学到待人接物的不同方式。"
- "去新的国家工作如同去旅行。你会认识新的文化。旅行一周不过只是拍几张照片而已,工作则有趣得多。你会对当地的文化有更深刻的感受。"

## 害怕改变

他们想继续从事全球工作,但又害怕回到总部,这通常被看作一种消极的想法。从一定程度上说,如果你已经习惯了当"鸡头",却将要转而当"凤尾",你会很难适应。总部也被视作心胸狭窄、世界观狭隘的人相互玩弄权术的地方。相比之下,全球工作让领导者有机会考验自我、突破自我、快速学习,进而快速成长。

对很多领导者来说,全球化的工作不仅仅是一种职业选择,也是一种生活方式的选择。向往全球化的生活方式是一回事,能不能成功地过全球化的生活则是另外一回事。本章表明,全球团队领导者想要获得成功,不仅要对通用的核心领导技能熟稔于心,还要掌握更精深的技能,拥有更强的信念,正如表3-3所示。

本土团队领导者的形象就是传统的国内领导者的形象。事实上,本土管理方式正朝着全球化管理方式的方向发展。本土团队领导者不得不去适应模糊性的环境,他们必须具备成长思维、乐于学习,还必须借助影响力而非依仗权力去管理团队。全球团队的领导力和本土团队的领导力之间的差异，与其说是性质上的差异，还不如说是程度上的差异。

表 3-3 本土团队领导者与全球团队领导者的对比

| 本土团队领导者 | 全球团队领导者 |
| --- | --- |
| 清晰明了和专心致志对提高效能和效率来说非常重要 | 模糊性和不确定性能创造巨大的机会 |
| 我需要通过控制来获得成功 | 我通过影响别人、决策和事情的走向来获得成功 |
| 国外的同事需要付出更多的努力才能了解我们如何把事情办成 | 我如何才能和国外的同事多学点东西，实现更多目标 |
| 我真的可以信任国外同事的办事能力吗 | 我如何才能取得国外同事的信任 |
| 我十分精通专业 | 我十分精通专业，而且同事经常向我求教 |
| 我更喜欢熟悉的食物、音乐、电影和度假方式 | 我喜欢尝试新的食物、音乐、电影和度假方式 |

看看表 3-3，看看你更符合全球团队领导者的范式，还是更符合本土团队领导者的范式。不是每个人都具有全球团队的领导力，全球团队领导者不会怀疑自己的处境。怀疑更倾向于是本土团队领导者的标志。

对大多数人来说，担任全球团队领导者意味着向未知的领域迈进巨大的一步。这会给个人、家庭、事业带来严重的问题：

- 我能在新的国家扮演好新的角色吗？
- 我的家人该如何适应不同的文化和不同的语言环境？他们又该如何适应没有亲朋好友密切支持的环境？
- 如果我回到国内，那里还会有我的工作岗位吗？我能相信三年后别人会兑现对我的承诺吗？
- 如果因为个人的原因或专业的原因失败了，我该怎么办？

这些都是关于职业和生活方式的深度思考。迎接全球团队的领导力带来的挑战是一种单向的跨越，一旦你成功地从本土团队跻身全球团队，就会发现很难再从全球团队回到本土团队。

## 结论

对任何领导者来说，领导全球团队既是巨大的考验，也是巨大的机会。如果你能领导全球团队，你就能领导任何类型的团队。在担任全球团队领导者期间，你所获得的技能也是未来的所有领导者需要具备的技能。智商、情商和政商这三种技能就是传统领导技能和新型领导技能组合而成的。

全球团队领导者需要具备更多的技能。仅有传统领导技能是无法应对距离带来的挑战的。由于时区、文化、语言和地区的不同，你和你的下属以及你需要影响的利益相关者会产生隔阂。如果你和你的下属无法每天见面，员工激励、绩效管理、决策制定、问题处理和任务委派等挑战将变得艰巨得多。

除了传统领导技能，你还需要学习新的技能。不只是全球团队领导者需要具备这些技能，未来所有的领导者都需要具备这些技能。作为全球团队领导者，你需要学会这些新技能和利用影响力，而不只是发号施令；你需要应对充满模糊性、多变性、复杂性的情况；你不可能见到下属，所以需要远程领导他们；你需要培养下属的责任心，而不是让他们言听计从。

全球团队领导者的成功模式是达尔文式的。这并不是说只有一家公司或一间办公室里最聪明的人才会成功。成功取决于你的学习能力、成长能力和对新环境的适应能力。全球环境是一种全新的、多样化的环境，如果将你在本土环境下组建的成功模式用在全球环境中，其作用是有限的。

> 成功取决于你的学习能力、成长能力和对新环境的适应能力。

公司面临的挑战是如何识别和培养能够担任全球团队领导者的人才。识别这类人才的关键在于找到思维正确的人。技能可以通过培训获取，但是思维不可以。有些公司表面上看是全球公司，却在母国这样一个非常有限的范围内发展人才。这样一来，无论这个公司在本国享有多高的声誉，都会阻碍其他地区的优秀人才加入公司。真正的全球公司会在世界各地物色人才，努力挽留、培养和提拔他们。要想在全球取得成功，就需要全球人才。

# Global Teams
### How the Best Teams Achieve High Performance

第 2 部分

# 打造全球团队

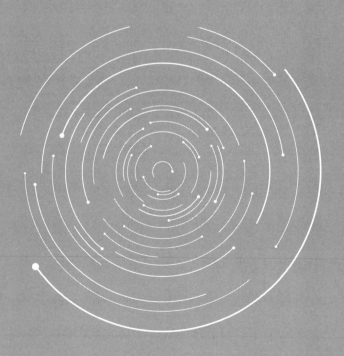

# 第 4 章

# 信任：凝聚团队的黏合剂

信任如同肉眼看不见的黏合剂，能把团队、家庭和社会凝聚到一起。只有在信任失去的时候，我们才会意识到它是多么重要，建立信任有多难。对全球团队来说，信任至关重要。信任能够让你的团队战胜物理距离和文化差异带来的挑战。具体来讲，信任能从以下六个方面提高团队的效能：

- 任务委派。
- 责任。
- 决策制定。
- 建设性冲突。
- 团队支持。
- 激励。

在全球团队中建立信任是一大挑战的原因有三个：

- 物理距离让我们更难去了解其他团队成员。

- 文化差异让误解更容易发生。
- 全球团队要应对高风险的挑战，就需要团队成员彼此达成高度的信任。

鉴于以上原因，全球团队将信任视为决定成败的最大的因素之一，也就不足为奇了。72% 的人认为信任是成就团队的五大因素之一。但信任的意义因人而异。信任对于团队成员和团队领导者有着不一样的意义。团队领导者主要关注的是，团队成员是否具备工作能力和完成任务的能力；而团队成员更关注的是，他们能否相信团队领导者会维护他们的利益。

一种类型的信任与信誉有关，还有一种类型的信任与价值观契合度有关。对于高效能的团队，这两种信任都非常重要。只重视其中一种，就好像只用一条腿跑步——你能前进，但效果不佳。

本章将说明：

- 信任对于全球团队的意义。
- 信任如何提高绩效。
- 如何在全球团队中建立和维持信任。

### 信任的力量

要想知道信任的力量，只需拿出一张一美元纸钞。

一美元纸钞的一面显示的是乔治·华盛顿的画像，另一面骄傲地宣告"我们相信上帝"。无论你的宗教信仰如何，你真正信任的东西是你手上拿的这张纸钞。因为你相信它值一美元，所以它值一美元，大家都这么认为。但一头牛或一枚金币

> 就不同了，尽管在价值上存在争议，但它具有内在的价值。一美元的纸钞只是一张绿色的纸而已。但是如果你有足够多这样的纸，就可以将其换成牛、金子或者任何想要的东西。
>
> 　　假如每个人都觉得这张纸与脏兮兮的一小片废纸没有区别，会发生什么情况呢？一旦我们采取以物易物的方式进行交易，就会混乱不堪。为了咖啡店的一杯咖啡，我兴许会用书中一两个章节的纸去交换，或者我会用十二分钟激情澎湃的演讲作为交换。如果我还想来一块小蛋糕，还得进行一场无比艰难的谈判。
>
> 　　信任会影响我们干任何事。我们也许会担心遭遇犯罪活动，但是我们通常认为，走路去商店不会遭受抢劫或谋杀；我们相信人们会遵守契约；我们也相信食物和饮用水都是安全的。但当信任被滥用的时候，我们理应感到震惊。
>
> 　　如果没有信任，什么事也办不好。信任是社会和全球团队运转的基石。

*如果没有信任，什么事也办不好。*

## 信任对于全球团队的意义

　　信任不过短短二字，但意义重大，而且不容易理解。大家在经历信任而后又失去信任的时候，都知晓信任是什么，却很难把它解释清楚。就好比领导力，大家领教过领导力，便知晓它是怎么回事，但是大家解释它的方式是不一样的。

在讨论信任之前，我们先在这里给它下个定义。多年的研究发现，解释信任最有效的工具就是利用信任等式。等式如下：

$$t = \frac{i \times c}{s \times r}$$

关于等式中各因子的意义，解析如下：

$t$ = 信任（trust）

$i$ = 感情（intimacy）

$c$ = 信誉（credibility）

$s$ = 自我倾向或自私程度（self-orientation/selfishness）

$r$ = 风险（risk）

简而言之，信誉和感情可以建立信任。基于感情的信任时常被称作情感信任或个人信任。这种信任源于共同的价值观、共同的经历以及共同的社会背景、教育背景和文化背景。所有这些都不是事先存在于全球团队中的，情感信任不是自然而然产生的。信誉源于长期不负众望的业绩。要是你在全球团队中的业绩不为人知，你就必须一而再、再而三地赢得信任。

自我倾向和风险会破坏感情和信誉，究其原因有多种。如果一个人有很强的自我倾向或者非常自私，那他会感觉信任建立起来很难。因为这样的人明摆着只会替自己着想，而不会替团队着想，所以团队成员会觉得很难信任这样的人。风险也是破坏信任的重要原因。人们所处情景的风险越大，他们对信任的要求就越高。全球团队经常面临高风险的工作，因此他们需要高度的信任。众所周知，与全球团队相比，在本土团队中建立信誉和培养感情要容易得多，这是因为团队成员很可能彼此都很了解。

信任对全球团队来说是一个非常重要的问题，这没有什么可奇怪的。与本土团队相比，全球团队对于信任的要求要高很多，但他们建立信任的能力却低好多，他们的需求与能力极不对称。

我们将简要探讨信任等式的每个因子，展示它们是如何促进或削弱信任的。

### 感情：关乎个人信任或情感信任

个人信任源于共同的价值观和共同背景，是建立友谊的基础。个人信任会影响公司的经营，这是因为我们本能地更喜欢和像自己的人共事。这样会造成厚此薄彼，影响招聘和晋升。这种无意识的偏袒会形成一种同质文化。在公司高层中，这点体现得尤为明显。许多公司都重视和提倡文化的多元性。另外一些公司则认为，文化的统一性更为重要。

在全球团队中建立个人信任是一个挑战。无论在哪个全球团队，"和我不一样"的人比比皆是。他们的价值观、信仰和想法大不相同。问题不仅在于他们和我们不一样，还在于我们和他们不一样。如果我们的出发点停留在他们有奇特的价值观和信仰，我们将很难跨越与他们之间的鸿沟。我们的出发点应该立足于，我们是拥有奇特的价值观和信仰的人。只有意识到我们的所作所为在别人看来也是奇特的，我们才会理解彼此和尊重彼此。

> 我们是拥有奇特的价值观和信仰的人。

盎格鲁人和日耳曼人尤其重视个人信任和个人感情。在许多文化中，个人信任是必须做到的，而不只是重视而已。在中东地区，许多商务洽谈都始于个人闲聊也是有原因的。个人闲聊并非在浪费时间，而是建立个人信任的方式。你为何要和你不信任的人办事呢？

当然，仅仅建立个人信任是不够的。我们都有自己喜欢和信任的朋友，但我们绝不会雇用他们，成为我们的同事。同事之间的信任属于职业信任，这种信任源于高度的信誉。

## 信誉：关乎职业信任

信誉关乎职业信任，源于言行一致。对于信誉，显而易见的挑战在于"行"，即你做了什么。不那么显而易见的挑战不在于你做了什么，而在于你说了什么，即要设置清晰的期望。人们往往只听自己想听的。当你说你"会试试"或你"会尽力而为"的时候，人们听到的是你"会"。过了一个月，你坦白道，你已经"试过了"，也"尽力而为了"，但是别人会报之以无声的愤怒，因为你没有兑现承诺。失去信誉不是因为你所为，而是因为你所言。与其事后难收场，不如早早把期望说清楚。

在全球团队，由于语言和文化的原因，人们很难进行困难对话。哪怕是简单的话题，因为语言上存在差异，也会导致这头已经讲清楚，另一头却未必领会的情况。文化差异也会导致沟通失败。如果这种文化不喜欢制造冲突，提倡尊敬他人和取悦他人，困难对话进行起来会变得更加艰难。在这种情况下，你会发现，仅仅回答"好的"是不够的，因为"好的"在不同的文化中有着不同的含义。例如，印度是一个经济需求与文化现实相冲突的地方，同印度的伙伴一起工作的时候，曾有过这样的经历：

> 仅仅回答"好的"是不够的。

"我曾被派到美国工作,迫于一夜赶工的压力,我们将工作外包到印度。如果我对印度的工作人员说:'你能完成 A、B 和 C 事务吗?'他们会说:'好的,我明白了。我们能做,我们也有资源。'但是他们交付的任务成果却总是不尽如人意。我当时每小时被扣了 350 美元,而印度外包人员每小时仅被扣 15 美元,所以把工作外包给印度方会有很大的压力。我们没见过面,没说过话。我们都是通过电子邮件来交流。很多时候,你一大早收到印度发来的工作成果,却发现所有内容都要修改。"

如果你想成功地实现目标,就得探究下"好的"到底意味着什么。成功的障碍是什么,需要什么资源,什么时机合适?尽管《哈佛商业评论》发表了相关的论断,可仅仅收到"是的,对的"这样的应答是不够的。在全球团队中,偶尔会因为工作不力而失去信誉;但更多的时候,失去信誉是因为没有在一开始把预计的结果说清楚。如果你身居要职,就会发现,更加注重规避冲突和等级的文化会影响工作。他们会说"好的"来取悦你,而"好的"表达的是他们"会尽最大努力"。

还有两个例子也能说明,在任何一种语言中仅表示"好的"是不够的:

- "我的德国同事说着一口地道的英文,但是'好的'并不等于同意。每次他们都在会议上表示'同意',但会后我都会收到一份超长的邮件来解释他们为什么不同意。"
- 在日本,"hai"常常表示明白,而不是同意或者承诺。根据不同的语境,"hai"可以表示:

- 对。
- 我在这。
- 我明白。
- 我有话说。
- 什么？

你的任务就是理解"好的"的实质性含义，以及如何把"好的"从简单的口头应答转换成切实的工作成果。

同样地，如果你是那个做出承诺的人，你就得谨慎承诺。如果你的承诺存在任何假设、条件、必要的支持、潜在障碍、风险和顾虑，请确保在做出承诺前已充分让人了解这些。你的信誉取决于你的所言所行。但归根结底，你必须完成任务，而且必须一贯地这样完成任务。一贯性非常重要，它让人感觉你是可预测的、可信赖的："我们通过一贯性的工作表现建立信任。言下之意是，按照每个员工应有一贯性的、可预测性的工作表现，我们知道他们将如何行动。也就是说，如果他们不按套路出牌，我们就不再信任他们。"

## 风险

风险好比信任的氪石<sup>○</sup>。风险程度越高，对信任的要求也越高。你可以相信街上陌生人指的路可以让你到达邮局，但是若你要堵上毕生所有去相信一个陌生人的话，就很不明智了。全球团队处理的是高风险事务，团队不是为处理一些琐事而组建起来的。全球团

> 风险好比信任的氪石。

---

○ 漫画《超人》系列中的虚构物质，被设定为超人众所周知的弱点之一。

队往往要应对具有高关注度和高强度的挑战。全球团队成员依赖相对陌生的人来帮助他们完成工作和实现绩效。这让他们备受关注并面临高风险。在全球团队，信任至关重要，但建立信任尤其困难。信任和全球团队碰到一起，就会形成完美的风暴。

管理者考虑风险的时候，通常情况下会考虑理性风险。风险日志中就记录了这类风险，日志上注明了风险指数以及风险转移的措施等。这类风险值得好好领会，多数公司都在研究这类风险。但是还有一类更严重的风险，这类风险影响管理者，但极少被提及和管理，它们是个人风险和情感风险。

全球团队还会面临许多逻辑性的风险，如可能时间来不及，或者交付的工作成果不达标。全球团队需要知道如何管理这类风险。团队成员会面临的个人风险有：

- 我能相信不熟悉且未曾谋面的同事吗？我能把工作交付给他们吗？
- 项目进展顺利的话，我的努力能被认可吗？事情出岔子该怎么办？
- 我该怎么调整期望，避免过度承诺？
- 我不了解决策者的时候，该怎么影响与我有关的决策？
- 我真的掌握着自己的命运吗？

这些都是团队成员需要面对的实实在在的风险。如果团队领导者希望团队成员全身心投入工作，就必须像管理项目计划中的理性风险那样，解决好他们的顾虑。对于几乎见不到的团队成员，远程管理他们的个人风险实属不易。

## 自我倾向

自我倾向是影响信任的最后一个因素。我们所有人都相信，在自己的宇宙里，自己才是中心，这是人之本性。但团队合作有时需要我们把团队需求置于个人需求之上。我们都有过这种经历，即在团队合作共事的过程中，总有一两个人总按自己的计划行事，对其他团队成员造成极为不利的影响。团队的实力是否强大要看其最薄弱的环节。自私的人会造就实力弱的队友。原因很简单，"自我倾向会破坏信任"。

在本土团队，很容易就能知道谁在为团队努力，谁在为自己努力。你可以看见大家每天在做什么。就算你见不到人，办公室的小道消息、闲聊也足以让你知道大家在做什么。而在全球团队，你没法知道人们在做什么。你可以去问，但是很难讲这样会花掉多少时间和精力。举个例子，你想要一些本土市场数据，在一些国家，人们可以通过公共资源在一小时之内获取，但是在另一些国家，人们可能要花上一周的时间高强度地加班加点工作，然后产出一个质量不如前者的数据。你看到的只是结果，一旦结果不理想，就会怀疑对方的办事能力、努力程度和对事情的重视程度，很容易对对方得出不好的结论。

信任等式表明，无论在任何团队中，建立信任都非常重要且困难重重。而对于全球团队，建立信任不仅更加重要，也更加困难。幸运的是，信任等式不仅可以诊断问题，还可以提供解决方案。通过培养亲密的感情，树立良好的信誉，并有效地管理风险，控制好自我倾向，你就能组建一个成员彼此高度信任的高效能团队。

本章的下一节将阐明信任如何促进绩效。最后一节将阐明如何利用信任等式在全球团队中建立信任。

## 信任如何提高绩效

信任对于全球团队至关重要，因为信任可以促成所有高效能团队都需要具备的五个工作习惯：

- 建设性冲突。
- 任务委派。
- 责任。
- 团队合作。
- 沟通。

接下来将对以上各点进行简要介绍。

### 信任与建设性冲突

出乎意料的是，冲突会让本就强大的公司和团队更加强大。这里的冲突与外部竞争无关，它指的是团队内部或者公司内部的冲突。一些拥有优秀团队的公司把冲突视作核心价值。麦肯锡认为"反对义务"至关重要："每个人都应该拥有平等的发言权，都应该在讨论中做出贡献。表达异议并非可有可无，而是必不可少。"这种挑战非但不会削弱团队，反而会让团队更加强大。

> 冲突会让本就强大的公司和团队更加强大。

如果一个全球团队，或者任何一个团队想要实现一个影响力巨大的目标，就要确保用正确的方式来实现它。除此之外，每位成员还得为了实现目标而全力以赴。但凡你怀疑其中的任何一方，都会导致不确定性，造成疑虑，降低大家的责任心。全球团队的成员只是被动地服从是远远不够的。他们得积极投入工作才行。只有当每个团队成员都完全理解并认同团队的目标及实现方法的时候，他们才会积极地投入工作。这就需要一种文化，即可以大方说出疑虑，而不是把顾忌藏在心里的文化。适当地表达自己的想法能产生建设性冲突，让团队变得更加强大，也能改进工作方法。但是，只有在具有高度信任的环境下，说真话才会受到鼓励，不会受到批评。

过去，人们希望团队领导者像老派的老板一样：有聪明的头脑，能为团队设定方向。但在全球团队中，智慧不是由谁垄断的。团队集体的智慧大于成员个人的智慧。诸如"沙漠生存"或"月球生存"这样的团队演练，需要每个队员从给定的列表中挑选出他们认为最重要的生存装备。一般，最终的集体决策会比最好的个人决策还要好些。也就是说，在得出最优决策之前，有益的辩论和分歧是有必要的。

许多团队天生具有妥协的本能，以此避免冲突和保持团队和谐。但是这样就不会有团队成员的全力以赴，也就只会产出次优的解决方案。这意味着更深层次的问题仍没有得到解决。但是，冲突必须具有建设性才行。正如一位塞尔维亚的全球团队成员所说：

"我们团队处在具有高度信任的环境下，我可以畅所欲言，表达我不同的观点，我的观点会得到尊重。我相信，即使最后讨论出的方案不如我意，我们也会一起为之努力。以前，我会竖起思想之墙，觉得不应该说这个，不应该说那个。但是在这里，思想之墙不存在。"

高效能团队需要建立一种文化，让团队成员知道这里很安全，并且鼓励他们畅所欲言。人们只有在安全的环境下才会畅所欲言："你需要一个高效能团队，成员处在安全的环境中，在发生对抗性冲突的时候，大家可以毫无顾忌地跳出条条框框，突破界限。要想提高竞争力，就要不断改变，也就是说需要冲突。"鼓励团队成员发表意见会带来更好的决策，也会加强团队成员的责任心。

许多文化不管冲突是否有益，习惯性地避免一切冲突，丢脸和挨批评都属于无法接受的事情：

- "泰国团队需要很长时间才能与外国人建立信任。这是因为泰国人在与外国人打交道之初，会觉得没有安全感。他们可能需要 3~6 个月的时间来建立信任。一周之内，你是无法同他们进行开诚布公的对话的。"
- "我给印度团队下达任务的时候，他们会反问我更多问题，但是如果是英国人给他们下达任务，他们就会一声不吭地瞎干，直到团队建立起足够的信任，稳定下来，并鼓励他们去迎接必要的挑战，这种情况才会改变。而这可能需要半年到一年的时间。"

建立信任没有捷径可走。在良好的信任环境下，每个人都能自信满满地表达自己。你必须投入时间来培养感情，经历一个过程。

这对英国领导者来说是个挑战。英国领导者喜欢立即行动，马上掌握事态，而了解真相是需要时间和耐心的。

## 信任与任务委派

不委派任务有很多原因：

- 我自己一个人做会做得更好。
- 我自己一个人做会做得更快。
- 我个人需要对这项任务负责。
- 团队没有能力完成这项任务。
- 这项任务十分重要，不能委派。

尽管团队成员凭直觉就能理解这些原因，但还是有需要稍加解释一下：

- 我自己一个人做会做得更好：我不相信团队会认真完成这项任务。
- 我自己一个人做会做得更快：我不相信团队会及时完成这项任务。
- 我个人需要对这项任务负责：我根本就不相信团队。
- 团队没有能力完成这项任务：我就是不相信团队。
- 这项任务十分重要，不能委派：我不相信团队能把重要的事情做好。

本质上说，这里的每个原因都是一样的：我不相信团队。不委派任务会给团队领导者带来很大的压力和工作负担，还会让团队成员丧失斗志和责任心。发现别人不相信你而不委以重任，这着实让人心灰意冷。

对全球团队来说，任务委派很难，因为领导者对异国同事的工作能力总会心存莫名的担忧：

- "我们地方上的专家人才已经很欠缺了，却要让他们在总部工作。而位于总部的团队又不太信任从地方派来的人员，因为后者的技术水平不如前者。"
- "我们要么吸引想要成为'鸡头'的人，要么吸引想要改变生活方式的人。真正优秀的人才是想成为'凤头'的人，而吸引这样的人才是很难的。因此，在高风险情况下，很难做到完全相信他们。"

这些担忧不用明说，团队成员都能理解。如果委派给他们的任务无足轻重，他们自然会松懈，如此一来就形成了恶性循环。团队成员一旦松懈，业绩就会下滑，团队领导者会判定是任务委派出了问题。一个全球团队的首席运营官就此问题这样描述道："糟糕的业绩会形成一个负反馈循环。糟糕的业绩会降低信任度，让管理变得更加严格，而这又会导致更加糟糕的业绩。"由于存在物理空间、文化以及语言的差别等各种挑战，双方信任度不断下降这种恶性循环难以打破。而误会还会滋生不信任。

消除信任度下降和任务委派效果差的恶性循环，形成信任度和任务委派效果不断提升的良性循环，这样是有可能的。有效的任务委派不仅可以减轻团队领导者的负担，还能给团队赋能，激励团队发展，促进更佳的业绩和更多的任务委派。

## 信任与责任

责任对于绩效管理至关重要。缺失责任，就很难衡量或管理绩效。责任和任务委派紧密相连。

相对于本土团队，在全球团队履行责任对信任有更高的要求。

> 相对于本土团队，在全球团队履行责任对信任有更高的要求。

在本土团队的环境下，实时地纠正错误要容易一些。这是因为，整个团队包括团队的管理层和公司的所有支持系统都在统一的时间内办公。在全球团队的环境下，还处在非上班时间的你不得不信任在异地的团队成员会替你做出正确的决定。他们可能会做出具有高风险的决定，而你却无法驳回那样的决定。

举个例子，假设有一家对冲基金公司在全球范围内运营，它的控制系统可以防止违规交易，但是不能防止愚蠢交易。在若干交易中心关闭的时候，如果想对一笔糟糕的交易进行平仓，可以采取跨时区交易，但这可能需要付出非常昂贵的代价。只有在彼此充分信任的情况下，纽约方才会委托伦敦方进行交易处理，反之亦然。

信任对企业沟通也至关重要。励讯集团的总部位于伦敦，主要业务为国际信息与信息分析，年收入为90亿美元。保罗·亚伯拉罕斯是励讯集团企业传讯部的负责人。保罗的老板，即首席执行官，每年有180天在出差。想和他确认每一件日常琐事是不现实的，因为消息轰炸是24小时不间断的，可能需要时不时地做出快速响应。高效的运作需要有明确的责任和任务委派，而这又取决于信任。

## 信任与团队合作

团队成员之间的信任至关重要。用迈克·杰德拉扎克（Mike Jedraszak）的话来说，"必须相信大家都是齐心协力的且大家会彼此关照，尤其在出现问题的时候"。在面对压力或事情出了岔子的时候，信任就显得尤为重要。"在全球公司中工作，你要意识到大家看待世界的方式是截然不同的。因此，一旦有意想不到的事情发生，你得知道他们的言语和行为并不是在挑战你。"在面对压力的时候，信任能让整个团队团结起来，不让其四分五裂。

在本土团队中，互帮互助比较容易做到。别人加班加点埋头苦干的时候，你是看得见的，而且人们很容易就能从坐在近旁的同事那里寻求到帮助。互帮互助的感情就这样自然而然地培养起来。远程培养这样的感情就不自然了。由于所处的时区不同，你与同事并不认识，向他寻求帮助会很费劲。当你看不见谁在忙，也不知道谁需要帮助时，即使你想提供帮助也会很费劲。团队成员之间的关系也就退化成了一系列的公平交易关系。任何一个高效能团队都是建立在牢固的关系基础上的，而非建立在交易基础之上。

## 信任与沟通

信任和沟通相互影响。良好的沟通建立信任，高度的信任促进更好的沟通。以建立信任为目的的沟通不在于大张旗鼓地宣传，而在于做到如下几点：

> 信任和沟通相互影响。

- 倾听。

- 透明。
- 勇敢诚实。

## 倾听

全球团队的成员之间彼此不了解，这很正常。总部的管理者不了解各个地区的情况也很正常，反之亦然。当别人不理解我们的时候，我们就反复说，解释得更清楚些，直到让别人更好地理解我们，这是人的本能。

但问题并不在于其他团队成员不理解我们。问题在于，我们没有正确地理解其他团队成员。多说话可能会让我们感觉好些，可这还是不能解决"理解"的问题。想要被别人理解，就得先理解别人。

> 高效能的团队成员用一张嘴巴说话，用两只耳朵听话，才能把握分寸，做到多听少说。

高效能的团队成员具有跟高效能的领导者和销售人员一样的特质，他们用一张嘴巴说话，用两只耳朵听话，才能把握分寸，做到多听少说。

倾听的好处表现在三个方面。

第一，倾听促进理解："团队领导者必须设身处地地为别人着想。他们必须理解为什么事情对别人很重要，不仅要理解他们在说什么，还要理解他们为什么那样说。"只有理解了别人的想法、愿望和需求，我们才能以别人能理解的方式表达自己的想法。只有调整我们的信息表达方式，别人才听得见、听得懂。

第二，倾听是让别人闭嘴的好办法。如果一个人觉得无人在听自己说话，那么他就会保持"传输模式"。他会不停地讲下去，直到确定他的话被人听进去，他才满意。只有当他的"传输模式"执行完毕，才会转换成"接收模式"。因此，主动倾听让他知道，你把他说的话听进去了，也理解他在说什么。你可以换种方式把他说的话再说一遍。你的总结会让他更加确信，你把他的话听进去了，他就会缩短"传输模式"的执行时间。

第三，倾听是对人的赏识。研究表明，在任何文化中，赏识他人都不会起反作用。因为倾听显得你对别人说的话感兴趣，所以能达到认可别人的效果。在这个瞬息万变的世界里，我们常常会觉得自己不被认可。如果有人愿意花费他们宝贵的时间来倾听我们的想法，这是对我们的赏识，对方显然很重视我们要说的话。倾听意味着无私，与自我倾向相反。这是跨国界培养感情的捷径。

对团队领导者来说，倾听和沟通具有四个层次：

- 只说不听。这是老派领导者的沟通方式。这种方式看似派头大，实际却不起作用。它无法让领导者知道，对方到底把什么听进去了、理解了什么和接受了什么。
- 被动倾听。这里说的倾听就是闭口不言，或者更准确地说，是在等对方闭嘴，好阐明自己的观点。不过，这种倾听至少是让对方说话，但是这样既不会让双方相互理解，也不会让双方达成共识。
- 主动倾听。这种方式包括用你自己的话把你听到的话再说一遍。这样既让对方感觉很好，能避免误会，还能让你的信息得到恰当的表达，以便对方能更好地理解和接受你说的话。
- 主动倾听和积极关注。这样会让人相信对方的言行是出于善意，避免过早得出负面结论。这有助于建立信任，使有关分歧和预期等困难对话进行得容易些。

全球团队不仅需要建立高度的信任，还需要具备很高的倾听技能，即要主动倾听和积极关注。

### 透明

透明能增进信任的原因在于，它能促成以下三点：

- 加强管控和支持。
- 更好的环境促进团队成员了解情况。
- 更好地提出和解决问题的方法。

#### 加强管控和支持

在致力于全球团队的高效运作方面，一些小型全球公司的创新最为突出。The House Media 和 Modern Tribe 都是面向全球提供服务的网页设计机构，员工加承包商还不到 60 人。The House Media 的总部位于旧金山，Modern Tribe 的总部位于伦敦。两家公司将透明度发挥到了极致（见下文）。高度透明需要高度信任，但它也能促成高度信任。高度透明既可用作一种强制性的管控工具，也可用作一种促进自主的方式，它以高度信任为基础。The House Media 和 Modern Tribe 采取高度透明的方式，让分散在世界各地的团队成员可以根据自己的生活习惯来自主安排工作。透明度关乎支持和信任，而不在于施压和控制。

> 高度透明既可用作一种强制性的管控工具，也可用作一种促进自主的方式，它以高度信任为基础。

### 高度透明

The House Media 和 Modern Tribe 都是网页设计公司，都面临着同样的挑战：那些遍布世界各地的员工即使才华横溢，也需要援助，以便在紧迫的时间期限内完成大客户的订单。面对全球运作带来的挑战，两家公司不约而同地创建了基于高度透明的解决方案。

Modern Tribe 的首席执行官沙恩·皮尔曼这样描述公司的运作方式："我们使用 Scrum 软件来管理系列的工作。我们每天都要开一个站会，所有成员都要参加，大家在会上见面，并采取'YTB'的方式来检查所有事项，'YTB'即昨天（Yesterday）、今天（Today）和阻碍（Blocker）。我们还会问他们是否真的需要开会。每个事项都必须只有一个负责人。你可以随时寻求帮助，但仍然是你负责任。"

迈克尔·默多克是 The House Media 的首席执行官，他也利用技术创造了完全透明的公司运作方式："Slack.com 可以让员工快速了解最新的聊天内容，不错过任何聊天记录。Trello.com 是一个项目管理工具，把我们同客户和开发人员联系起来。它会保留所有的聊天记录。它不仅能避免混乱，还能使聊天内容易于跟踪和抓取。以前，我们每天都会收到 100 封邮件，但现在一天只有 25 封，而且全部都是客户发来的，因为所有的团队内部的对话都在 Slack.com 或 Trello.com 上进行。

"我们的目标是帮助大家快速地、创造性地完成任务。所以我们要让大家知道目标是什么。Dropbox 是个好帮手,它所有的数据都存储在云里,所有人都可以看见这些数据。我无须当看门人,就能知道事情的进展。"

虽然大家采用的技术解决方案可能不同,但意图是一样的。每个员工都可以完全清楚地看见事情的进展;每个员工高度自主。通过系统,他们可以自行设定工作任务单,自行决定提交工作单的时间,告知工作进度。这可以避免意外情况,在事情进展到节骨眼时迅速提供必要的支持。

这种高透明度可能会被滥用于建立严格控制的强制性文化,而这背离了皮尔曼和默多克的本意。用皮尔曼的话说:"我们想创造一个空间,帮助人们一起工作,让其成为一种生活方式。"但这是一种高效能的生活方式:"不管你住在哪里,可以在旧金山,可以在玻利维亚,也可以在加州的海滩,你可以有四个孩子,也可以没有孩子,我都不在乎。我会给你同样的报酬,因为工作就是工作,与你的背景无关。"透明需要信任,也能增进信任。

**更好的环境促进团队成员了解情况**

透明意味着完全公开,就像记者参加培训学写报道一样,需要搞清楚谁、什么时候、在哪里、做了什么、怎么做的、为什么这么做。管理者常常只关心显而易见的问题:谁、什么时候、在哪里、做了什么、怎么做的。但是最有趣的问题通常是"为什么这么做"。用让人捉摸不定的传媒大亨艾略特·卡佛在《007》中的话说:"我十六岁的时候,到中国香港的一家报社工作。那是一家小报社,但是那里的编辑给我上了重要的一课。一篇好报道的关键之处不在于报道'谁''什么时候''做了什么',而在于报道'为什么这么做'。"

遇事多问个"为什么"也许不能让你触及全球统治的边缘,但这样做可以让你的全球团队提高效能。花点时间好好沟通,不要只会问"谁""什么时候""在哪里""做了什么",还要了解"怎么做"和"为什么这么做"。这样不仅能达成良好的沟通,还能建立信任。

> 一篇好报道的关键之处不在于报道"谁""什么时候""做了什么",而在于报道"为什么这么做"。

"怎么做"和"为什么这么做"非常重要,有两个例子可以说明这一点:

- 《金融时报》的目标是拥有百万订阅用户。实现这个目标的方法有好有坏。通过打折的方式可以吸引那些对价格敏感、对品牌不忠实的用户,就能很快实现百万订阅用户的目标。但是《金融时报》想要的是黏性用户,希望用户积极参与。这样一来,就需要深入讨论该怎么做了。用《金融时报》首席执行官里丁的话说:"我们必须搞明白,如何引导用户参与,如何让用户养成阅读我们的报纸的习惯。我们可以测量用户参与度。我们正在建立一种新的访问模式,激励用户大力参与。"

- 有一家位于伦敦的日本保险公司,母公司要求它为那些在伦敦的全球客户提供服务,并且要求能盈利。这就产生了一个问题:为日本境外的许多客户提供服务是无利可图的。因此,必须深入讨论如何做权衡的问题。要放弃一些客户吗?如果是的话，该怎么做？在满足全球客户需求的同时，如何实现本土对于盈利的要求？

实现目标的方法总是有好有坏。在全球团队，全面了解情况非常重要，这有助于制定正确的决策，用正确的方法实现目标。

**更好地提出和解决问题的方法**

有一家全球银行的首席执行官，他因做了一场关于"解决方案"的演讲而闻名。演讲听起来很不错。演讲的主题是："你是来提问题的，还是来提解决方案的？我要的是解决方案，而不是问题！所以不要跟我说问题，跟我说解决方案！"从舞台演讲的角度看，这种说法确实不错。但是从处理问题的角度来看，这种说法就非常糟糕。2006~2007年，这家银行的贷款出现坏账，管理层的处理方法很是从容。他们没有把问题放到台面上来说，因为这样做表明他们是只会提问题而不会给解决方案的人。2008年，这家银行破产，纳税人为此付出了数十亿美元的代价。

有能力的全球团队领导者，会营造信任的氛围，让问题能够快速浮到水面。透明度对信任来说至关重要。"了解情况非常重要。要让大家畅所欲言，就要营造一个透明、清晰、能恪守承诺的环境，不能只是口头说说而已。我一贯坚持透明，我会把问题传达给大家，观察他们的反应。"

> 透明度对信任来说至关重要。

在全球团队，建立这种程度的信任非常重要，因为全球团队领导者无法进行微观的管理。你没办法监督你的团队，关注他们的动向。因为你远离工作现场，所以你必须信任团队，让他们告诉你发生了什么：

- "全球团队领导者长期不在工作现场，因此他们决不能进行微观管理。否则很容易出错，他们反而应该放手让团队做。"
- "你不可能对全球团队进行微观管理。因为在跨国环境下，你总是慢一步。"
- "以前因为我们都是新人，迈克尔不信任我们，所以他需要进行微观管理。但是现在微观管理减少了，流动管理加强了。我们明白了现在为什么我们都采取这种方式工作。"

团队领导者压根不喜欢出现意外，因为意外几乎都是不妙的情况。在全球环境中，误解很容易产生，误解会导致意外的发生。这就意味着你得多沟通，尽早沟通，以避免意外发生，或者让意外减到最少。就全球团队而言，避免发生意外是永恒的主题：

- "如果凡事都让人感到意外，那么人也会变得多疑。"
- "我们的座右铭之一就是拒绝意外。"
- "你必须尽早地进行风险沟通，以免出现意外。"

避免意外发生需要进行勇敢诚实、开诚布公的沟通，而许多文化先天就不具备这样的特性，我们将在下一小节进行说明。

### 勇敢诚实

政客认为，只要在法庭上他们被证明无罪，自己就是诚实的人，他们甚至当即会说过去自己被冤枉了。这些政客常常抱怨没有人相信他们。政客是最不被信任、最不讲真话的职业者。有89%的人相信医生，但只有 21% 的人相信政客。在人们眼中，他们甚至还没有房地产商（25%）、记者（25%）和银行家（37%）可信。但我们还是要谦虚一点，先别嘲笑这些人。只有 25% 的人相信公司领导者们会实话实说。实话实说需要勇气。但某个领导者隐瞒事实时，大家也是知道的。

> 实话实说需要勇气。

如同法庭对证人要求的那样，旨在建立信任的沟通需要更高程度的诚实，即要说出全部真相，仅此而已。难点在于说出全部真相，尤其在当今等级森严、强调尊重、规避冲突的社会，这样做很困难。勇敢诚实对于以下三个方面非常重要：

- 确立期望。期望是相互的。团队领导者需要了解团队成员的期望，团队成员也需要清楚团队领导者可能会有什么样的期望。对任何一方的期望不清楚的话，就会发生变故，导致信任丧失。

- 项目管理。与确立期望和管理绩效一样，避免意外也很重要。发生意外说明人们隐瞒了信息。你必须勇敢诚实地提出问题。如果你能尽早且有建设性地（不要只提问题，也谈谈解决方案）做到这一点，你就能建立信任。

- 绩效管理。在任何一种文化中，管理者都不愿意给团队成员带来坏消息。但等到正式的年度评估时才告诉大家坏消息，这会很快破坏信任，因为此时的坏消息对大家来说来得太意外。这表明团队领导者在此之前一直在隐瞒真相。困难对话要尽早发起且有建设性，这样团队成员才能调整工作方向。

如果困难对话进行得很顺利，这表明你为团队成员的成功付出了努力，那么你们之间就能建立信任。

在好面子和注重等级制度的国家中，"勇敢诚实"可能很难被接受。一般说来，荷兰人走一个极端，他们很可能一开始就直言不讳。印度人、泰国人则走另一个极端。在团队中建立勇敢诚实的文化需要时间和技巧。如果一个荷兰人从一开始就对泰国团队直言不讳，他们的关系很可能马上破裂。直言不讳会冒犯泰国人，而荷兰人则会因为无法了解情况而沮丧。

## 如何在全球团队中建立和维持信任

将描述信任性质的等式稍做变形，它会引导大家建立信任。共同的价值观和信誉是建立信任的两个重要因素。我们将从团队成员的角度依次对它们进行探讨。然后，我们将简要探讨一个公司该如何搭建框架，以此组建高度信任的全球团队。

### 在全球团队中塑造共同的价值观

共同的价值观包括共同的目标和共同的信念。

一个高度信任的全球团队始于共同的目的或目标。所有人都得朝着一个方向努力。在曼达林基金，他们把利润分成与业绩挂钩：每个人的利润分成都和别的团队成员的业绩紧密相关，因此团队合作就变得非常重要。用曼达林基金的管理合伙人珍妮·高的话说："我们收到的评估一样，收到的分成也一样，所以我们就有了共同的目标。也就是说，你得相信团队成员会为你考虑，因为你的分成不仅取决于他们的业绩,也取决于你的业绩。"

相比之下,我们发现,另一家提供专业服务的公司采用的是这样的机制,即在合伙人的薪酬中,只有40%同全球的业绩挂钩。公司有300多个合伙人,每个合伙人都做出了合乎逻辑的决定:把工作重心放在自己可控的60%的薪酬上,即重心放在自己的业绩上。至于全球协作的理念,他们对此只是嘴上说说而已。

"共同的价值观"是这句话的简写:"我希望大家的价值观和信念与我的一样。"要想价值观一样,就得先了解彼此的价值观。价值观不是从公司精心制作的价值观声明中提炼出来的,而是各种能反映日常信念的日常行为造就的,这些信念通常是我们内心深处的想法的流露,而我们甚至没有意识到。

> "共同的价值观"是这句话的简写:"我希望大家的价值观和信念与我的一样。"

一个简单的例子就可以说明这点。你该什么时候发言?在任何全球会议上,各国发言的时长存在严重的分配不均,大家发现这成了标准的做法。美国人最爱发言,第二爱发言的是其他说英语的人,第三爱发言的是其他欧洲人。最后,要费老大功夫才能让日本人开口。而且各国对发言的反应也大相径庭。美国人好奇日本人说的话是否有价值,日本人则好奇美国人为什么有这么多话要说。日本人对欧美文化的反应表明,我们把一些事情视作理所当然:

- "过去我对很多事情都感到惊讶,诸如度假这样的事!"
- "在这个国家,你很可能不会说对不起,也不会感到抱歉。"
- "在日本,只有让你说话的时候你才能说话。所以,IESE 的课程让我大为惊讶,我不得不发言,因为课堂参与也算分数的一部分。"

- "日本人不会听同级别的人的话,他们只听上级领导的话。所以我必须通过他们的领导甚至是更高层领导来管理他们。"

中国人也有不同之处:

- "中国人担心的是不同的事情。意大利人担心经济下行,中国人不理解你为什么担心。你觉得你要失败了?他们只考虑怎么成功。"
- "有一个挑战是让中国人进行分析性思考。我们努力在 CRU 创造自己的文化。我们公司的中国人天生就擅长讲述事实和做报告,但他们不会给出自己的观点,也不会开诚布公地交流,除非让他们这么做。所以他们是有一些局限性的。"
- "中国公司的等级制度要森严得多。在中国,除非得到明确的指示,否则下级不会随便发言。而在欧洲,任何人都可以随便发言。所以每次会议我们都必须仔细设计,考虑谁出席,谁发言,什么时候发言。"

显然,这些差异会导致误解和信任的丧失。而关键点在于这些价值观的不同,我们不能认为谁的价值观比谁的更好。因此,全球团队面临的挑战是发现有哪些不同的价值观,如何围绕合作达成共识。共同的价值观不是从精心制作的价值观声明中提炼出来的。它来源于日常实践。共同的价值观是探索出来的,而不是设计出来的。

探索共同的价值观需要时间,而全球团队没有那么多时间。探索共同的价值观有两条捷径。

### 捷径一:以社交的方式共度时光

探索共同价值观和建立信任的最有效方法是共度时光,即找个理由,让团队成员见面。正式的活动议程必须要有意义,可以是

> 共同的价值观是探索出来的,而不是设计出来的。

关于员工培训、项目策划、战略发展等方面的活动,也可以是关于理解客户的活动。非正式的活动日常也要与正式的活动日程一样有意义,团队成员借此共度时光,了解彼此。全球团队已经无数次发现,以这种非正式的方式共度时光有助于建立信任,增进沟通:

- "我们在冰岛徒步旅行了几天,从那之后,成员之间就产生了深厚的情谊,他们有了共同的经历,而这些经历很难通过别的方式重建。"
- "面对面的交流可以让你真正了解同事,了解他们的感受,看他们是否心力交瘁。我做得最好的一件事之一就是同欧洲团队来了一次从巴黎到伦敦的火车之旅。我从中受益良多。"
- "我们在伦敦附近的肯特郡租了一栋12世纪还是13世纪的宅邸,并一起住在那里。那里的一切都是自助式的,一点也没有公司的氛围。我们必须一起做饭,一起打扫,一起计划每天吃什么。那次活动效果很好。"
- "我们组织了一个关于信任的研讨会,还举办了迷你奥运会,诸如沿着直线扔纸盘这样的运动项目。我们玩得很开心,这次活动在很大程度上帮助我们建立了信任。"
- "你一年至少要有一次坐下来和他们一起喝个酩酊大醉的经

历。如此一来，以后遇到困难的时候，大家才会团结一致，不会垂头丧气。我用在年度聚会上的开支比办公费用还多。但分布式工作也不是个省钱的事。我们让大家沉浸在团结的社交氛围里，比如花两天的时间一起去划独木舟。这种通过活动建立起来的感情将在今后维持很长时间。"

所有这些活动的共同点是在非工作活动中投入了时间。可能有人会觉得，用公司的经费来找乐子纯属浪费钱，但并非如此。这是一笔重要投资，有助于建立信任，促进成员之间的相互理解和相互尊重。一旦你拥有了个人信任，就可以建立职业信任。盎格鲁地区倾向于首先建立工作关系，并且只建立工作关系，他们很少建立私人关系。多数亚洲地区和中东地区的文化则相反，他们喜欢首先建立私人关系，然后建立工作关系。当这两类不同的人初次见面的时候，谁也不会好过。盎格鲁地区的一方会觉得烦恼，"非让我闲聊，简直是在浪费时间"；而来自亚洲地区和中东地区的另一方也感到苦恼，"我都还没搞清楚能不能信任你，你就一直和我聊生意"。

值得注意的是，在这些案例中，没有提到正式的团建活动。正式的团建活动可以说好坏参半。有人喜欢绳降和团建游戏，类似的这些活动具有文化专适性，即相比于其他文化，这样的活动对某些文化能起到更好的效果。相反，我们要让团队的每一个成员都能参与社交活动。也就是说，全球团队的团建活动不应与其他活动安排得太紧，不能一天中有 16 小时都充斥着研讨会或者其他跟工作相关的正式活动。那样的活动看似很高产，但是会错过投资于团队社交资本的机会。而只有创建社交空间，才可以让团队成员正确地认识彼此。

## 捷径二：通过正式的活动解决相互了解的问题

社交活动有助于团队成员相互理解和培养感情。但是这种方式具有随意性。在任何全球会议中，部落意识都会占主导，不同国籍和不同职能（工种）的人不会混在一起。参会者会寻找与自己国籍相同或者职能相同的人士。能随意找到这样的交流人士或许很有趣，但这样做的效率很低，还不如组织活动快速发现有意义。

这里提供三个简单的方法：

- 利用标配的团建训练项目。好的训练项目能促进团队成员相互理解，尊重彼此的差别。以 MBTI（迈尔斯－布里格斯个性类型指标）为例，MBTI 测试是用于团队建设的一个标配训练项目。它对受试者的学术要求极低，但就是有很多学者不能达标。MBTI 测试的意义不在于发现深层的心理真相，而在于帮助人们相互理解、相互尊重。
- 开展重大事务的演练，以发现团队成员内心深藏的各种不同的想法和信念。好好规划一下，团队可能会面临哪些最具挑战性的事务和状况，然后想出应对每一种状况的办法，以此形成一个基于实践的团队章程。章程上往往会列出一些行动细则。与所有的计划一样，这些细则很少能经受住现实的考验。把重点放在团队可能面临的现实困境、决策和分歧上，就可以知道在现实情形下团队应该怎么做。
- 明确地解决刻板印象的问题。刻板印象根植于人们的头脑中，进而形成偏见，使得信任很难建立起来。把这些刻板印象拿到台面上说，有助于团队成员发现自己的偏见，也有助于他们明白其他人如何看待他们。刻板印象可能不对，但它们带来的后果是真实存在的，具有破坏性。表 4-1 是对每个国籍的人的刻板印象列表。表格的第一部分是让团队成员尽情发挥，描述每个国籍的人具有的典型刻板印象，这种刻板印象往往是负面的。第二部分是让团队成员发现每个刻板印象积极的一面。你还可以加上第三部分，问问大家每个国籍的人怎么样会变得更好。

也许还有许多其他的演练方式。每次演练的要义在于帮助团队成员发现，每个人的行事风格是不同的，要重视和尊重那些不同的风格。这些演练也给团队成员竖起了一面镜子。它们表明，他们的风格不是唯一的风格，也不是完美无瑕的风格，它只不过是一种行事方式而已。这些演练活动为未来的团队创建了一种语言和一个参照标准：采用非对抗性的方式讨论分歧，进而为团队找到一条前进之路。

表 4-1　各国籍刻板印象列表

| 国籍 | 典型刻板印象 | 换一个角度 |
| --- | --- | --- |
| 所有外国人 | 他们为什么不能理解我们<br>他们为什么不会说我们的语言<br>我能相信他们吗 | 我们为什么无法理解他们<br>我们为什么不会说他们的语言<br>他们会相信我们吗 |
| 美国人 | 太吵，自以为是，爱出风头 | 乐观，有活力，敢于尝试 |
| 英国人 | 委婉，悲观——他们到底想表明什么意思 | 公平，灵活机变，开诚布公 |
| 法国人 | 傲慢，有学究气，爱争论 | 理性 |
| 南亚人 | 嘴上说着"好"，却无法兑现 | 会尽最大努力取悦你 |
| 德国人 | 缺乏想象力，死板，无趣 | 脚踏实地，非常可靠 |
| 日本人 | 一言不发——他们到底有没有什么值得一说的事情 | 非常努力，素质高，可以高度信赖，是很好的合作伙伴 |
| 中国人 | 争强好胜 | 勤奋，专注 |

## 培养团队的信誉

有别于价值观和感情,信誉是信任的另一种形式。感情关乎个人信任或情感信任。我们都可能会结交这种朋友:因为我们有共同的价值观,或者是因为我们有很好的感情,我们信任他。尽管我们对他们持有个人信任,但我们绝不会对其中的一些人产生职业信任。在很多文化中,虽然个人信任被视为通向职业信任的大门,但是个人信任和职业信任是不一样的。在盎格鲁文化中,职业信任被置于首位且最为重要,个人信任则次之。

赢得信誉很难,失去信誉却很容易。建立长期信誉无捷径可走,它有赖于时间和一贯的可靠性。对临时组建起来的全球团队来说,建立信誉是一项非常艰巨的任务。

> 赢得信誉很难,失去信誉却很容易。

例如,商船三井株式会社是一家大型海运公司,依靠世界各地的代理商在当地运营船只。代理商负责处理大量的物流细节,公司是不可能对他们做到微观管理的,必须相信他们能干好,在互联网出现之前的那些年代尤其要这样。因为无法通过传真来过问细节,所以传真是激励任务委派和促进信任的再好不过的工具了。这家公司与代理商的交情可以向上追溯几代人:

"大部分代理商与我们有多年的合作。因此,现在与他们合作起来很容易。所有合作都会关系到业绩。一半的代理商都与商船三井合作了45~60年,他们从父辈到儿子辈都与我们的公司有过合作。他们是我们在当地市场的眼睛和耳朵,我们十分信赖他们。他们对我们来说就像家人,这种关系是建立在信任和感情的基础上的。"

无论行情好坏，商船三井株式会社都需要绝对值得信任的代理商，延续几十年的出众业绩足以说明一切。

与此相对，信誉一旦失去便很难恢复。我们曾经在日本中部的一家化工厂工作，我们时不时地听管理人员说某家全球知名的咨询公司干得很差劲。该咨询公司的顾问上了黑名单。显然，管理层对这样的事很伤脑筋。这些顾问毫无信誉，他们20年前就已经干这行了。

大多数经理人偏向于与自己认识和信任的人合作。一家大型专业服务公司来了一个日本籍的新合作伙伴，他把整个团队都带来了，不但解决了信誉问题，而且他所有的客户也跟着来了。这样，客户有了信任的合作伙伴，合作伙伴也有了信任的团队。在许多专业服务机构或金融服务机构，团队和客户批量迁移的现象并不罕见，但这样做有可能产生法律纠纷。

以下介绍建立信誉的三种方法。前两种方法需要花时间，后一种方法有些走捷径。

### 方法一：永远、永远信守承诺

纽约的詹姆斯·法利邮局大楼外面的铭文这样写道："无论鹅毛大雪，还是倾盆大雨；无论炎炎烈日，还是昏暗夜色，都无法阻止邮差以飞快的速度完成指派给他们的任务。"

美国邮局明白，要想在这行待下去，就必须信守承诺。要想获得信誉，找托词是不管用的。事实上，信誉必须是挣来的。"信任不是说来的，而是做来的。"信任源于一贯地信守承诺。如果动不动不讲信誉，那么就算时而有信誉之光闪耀，也一样无法建立信任。信任就像花瓶，制作它需要投入时间和精力，但打破它却非常容易。花瓶一旦打破，修复它甚至会更难。

### 方法二：树立期望

我们已经讲过，信誉在于言行一致。你的所作所为固然重要，但是让你说的话能被人理解也很重要。

> 信任就像花瓶，制作它需要投入时间和精力，但打破它却非常容易。

树立期望是信誉的重要组成部分。请只承诺你能做到的事。如果对委派的工作存在任何疑虑，务必把丑话说在前头。不要以为任务一完成，信誉就建立起来了。检查一下你的付出是否受到大家的关注，是否满足他们的期望。许多管理者避讳负面的反馈，因此你必须确保你达到了他们的期望。如果出了什么岔子，你有纠正的机会。

### 方法三：走捷径

有一些捷径可以帮你暂时获得信誉。它们可以将你领进信誉之门。如果没有这些捷径，信誉之门是万万不会为你敞开的。不过穿过这扇门后，你仍然要通过靠谱的表现把"借来的"信誉变成自己的。

信誉主要来自三个方面，即引荐、资质和身份：

- 引荐是作数的。如果你信任的人把你引荐给别人，对那个人来说，比起一个素未谋面的人，他更不会怀疑你："如果一个我认识并信任的人把我介绍给他人，那么我会更有可能相信那个人。"

- 对于某些职业，资质是获得信誉的最有效的捷径。我们或多或少会更加乐意接受一位有资质的牙医的精心护理，而可能不太愿意将我们的牙齿托付给一个拿钳子的技工。但不幸的是，资质在管理中并没有那么重要。即便告知大家你有工商管理硕士学位，也无法保证让你坐上领导的职位。每年有多达100万人拿到工商管理硕士学位，这个资质正在迅速贬值。但是如果跟大家说你在哈佛读的工商管理硕士，可能会得到形形色色非常不一样的反响。
- 成为有信誉的机构中的一员。这个非常管用。四大会计师事务所——普华永道、德勤、毕马威、安永㊀的合作伙伴到哪里都会受到欢迎。而要是这些人离开四大会计师事务所，准备单干，他们马上就会发现到哪里都不受欢迎了。他们之所以拥有当初的信誉，是因为他们的公司，而不是因为他们自己。信誉不仅在公司内部非常管用，而且在公司外部也同样管用。

在一家公司工作，你的信誉在某种程度上源于你是该公司的一员。如果在高盛或麦肯锡工作，可以相当确定的是，你的同事一定也是聪明过人、上进心超强、能力突出的人，否则他们也不会在招聘过程中幸存下来。

一些公司在竭力培养具有共同的技能标准和共同的价值观的人才，这让跨国工作容易了许多。团队成员知道，其他成员都具备基

---

㊀ 国际上四大会计师事务所是普华永道、德勤、毕马威、安永，而非原文的"毕马威、普华永道、埃森哲、德勤"。——译者注

本的能力，和自己有共同的价值观。例如，通用电气在克罗顿维尔、慕尼黑、上海、班加罗尔、阿布扎比和里约热内卢等全球各地都设有培训中心，每年在人才培养方面投资超过 10 亿美元。这些培训中心不仅培养技能，也培养价值观。

在这些公司工作，获得信誉可以通过走捷径，但这样获得的信誉不牢固。在人才分配之初，团队领导者和人力资源部门之间通常会有一场争斗。团队领导者会竭力引进他们信任的人才。从本质上说，任何备用人才都是值得质疑的。如果他们真的是了不起的人才，为什么还没有被派上用场呢？因此，团队领导者会尽量接收知根知底的人才，而人力资源部门则会力推没有被试过或用过的人，以及其他一些可能需要被给予第二次机会的人。没有良好的业绩意味着，即使在优秀的公司工作，也不是就能理所当然地获得信誉的。

## 结论

信任之所以重要，原因有三：

- 信任是全球团队领导力的后盾。与其招人喜欢，不如被人信任：人气是脆弱的，它变幻无常；但是信任是持久的，它可以给你和团队带来力量。
- 信任还是凝聚团队的黏合剂。高度信任的环境有助于进行开诚布公的对话。一个团队要想相互理

> 信任是全球团队领导力的后盾。与其招人喜欢，不如被人信任。

解和合作顺利，信任至关重要。
- 信任有助于提高业绩。有了一个你信任的团队，委派任务、培养自主意识和责任感都会容易得多，你无须对团队进行微观管理。

建立信任几乎没有捷径可走。不过，信任等式提供了简单的指南，它教你如何在团队中建立信任：

- 培养感情。从个人的角度了解每个团队成员。见面是建立信任的第一步。找些理由把团队组织在一起，如参加员工培训、制订计划或者开研讨会等。在正式的活动议程背后，非正式的社交议程在建立信任方面默默发挥着作用。信任和相互理解携手同行。你要花点时间了解你的团队。
- 建立信誉。要信守承诺，无论多么小的承诺都要说到做到。另外，要小心谨慎地树立期望。人们只听自己想听的，而这可能和你原本想说的不一样。与其晚些时候因期望有出入或未达成而进行一场困难得多的对话，不如早些时候就发起这类困难对话。
- 做到无私。要表明你准备好了把团队利益置于个人的直接利益之上，最起码要时不时这样做。在你下属的人生中你非常重要。他们有必要知道，你是支持他们的。
- 管理团队成员的个人风险。管理风险可采取两种方式。首先，你可以把一个大的、有风险的项目分解成几个小的、可管控的项目。即便这样做过程很艰难，但接下来的步骤就会很简单。其次，你可以告诉大家，无所作为的风险比勇往直前的风险更大。

尽管信任是实现全球团队高效运作的妙方,但建立信任并不存在什么魔法。信任是社会资本的一种形式,需要投入时间和努力方能建立。但是一旦对它进行了投资,你就能得到持续的回报。

# 第 5 章

# 沟通：少些噪声，多些理解

"沟通容易，交心难"

我们生活在一个"超级沟通"的时代，人与人之间的沟通比以往任何时候都要容易。如今沟通的成本之低、速度之快和便利程度不仅超出了我们祖父辈的想象，甚至超出了我们父辈的想象。

然而，全球团队一致认为沟通是他们面临的最大挑战之一。那么，在这样一个沟通的黄金时代，沟通为何会如此困难呢？

从实践来看，全球团队认为问题的关键不在于沟通，而在于理解。我们的沟通方式比以往多得多，但我们的理解水平却还在原地踏步。沟通方式的改善并不能带来理解水平的提高。

> 我们的沟通方式比以往多得多，但我们的理解水平却还在原地踏步。

全球团队敏锐地觉察到，沟通和理解方面存在问题。76%的受访者将沟通列为团队面临的五大挑战之一。沟通的关键不在于是否使用共同语言，也不在于使用什么技术。只有8%的受访者认为，缺乏共同语言是团队面临的一大挑战。即便对说母公司语言的员工进行访谈，其中超过70%的受访者仍然认为沟通是一个核心挑战。

许多人认为技术是造成问题的一部分因素，而不是解决问题的一部分因素。技术也许有助于沟通，但无助于理解。许多团队感觉"超级沟通"现在正起着破坏性的作用。技术增加了沟通的频率，却降低了沟通的质量。它还会造成巨大的时间陷阱，分散人们对手头工作的注意力。

> 技术也许有助于沟通，但无助于理解。

沟通的核心问题在于噪声。我们的思维方式会影响我们对信息进行编码和解码的方式。所谓的无意识偏见，指的就是在收发信息时会发生信息的扭曲。

本章将从如下方面探讨全球团队该如何处理噪声，以实现有效的沟通。

- 全球团队面临的信噪挑战。
- 语言噪声：基于语义层面。
- 文化噪声。
- 心理噪声。
- 技术与噪声。
- 有效沟通与技术利用。

## 全球团队面临的信噪挑战

全球团队担心沟通问题的时候，其实是在担心理解的问题。如今的沟通比以往任何时候都要容易，但理解仍然是一个难题。我们都经历过这种事：明明自己已经说得够清楚也够简单了，但是发现对方还是完全误解了我们的意思。办公室内部和团队内部的矛盾就是这样产生的。说者好好说了，听者也好好听了，结果还是完完全全误解了。

误解是由噪声引起的。说者和听者之间存在一个巨大的噪声屏障，它会混淆信息。双方都没有意识到噪声的存在，都以为自己已经理解对方的意思。我们可能认为，我们传递的信号是清晰的，殊不知噪声已将它扭曲了。噪声会扰乱信息两端发出的信号。信息发送方始终无法准确且清晰地对要传递的信息进行编码。信息接收方由于收听到的信息不完全，他们凭着个人的臆断和对文化的假想解码信息，就会曲解信息。信息发送方和信息接收方两方的意图可能都是好的，但是他们还是不能理解彼此。

> 噪声会扰乱信息两端发出的信号。

沟通理论认为，噪声有四种形式。相比于本土团队，每种形式的噪声对全球团队造成的干扰都更严重。全球团队是否需要应对第五种噪声还是个问题。以下为四种标准形式的噪声。

（1）物理噪声。噪音、光线、弹出式广告、极高温或极低温等因素都会分散我们的注意力。

（2）生理噪声。在疲劳、生病、服药、饥饿或口渴的状态下，我们很难集中注意力。

（3）心理噪声。我们的思维方式不同，处理信息的方式也不同。

（4）语言噪声（基于语义层面）。语言也会阻碍理解，即使对说母语的人来说，也是如此。行话、过于复杂的语言、委婉语和管理用语非但不会表明事实，反而会掩盖事实。

第五种噪声是文化噪声，它也许是最大的挑战。我们说什么以及我们如何听都取决于一些肉眼看不见的规则和假设。这些规则和假设如此深入人心，以至于我们甚至意识不到正是我们自己在制造这些规则和假设。因为这种文化噪声和我们的思维方式有关，所以可以将它归为"心理噪声"。但在全球团队中，由文化假设引起的心理噪声可能和由个人选择引起的心理噪声一样多。因此，有必要对两种噪声来源分开讨论。

- 心理噪声主要是个人在选择信息的处理方式时引起的。这些选择在不同的文化中都有所体现。
- 文化噪声是不同文化在选择信息的处理方式时引起的。在同一文化背景下，信息处理方式是一致的。具有相同文化背景的团队成员会选择同样的信息处理方式。

相比于本土团队，上述所有种类的噪声对全球团队的干扰都更大一些。如果大家同在一间办公室，就会知道是否存在物理噪声并加以处理。我们可以根据需要改变办公室的布局、修理空调或者找一个更安静的空间办公。但如果全球团队的成员分散在世界各地，噪声就不好处理了。大家处在不同的时区，有些团队成员需要在家参加会议，还有些成员甚至需要在条件不理想的机场或者公共交通工具上参加会议。

如果大家同在一个办公室，还能知道谁病了、累了或者饿了。如果有人在开小差或在玩手机，也很容易就能发现。但是在远程的条件下，我们是看不到这些的。即使大家用 Skype 通话也很难发现蛛丝马迹。全球工作的特殊性质导致全球团队需要开很多电话会议，于是就出现了东亚地区的人在深夜开、北美西海岸地区的人在清晨开的现象。不是每个人都能在深夜或清晨处于最佳状态。如果他们需要在夜间招待客户，那么他们最不想做的事就是深夜开电话会议。关于开全球电话会议，欧洲人经常很幸运。因为欧洲所处的时区正好位于亚洲和北美的时区之间，所以欧洲人经常可以在工作时间参加会议。如此一来，他们对于全球同事在时间和生理噪声方面面临的挑战便只有模糊的感受。

然而，与心理噪声、语义噪声和文化噪声这三大噪声相比，这些问题都是小儿科。我们将依次探讨上述的噪声问题。目前，我们只需要知道这些种类的噪声会干扰和扭曲沟通就够了。

管理者在应对如何被人理解这个挑战方面，通常会把重心放在信号的处理上。他们会采用以下两种方法。

- 放大信号：确保信息发送得比以前更清晰、更响亮；重复信息；利用多个平台和渠道来强化信息。
- 改变信号：寻求多种不同的方法来表达和解释信号，以便有更多的机会理解信息。

在全球团队，这两种方法都不管用，究其原因在于：

- 放大信号不能增进理解。噪声依然会干扰信号，因此误解依然会存在。放大信号的结果是说者和听者都会越来越沮丧。
- 改变信号会导致信息越发混乱。因为噪声会扭曲信号，所以信号越是变来变去，就越可能产生误解。

同样的道理，技术对噪声也无能为力。虽然技术让沟通变得更加频繁，但是它无法消除噪声。只要存在噪声，信息就会被扭曲，误解就会继续产生。放大沟通的音量并不能提高沟通的质量，除非你是重金属乐队的成员。

> 放大沟通的音量并不能提高沟通的质量，除非你是重金属乐队的成员。

在本章接下来的部分，我们将探讨以下三大噪声以及处理这些噪声的方法：

- 语言噪声（基于语义层面）。
- 心理噪声。
- 文化噪声。

## 语言噪声：基于语义层面

在第4章，我们提到"hai"在日语中的含义有：

- 对。
- 我有话说。
- 什么？
- 我明白（但不一定赞成）。

人们很容易认为，这是在证明日本文化是外国人完全无法理解的。但是在轻易否定日本文化之前，先来看看"yes"在英语中的含义：

- 是的，我同意。

- 我明白了，但是我完全不赞成（想象一下用深沉、怀疑的语气说出的拖得老长的"yes"）。
- 成了！（想象一下人们看见自己支持的球队进球了，大喊着"yes！"并跟你碰拳的场景）。
- 有什么可以帮助您的吗？

这样看来，盎格鲁地区似乎存在一种完全无法让人理解的语言和文化，一个再简单不过的词却可以表示完全不同的意思。如"hai"之于日本人，或者"yes"之于英国人和美国人，其义显而易见，但是对于没有相同文化背景的外国人，他们是理解不了的。这样的故事有很多。西方人听到对方回答"hai"，便以为彼此达成了一致，过后发现压根没有达成一致时，只能沮丧不已。

语境能赋予词语更多的含义。在伦敦拥挤的地铁上，根据语气的不同，"excuse me"可以表示多种含义。

- 如果语气非常礼貌，则表示的是："很抱歉给您添麻烦了，我想从您旁边过一下，您介意吗？"
- 如果语气非常粗鲁，则表示的是："别这么自私！让开！"

在全球团队工作，语境难以捉摸。视频通话的时候，很少有人理解文化语境；打电话的时候，我们也无法用眼睛感受气氛；发邮件的时候，我们无法察言观色，也无法通过文化背景来明确信息。正如我们在讲"技术与噪声"一节了解的那样，许多全球团队成员非常不喜欢电子邮件，这一点也不让人奇怪。

如果说简单的用语都容易受到噪声的干扰而变得含混不清，那么管理用语就更不用说了。管理用语本身就很嘈杂。以下三种表达方式就能让简单的用语变得扭曲：

- 管理行话。
- 内部行话。
- 口语。

## 管理行话

管理行话如同瘟疫（是个麻烦问题），至少在英语中是这样的。管理行话中的语言滥用现象主要体现在两个方面。第一，管理行话被用来伪装，显得说话者成熟老练、位高权重。第二，管理行话用来避免提及糟糕的事物，可以当作一种委婉语使用。复杂和含蓄的表达都会给信息制造噪声。对说母语的人来说，他们通常能透过噪声理解信息。但对非母语人士来讲，这会困难得多。

下面是一些管理行话将原本简单的表达变复杂的例子。

- 战略意图：当前的重点。
- 核心竞争力：我们的强项。
- 转型：我们要做改变。
- 范式转换：有些东西正在变化。
- 价值主张：客户的需求。
- 授权：找个同事或者客户来帮你做事。

你还可以加以补充：核心价值观、最佳实践、未来实践、杠杆作用、竞合战略等。读读公司报告，听听商务演讲，或参加几场商务会议，你就可以编出自己的"耻辱词典"。这些宏大的词语中隐藏着简单的含义。比如"战略意图"和"核心竞争力"，这两个词完全扭曲了这两个概念的本义。

与这些强硬的表达相反，为了避免尴尬的情况出现，管理用语中也充斥着委婉语。现在，几乎没人"被解雇"或"被开除"。他们是"被裁员""被毕业""被缩编""被精简"甚至是"被还自由身"。绩效评估里从不会有负面评价。典型的情况是，90%以上的员工都被评为"高于平均水平"。这从统计学的角度来说是不可能的，但是从情感的角度来说是不可避免的，任何一个被评为"低于平均水平"的员工都是"被裁员"的人选。"绩效不足"被描述成"还有发展的空间"，"致命弱点"被描述成"存在发展的困难"。这些委婉表达会制造噪声，掩盖令人尴尬的事实，叠加上文化噪声的管理行话会导致意义完全丧失。

> 90%以上的员工都被评为"高于平均水平"。这从统计学的角度来说是不可能的，但是从情感的角度来说是不可避免的。

## 内部行话

内部行话有两大作用。

一种是积极作用，即它让表达简单化，团队的每个成员都能听懂。另一种是消极作用，即它对局外人不友好，会让他们听不懂。举个例子，一个连锁餐厅经理提到"1326 P12MA 在 93 MSU"。这句话在外行人听来毫无意义。这句话中的"13"表示餐厅的形式；"26"表示餐厅的地理位置；"P12MA"表示去年按单位调整基准计算的平均业绩（MSU）；"93"表示该业绩低于 100 的业绩指标。这句话的意思用一般的英语说明也是可以的。但是对业内人士来说，用行话说来得更快些。

全球团队需要建立通用的语言以便让沟通更加容易一些，即外行人眼中的"行话"。如果大家一致使用共同语言，彼此之间就可以更好地相互理解。尤其在许多团队成员使用第二语言或第三语言交流的全球团队中，更需要建立共同语言。不过，建立共同语言需要时间，也需要训练。下面是专业技术公司莱尔德对语言问题的看法：

> "公司新来的领导者们喜欢引进自己惯用的行话，但我们对语言的要求十分严格。举个例子，我们谈及的是雇员、员工还是同事？是顾客、客户还是老客户？这些说法得要保持一致，以便那些把英语作为第二语言的人能理解。我们的听众中有75%的人把英语作为第二语言或第三语言使用。如果语言不一致，就会导致混乱。要是你用了别的说法，大家就会认为你别有用意。"

如果语言不一致，就会导致混乱。

不仅用语需要通用，所有的表达也需要以通用为基础。举个例子，试试快速说出下列数字：

- 20'00'00'000。
- 3'00'000。

如果一个人脱口而出"20 千万（crores）"或者"3 十万（lakh）"，那么他可能具有东南亚背景。如果你不明所以，那我来和你分享一下 STIR 教育财务委员会把全球会计职能转移到印度后经历的事。他们惊讶地发现，所有报告都使用"crore"和"lakh"来表达，这意味着所有逗号都用"错"了。在印度计数法中，"lakh"指的是

100'000 或 1'00'000，"crore"指的是 10'000'000 或 1'00'00'000。在印度人眼里，这些数字的意义显而易见。但是其他国家的人就会一头雾水。建立标准的表达形式对大家都有好处。

## 口语

全世界最差劲的英语演说者可能就是英国人和北美人了。他们说的英语地道，充满文化色彩。这种地道的英语能充实英语母语者之间的交流，但也给非英语母语者制造了令人困惑的噪声。英语母语者也倾向于使用长单词、长句和复杂的语法，他们的语速也更快。令他们困惑不解的是，为什么在全球会议上无人理解他们，而那些非英语母语者相互之间能充分地理解。

> 全世界最差劲的英语演说者可能就是英国人和北美人了。

英语母语者甚至都没有意识到自己在使用口语。诺基亚的一位高管曾经就公司的未来发表励志演讲，演讲中说诺基亚将在新技术上押下重注。他的本意是诺基亚会针对未来发展进行大胆投资。但是这话传到了销售团队耳中，就变成了领导层对公司已经绝望，只好赌一把。不过事实证明，销售团队的解释是正确的，诺基亚赌输了，被微软收购了。

玩笑话和体育用语这两种形式的口语几乎总是让沟通失败。玩笑话很难有被理解到位的，而体育用语通常具有文化特殊性。不是每个人都懂板球、冰球、棒球、足球或者橄榄球。即使在开展这些运动的国家，也不是每个人都热衷于这些运动。一家医疗保险公司明显发现，公司需要注意性别平衡：在美国，擅长闲聊体育的男性销售代表的客户中，女医生或者女性消费者很少。建立共同语言要有共同的文化才行，而不是编一本通用词典而已。

如果玩笑话和以体育类比的闲聊对沟通有害，那么宗教和政治类的闲聊就该完全禁止，因为这样的闲聊多少会冒犯到一些人。即使在言论自由（即你有支持某些权威人士的足够自由）的国家，这样的闲聊也可能是非法的。

> 建立共同语言要有共同的文化才行，而不是编一本通用词典而已。

英国人和北美人很容易误会彼此，这对非英语母语者来说是一种安慰。正如爱尔兰作家萧伯纳所说："美国和英国是被一门共同语言分开的两个国家。"电视和网络的力量让英美人可以理解彼此的大多数语义差异。但是有些差异还是会引起一定程度的意义混淆。我得坦白一件事，我曾经在英国负责一家名为"Fairy Liquid"的洗涤剂品牌，在美国，"Fairy"是对同性恋者的贬称，销售同性恋液体吗？这在美国就闹了笑话，令人非常尴尬。

无论英美两国人之间还是所有的全球团队成员之间，他们存在的理解上的歧义更多是由文化噪声造成的。就算双方能理解彼此的语言，文化噪声也会扭曲意思。下一节将重点谈谈文化噪声。

## 文化噪声

我们去国外旅行的时候，知道自己身处不同的文化，于是努力地适应它。然而在离家很近的地方也会存在文化差异，而且它造成的危害至少是与国外的文化差异一样的，因为我们意识不到它的存在，所以我们不会去努力适应它，结果就出现理解歧义和误解。

一项关于英法两国领导力的研究表明，文化噪声会混淆关系。在局外人看来，英国和法国是近邻，英国人和法国人长得很像。但是研究显示，如果你坐着火车穿过英吉利海峡的隧道，往前走约 30 公里（如果你是英国人，按英制单位，那么就是 20 英里<sup>㊀</sup>），一切突然就变了。正如一位法国内阁首席大臣说的那样："你们英国人很务实。"大多数人觉得这句话是一种赞美。我从一个法国人那里学到了很多，知道这句话可能是一种侮辱，我向他寻求解释。该首席大臣继续说道："在法国，我们尊崇理性严谨的态度，因此我们是根据第一原则来制定决策的。也就是说，如果我们做了这个决定，就会坚持到底。但你们英国人今天做出一个相对务实的决定，明天可能就变卦了。再加上你们不会用肢体语言来交流，我们不知道你们到底在想什么。所以，我们不懂你们到底在想什么，但是我们知道你们会变卦。"为了安慰我，他又补充道："不过别担心，德国人更糟。"

如果仅仅相隔 30 公里，文化差异就已经产生这么大的误会，那么相隔 15 000 公里的话，问题就大得多了。

文化噪声会改变一切。它会改变：

- 人们说话的方式。
- 人们倾听的方式。
- 人们会说的话和人们不会说的话。

产生文化噪声的因素不胜枚举。这里只须着重探讨对全球团队形成挑战的三组差异即可：

---

㊀　1 英里 = 1.609 公里。

- 等级文化与民主文化。
- 以任务为中心的文化与以人为本的文化。
- 乐观文化与务实文化。

## 等级文化与民主文化

等级文化存在与否决定公司内部和团队内部的沟通方式。等级越多，底层人员和高层人员直接沟通的机会就越少。越是资历浅的团队成员，就越不敢挑战上司。而民主文化是鼓励员工挑战权威的。举个例子，谷歌就希望员工畅所欲言，不管正式的等级如何：

"我曾试过招聘一位欧洲代表，但是很难物色到。就在疲于面试的时候，我发现了一个很精明的候选人，但觉得可能要对他进行工作作风方面的培训。这时候，一个职级比我低两级的同事说，'两个月前，你关于谷歌代表的一番话是认真的吗？'，我没法儿否认，所以我们决定不招那个人了。这样决定与谷歌的价值观有关，即必须允许别人质疑，必须按照制定好的标准招聘人才。你必须开放让员工可以畅所欲言的沟通渠道。这意味着，我的团队会意识到，下次聚在一起的时候，他们真的可以畅所欲言。"

在民主文化中，没意见就等于同意。在更加注重等级的文化中，可能要等领导者走了，大家才会开始真正提意见。这样就会造成混乱，领导者在民主的基础上工作（团队成员只管同意并执行），而团队成员在等级的基础上工作（领导者只管发号施令）。日本领导者下达的指示经常具有模糊性，这就让团队成员可以自行决策，无须顺从等级。

等级文化也意味着有很多话没有被说出来。即使在民主文化中，上司也常常得不到反馈，他们经常最后才知道团队成员并不把反馈当回事。在提倡顺从的等级文化中，上司就更难知道团队成员的真实想法了。用一位在新加坡工作的领导者的话说："我觉得员工不明白反馈对领导者来说有多么重要。亚洲地区的人很少反馈，这是文化问题。亚洲人表达观点的时候倾向于顺从他人，而不是公然挑战他人。"

有一些语言被打上了等级文化的烙印。但是，不管是在工作层面还是家庭层面，语言都有一套映射方式。在工作中，领导者是通过名字和头衔来称呼的。西方人可能会称呼阿里巴巴的创始人为杰克·马，这个称呼相对来说不太正式，中国人则会叫他马总或马老板。家族成员的叫法也具有一定的等级色彩：长子称为"老大"，次子称为"老二"。万科是中国的一家房地产公司，在万科，要是有人用"总"或者"老板"来称呼领导们，就会被罚一百元。在英语文化中，要是称呼一个人为"史密斯副总裁"或者"琼斯经理"，就会觉得很奇怪。不同的语言会创造并强化不同的思维方式。

> 不同的语言会创造并强化不同的思维方式。

日语可以说是一种以表达尊重为基础的语言。你说的话不仅是在传达信息，也会体现你对对方的尊重，尊重的程度视对方的地位而定。即使是简单的问候语，也会因说话人地位的不同而不同。两个日本人初次见面的时候，首先会相互鞠躬，然后立刻拿出自己的名片，用双手递给对方，以示礼貌。拿到名片，西方人会立刻看看名片上的名字，然后直接叫出对方大名。日本人则会先看看这个人的头衔、职位以及任职的公司，从而了解他们之间的相对地位。事实上,名片会告诉你,谁应该先鞠躬,并且要尽量把腰弯得低些、久些。两个人互看名片的时候,地位较高的一方会稍稍直起身,地位较低的一方则会把腰弯得更低、更卖力。

> 名片会告诉你,谁应该先鞠躬,并且要尽量把腰弯得低些、久些。

就连法语也用"tu"来称呼家人和朋友,用"vous"来称呼同事。意大利和德国普遍用人的头衔(如医生、教授或者工程师)来称呼别人。相比之下,英语可以说是一种非常民主的语言。英语以其平等的表象最大限度地减少了文化隔阂和语言隔阂,让团队领导者和团队成员之间可以开诚布公地对话。一些团队领导者鼓励这样做,另一些团队领导者则不鼓励这样做。

尽管英语不存在等级差别,但口音差别很大。"只要一个英国人开口说话,就必然有一些英国人会瞧不起他。"在英国,口音表明说话人的出生地和社会地位。幸运的是,非英语母语者免受这种残酷的"种姓制度"的影响。

总之,相比于民主文化,等级文化产生的噪声主要有两类:

- 团队领导者不会收到公开的反馈。
- 决策不会被轻易地质疑或议论。

如果一个团队几乎没有开诚布公的讨论,也不给领导者反馈,这个团队就很难成为佼佼者。

## 以任务为中心的文化与以人为本的文化

在"信任"的相关章节中,我们探讨了两种信任的区别:

- 情感信任或个人信任的基础是共同的价值观、共同经历和共同信念。
- 信誉或职业信任的基础是技能水平和业绩。

以情感信任为导向的文化以人为本,而以信誉为导向的文化以任务为中心。这会影响人们的谈话内容和方式,也就成了制造混淆的噪声之源。团队成员初次见面的时候,凡事都希望简单地交谈。在以人为本的文化下,他们会进行广泛的闲聊,以让彼此相互了解;在以任务为中心的文化下,人们则喜欢开门见山地谈正事。两种文化发生冲突的时候,双方都会感到烦恼。前者烦恼于还没有建立个人信任就开始谈正事,后者则烦恼于闲聊浪费了他们的时间。

以任务为中心的文化与以人为本的文化在解决冲突的方式上也有所不同。当问题出现时,处在以任务为中心的文化下的人们会直截了当地提出问题。他们认为这是在用专业的方式解决问题。在以人为本的文化下,人们则认为这样的行为会冒犯别人,认为这不是在解决问题,而是在攻击别人。遵从以人为本的文化的人们会委婉地提出问题和表达关切,但这样做的结果是,遵从以任务为中心的文化的人们甚至可能意识不到对方提出的问题或表达的关切。

采取委婉的方式既能体现礼貌,又可避免冲突,但它可能导致缺少理解。关于间接文化和直接文化相遇的情形,这里有一个典型例子:

"我曾说过类似这样的话,'这个想法非常有趣,非常大胆。不过我们也许可以换个角度想想?'。然后一个美国人对我说,'你为什么不直接说你讨厌这个想法?'。"

在这个例子里,好消息是美国人有足够的文化理解力,知道英国人说"有趣"和"大胆"的时候,其实是在委婉地说"垃圾"。

直接文化可能被认为具有攻击性,而间接文化则可能被认为不可信:

- "意大利人太直接,其语言有时显得攻击性太强。而中国人不想引起冲突,所以他们会委婉地告诉你真实情况,而这需要你自己琢磨一番。"
- "泰国的团队永远不会把坏消息告诉领导者。"
- "美国人太直接,其语言有时显得傲慢无礼。而英国人打起交道来有时一套一套的,给人两面派的印象。"
- "我们有个在法国公司身居要职的领导者。有一次,65岁的董事长来访。两个年轻的美国工商管理硕士指责那个领导者制定的资本结构有问题,还告诉董事长,那个领导者应该采取提高杠杆和支付特别股息的措施。他俩还和董事长说他太傻了。但他们不知道,董事长觉得他俩才傻。"

没有一种表达方式是绝对正确或者绝对错误的,你得学会对症下药。以人为本的文化喜欢避免冲突,这就需要你多花点儿时间去了解真实情况,还要建立足够的信任,以便能更加开诚布公地沟通。在以任务为中心的文化中,因为人们倾向于有话直说,所以很容易就可以了解到真实情况。但这种做法比较容易冒犯团队成员,所以

你得努力维系与团队的信任关系。在通常情况下,这种冒犯都是无意的:

"我们曾派意大利工程师去培训外国工程师。外国工程师在组装机器的时候一直出错。因此,这位意大利工程师临走的时候,在外国工程师总出错的地方贴了一张自己的照片,并附上文字提醒他们该怎么做。这就不对了,因为外国人会觉得这是对他们极大的侮辱。"

以任务为中心的文化和以人为本的文化对全球团队领导者提出了如下挑战:

- 用不同的方式建立信任。
- 建立开诚布公的沟通环境以便了解真实情况。
- 采取不同的方式解决矛盾,否则矛盾不可能得到解决。
- 不得故意冒犯他人。

在全球团队中,文化噪声会通过扭曲沟通破坏他人的一片好意。

## 乐观文化与务实文化

文化不同,世界观也不同,这会影响人对事物的看法。中国经济经历了三十年的高速增长。1986~2015年,中国的人均GDP从280美元升至7800美元,这是个惊人的转变。对于经济高速增长这件事,大多数上班族都感到习以为常。他们认为成功是一定的,因为过去一直如此,这是一种乐观的世界观。

尽管原因不同,但是美国人也和中国人一样,比较乐观。

相比之下，欧洲人沉浸在他们珍视的悠久历史和文化遗产里。尽管欧洲国家的经济有一定的增长，但是总体来说增长速度比较缓慢，一些行业正在逐渐衰退和消亡。他们也看到了他们的"帝国"在慢慢消逝，国际地位也在不断下降，至少相对来说是这样。成功不在他们的预想中，想尽办法让经济快速增长也不是唯一目标。他们倾向于拥有更谨慎的世界观，更务实，更专注于生活质量的提高。

乐观文化和务实文化的不同之处从两个方面体现出来。

一方面，乐观文化会使用更加充满热情的语言。下面是不同国籍的团队成员对同一个项目的评价。

- 美国人："十分优秀的团队合作。"这体现了他们富有感染力的激情。
- 英国人："挺好的。"对委婉的英国人来说，这种程度算是高度赞扬了。
- 德国人："我们的进度比计划提前了5%。"这体现了他们对细节和准确度的高度重视。
- 法国人："我们要加强沟通。"这体现了他们想要做得更好的决心。
- 日本人："等等……"这表明他们不想评价，以免得罪人。

不同的团队成员对于同一个表现持有不同的看法，这意味着误解很容易产生。这些不同的看法根深蒂固，从公园里家长陪孩子玩耍的场景就能看得出来。一位美国父亲正在教儿子打棒球，一位英国父亲则在和女儿玩接球游戏。表5-1说明了他们和孩子互动的不同情形。

表 5-1　英国父亲和美国父亲与孩子互动的不同情形

| 互动情形 | 英国父亲 | 美国父亲 |
|---|---|---|
| 孩子失误了 | 不要看爸爸，看球 | 不错！ |
| 孩子又失误了 | 记住，看球，不要看爸爸 | 挺好的！ |
| 孩子接到球了 | 真棒！再来一次——看球，不要看爸爸 | 太棒了！（过去和孩子击掌）|

父亲传递给孩子的不仅是球技，还有思维方式。

另一方面，乐观文化下的人们和务实文化下的人们无法沟通的原因在于他们谈论的内容不同。在乐观文化下，人们一心只想成功，总是寻找机会。在务实文化下，人们则更容易看见成功道路上的阻碍，并想办法克服它们。从理论上讲，差异可以让两种文化很好地结合在一起。乐观文化会让人创造能量，看准机会，勇往直前。务实文化会让人努力消除障碍，不冒不必要的风险。然而在实践中，这两种不同的世界观会让双方都感到烦恼。

## 心理噪声

关于文化的刻板印象，其问题落在刻板印象自身上。在任何文化中，与正统的文化刻板印象相偏离的大有人在。不同的人有不同的行事风格，这些不同的行事风格是产生心理噪声的根源。它使我们的信息编码和解码方式不一样。世界上有多少个人，就有多少种不同的行事风格。因此，我们需要一个简便的方法，用它去鉴别和应对几种最重要的也是最常见的行事风格。MBTI 方法就能做到，这就是其可贵之处。根据 MBTI 的原则，下面列出了几组最常见的心理噪声的来源：

- 注重大局与注重细节。
- 沉稳谨慎与能说会道。
- 逻辑型与创造型。
- 以任务为中心与以人为本。

你还可以对你所观察到的不同思维方式做更多比较。这么做不是为了对所有的人格做全面的心理学研究，只是为了表明思维方式上的差异。这些思维方式上的差异应是一种优势而非劣势。一个强大的全球团队会平衡好不同的工作风格。如果团队成员全都沉稳谨慎，那么他们开会的时候就会鸦雀无声；如果团队成员全都能说会道，那么他们开会的场面就会像是一群黑猩猩在派对上喝醉酒的样子。如果大家都只注重大局，那么团队就有可能好高骛远；如果大家都只注重细节，那么他们可能把每件事都做得很认真，但大方向可能完全错了。

> 这些思维方式上的差异应是一种优势而非劣势。

尽管一个均衡发展的团队非常强大，但是因为其内部充斥着噪声，潜藏着误解，这个团队也很难管理。通过表5-2中四组不同思维方式的比较就可以明白，每一组不同的思维方式是如何带来力量，又是如何产生误解的。我们自然会觉得自己的思维方式就是"最好的"思维方式。但是我们需要有自知之明，要知道那并不是最好的思维方式，只是一种和别人不同的思维方式而已。我们还要明白，别人可能无法认可、理解我们的沟通方式，我们应该尊重同事不同的思维方式。

表 5-2　四组不同思维方式的比较

| | 注重大局 | 注重细节 |
|---|---|---|
| 注重大局与注重细节 | 自我认知：注重概念性和理论性，富有想象力<br>来自他人的印象：反复无常，不切实际，冷漠 | 自我认知：注重具体细节和实用性，很现实<br>来自他人的印象：无趣，传统，行动缓慢 |
| | 沉稳谨慎 | 能说会道 |
| 沉稳谨慎与能说会道 | 自我认知：逻辑能力强，具有批判性思维，明智<br>来自他人的印象：消极，成不了事 | 自我认知：思想开明，精力充沛，执行力强<br>来自他人的印象：盛气凌人，做事一塌糊涂 |
| | 逻辑型 | 创造型 |
| 逻辑型与创造型 | 自我认知：做事有条不紊，讲方法，理智<br>来自他人的印象：墨守成规，做事死板 | 自我认知：点子多，善于创造机会<br>来自他人的印象：做事没有章法，乱糟糟，不切实际 |
| | 以任务为中心 | 以人为本 |
| 以任务为中心与以人为本 | 自我认知：努力把事情办成，成功者，奋斗者<br>来自他人的印象：麻木不仁，践踏他人自尊 | 自我认知：有同理心，团队建设者，乐于助人<br>来自他人的印象：不做实事的滥好人 |

这些不同的行事风格会制造噪声。注重大局的人被注重细节的人拖后腿的时候，就会觉得很烦恼，他们不喜欢在细节上纠结。同样地，如果注重大局的人只会说、不会做的话，注重细节的人也会觉得很烦恼。同理，以任务为中心的人和以人为本的人各说各的。前者谈的是任务，后者谈的却是人。他们不至于意见不合，只是不能谈到一起罢了。

你不能强求人们改变风格，就像你不能要求一只豹子改变它身上的斑点一样。这些不同的风格在思考方式和沟通方式中也会有所体现。全球团队必须学会包容不同的沟通方式，而不是强行使用统

一的沟通方式。MBTI 的培训活动告诉我们,过程与内容一样重要。通过不同风格的培训,领导者可以让团队成员做到如下几点:

- 了解团队内部的不同沟通方式。
- 尊重不同的风格,而不是一味地批判。
- 鼓励团队成员适应彼此不同的谈话方式和倾听方式。
- 讨论不同风格的时候要有理有节。
- 帮助团队成员以积极的态度讨论误解问题:让大家意识到之所以会产生误解,是因为大家的风格不同,而不是因为有什么不可告人的动机。

在实际的工作中,这些不同的风格依然会引起团队内部的摩擦。团队成员需要花时间正确地理解彼此。合作时间长的团队会产生一定程度的凝聚力,让沟通变得轻松自如。

## 技术与噪声

技术能促进沟通,但不能增进理解。技术对消除沟通中的噪声无能为力。文化噪声、心理噪声和语义噪声仍然会导致误解。

技术起到的效果如何,关键在于如何使用它。技术不是用得越多就越好。它必须为沟通服务,而不应该操纵沟通。

在本小节,我们将探讨技术的危害:

- 技术与信任。
- 技术与过度沟通。
- 技术干扰。

- 平台泛滥。
- 电子邮件瘟疫。

## 技术与信任

沟通和信任起着相互促进的作用，但技术对沟通和信任的破坏作用远大于它的促进作用。

> 技术对沟通和信任的破坏作用远大于它的促进作用。

为了一探究竟，我们不妨即刻登上时光机，重返罗马帝国和奥斯曼帝国时代。这两个帝国幅员辽阔，如果要从罗马派遣一个官员到像犹太行省（别称朱迪亚）这样遥远的地方任职，那就必须信任他。犹太行省的总督不可能每天召开一场电话会议，讨论如何修改盐税，或如何处理当地的不法分子，必须相信这个派遣的官员能做出正确的决策。即使他偶尔将无辜的人钉在了十字架上，你也得冒这个险。

古老的帝国教导我们：没有强有力的沟通，就要有强有力的信任。信任促成更重要的任务委派、自主和责任。随着沟通的频率不断增加，沟通的内容越来越丰富，对信任程度的要求随之降低。核心领导层进行测评

> 古老的帝国教导我们：没有强有力的沟通，就要有强有力的信任。

和管控容易多了，委派下属任务和给予自主权的需求也少了。团队成员很清楚，上级若是远程微观管理他们，其实表明上级不信任他们。信任越大，微观管理越少，沟通需求也越少。这种权衡关系在今天的全球团队中依然存在。正如在罗尔斯·罗伊斯公司任职的罗布·沃森所说："信任经过一段时间会建立起来，到时候严格的管

就减少了。"技术使我们能进行微观管理,但是这并不意味着我们应该实行微观管理。

## 技术与过度沟通

全球团队到底该沟通到什么程度?他们对此的感觉很复杂。原则上,他们觉得沟通得越多越好。但实际上看,大量的沟通让他们感到窒息。

越来越多的沟通技术和频次并不总能带来好结果。网络理论表明,节点(团队成员)的数量增多,边(关系)的数量也会快速增多。关系的数量可以用一个简单的公式来说明:$c = n \times (n-1)$。在这个方程式中,$c$ 代表的是关系(边)的数量,$n$ 代表的是节点数。所以,按一对一的沟通方式计算,4 人的团队只有 12 种相互联系的方式,10 人的团队则会有 90 种相互联系的方式。

如果你要计算团队中所有可能的联系方式的数量,即包含了一对一、一对多和多对多的情况,就会用到阶乘函数。因此,4 人的团队共有 24 种联系方式,10 人的团队有 3 628 800 种联系方式。

在全球团队内部也好,外部也罢,沟通的欲望永无止境。团队成员想知道发生了什么,他们想参与决策,得到支持和帮助。在团队之外,团队成员不间断地承受着写很多报告的压力,还要向广大的利益相关者做数不清的各式各样的即席报告和演示。因为技术可以让人尽可能多地沟通,所以人什么都想要。30 年前,摇滚歌手佛莱迪·摩克瑞唱道:"我什么都想要,而且我现在就要。"这句歌词说出了人们对于沟通的需求。这种过度沟通带来的后果如下:

- 失去生产效率：因为心思没有放在正事上，全都放到写报告、做演示、审核文件、回应消息和沟通上了。
- 抓不到重点：信息实在太多了，真正重要的信息可能会被堆积如山的次要信息淹没。

高效能的全球团队必须基于他们对沟通内容和沟通目的的理解，建立清晰的沟通机制和沟通模式。

## 技术干扰

媒体经常发文表示，人们浪费了多少上班时间。有数据估计，40%的上班时间是无效的。2012年，麦肯锡全球研究所发现，处理信息的普通员工有一半以上的时间都在沟通工作，只有1/3的时间在干正事。受电子邮件的干扰，人们要花相对于以前三倍的时间来处理工作。对生产力革命而言，这让人难以接受。

虽然调查的可信度可能会受到质疑，但是整体的结论会引起所有上班族的共鸣——工作中存在大量的无效时间。一些时间浪费在毫无意义的会议和办公室闲谈上。可是人们却越来越多地把矛头指向技术。社交媒体、上网和没完没了的电子邮件替代了实际的工作。技术虽然能促进沟通，但不能确保有效沟通。

> 技术虽然能促进沟通，但不能确保有效沟通。

技术阻碍生产力提高还表现在另外两个方面。一方面，技术只是提高了人们的期望。因为任何时候都可以回复邮件，所以对方期待我们无论什么时候都得回复邮件。对全球团队来说，这点可能是致命的，即无法逃离24小时在线的沟通机制。用一位在全球奔走的领导者的话说："全球团队就是24/7的工作机制，永无休止，所以有些时候你必须自己叫停。"团队需要制定清晰的协议，规定电子邮件的处理时间以及休息时间。

另一方面，技术也意味着别人期望我们有更多的产出。PowerPoint软件出现之前，做一份12页的演示文稿需要与平面设计师合作，花费一定的时间和精力才能制作好。内容不多但言之有物。PowerPoint出现之后，我们亲自动手，添加制作PPT。于是，人们对PPT的数量有了更多的期望，管理者也会自己动手，而不是把制作PPT的任务交给别人。但在PPT制作方面，他们几乎都不擅长，效率也低，PPT成了非常昂贵的生产资源。技术也许不能提高质量，但是会提高人们对管理人员能力的期望。

## 平台泛滥

用于沟通的技术平台看似种类繁多，实际上每种平台都有自己的忠实用户。如果大家喜好的平台不同，问题就来了。沟通平台太多的时候，就很难知道如何才能联系到人：

"平台五花八门意味着你永远都弄不明白与不同的人沟通时，哪个平台才是最好的。"

WhatsApp、Facebook、谷歌环聊、Skype、Facetime、电子邮件、短信、Slack甚至是普通的电话各有各的用武之地。但是每个全球团队需要明确规定，使用哪些平台以及何时使用。谈及沟通的方式，与其选择多个平台，不如专注其一。

## 电子邮件瘟疫

大多数全球团队成员都表示非常不喜欢用电子邮件，原因有三个。

第一，电子邮件实在是太多了。"回复给所有人"的功能让所有人都会收到数不胜数的邮件。据估计，每天大概有 1000 亿封商务邮件发出，其中事务繁忙的管理人员一天会收到 100 多封电子邮件。无论确切的邮件数量是多少，所有管理人员都对电子邮件过载习以为常，他们很难去追踪那些真正重要的邮件。无关紧要的邮件淹没了重要的邮件。浏览大量的电子邮件会占用很多时间，从而分散人的注意力。

第二，电子邮件被滥用。电子邮件往往不是用于沟通，而是用于留下记录，证明发件人及时处理了该做的事。这不可避免地要求收件人回邮件，表示收件人也及时处理了该做的事。这样使用电子邮件是在告知你的同事，你不信任他们，所以需要把你和他们的互动过程全都记录下来。

第三，电子邮件很容易产生误解。在面对面交流的时候，你可以察言观色，分析同事的想法和感受，而且面对面的交流是实时的，万一有误解产生，也可以马上解决。用电话沟通的话，就无法看见对方，不过至少还能听见声音，有误解也可以马上解决。用电子邮件交流既无法察其言也无法观其色，有了误解也没有机会解决。

## 电子邮件：人们又爱又恨的技术

- "我们以前经常用电子邮件，然后大家都很恼火，也很困惑。电子邮件不包含在技术革命内。它过时了，私人用它也就罢了。"
- "在能看见对方肢体语言的情况下，沟通会简单很多。因为电子邮件没有语境，它便稀释了信息。'回复给所有人'的功能会引发瘟疫般的危害。"
- "电子邮件没什么用。手机是一个被人遗忘的技术工具，我们应该把它用起来。"
- "我们不是只用电子邮件沟通，因为通过电子邮件，我们无法和对方互动，也无法建立信任。"
- "我会和办公室里的年轻人说，在办公室的时候，不要给我发邮件，直接来找我。一个人在说话的时候，我可以感受到他在想什么，是否有时间上的压力。"
- "同样的对话，如果是面对面进行的，就会很顺利；但如果是通过电子邮件进行的，那么双方都会看对方不爽。"
- "在全球化的世界，电子邮件是很危险的。电子邮件是重要的证明，但是没什么用。"
- "作为一个全球团队，我们需要相互理解。电子邮件不会告诉你对方的语气。"
- "电子邮件让我们完不成任务，让我们头痛……让我们变得消极好斗。"
- "人们用电子邮件，通常是要证明自己已经读过收件箱里的邮件了。电子邮件是一个很好的工具,但是有时候会被滥用。我们公司已经开始提倡少用电子邮件了。"

- "电子邮件太过死板,降低了办事效率,让员工变得消极。它对于现代公司来说是一个祸害。"

> 电子邮件太过死板,降低了办事效率,让员工变得消极。它对于现代公司来说是一个祸害。

在对电子邮件同仇敌忾般的责难声中,也有一些人为它发声——至少电子邮件是某种形式的异步沟通。相比于实时对话,异步沟通的好处在于它给了你更多的时间来考虑如何回复,而且这对于非英语母语者来说也更友好。一个 IT 业的管理人员把电子邮件描述为"现代公司的祸害",但他认识到,"在和印度团队工作的时候,电子邮件帮了不少忙。因为电子邮件是书面的,所以解决了口音问题,还有一些语言问题。此外,人们在写电子邮件的时候,也会想想该如何组织语言来表达自己的想法并做出回复"。

电子邮件用得好,异步沟通就能发挥它的优势。但是很多公司都在寻找更加灵活的沟通平台来替代电子邮件。这些替代性的沟通平台更开放,更方便小组讨论。使用 Slack 的人正变得越来越多。用一位 Slack 用户的话说:"用 Slack 之前,我一天能收到 180 封邮件。而用 Slack 之后,我一天只会收到 30 封。仅此一点就大大提高了生产力。"使用更为随意的、开放的沟通平台已成为一种趋势。但是随着时间的推移,这些平台也会被滥用。

问题不出在技术本身,而是出在我们使用技术的方式。除非我们改变行为方式,否则任何一种替代性平台都于事无补。在一个从沟通欠缺的时代(想象一下做什么事都要靠传真的时代)向沟通过载的时代过渡的时期，我们都在学习如何应对。

## 有效沟通与技术利用

有效沟通的核心在于减少信息发送者和信息接收者在编码与解码的过程中制造的噪声。这意味着沟通应从人而非从技术着手。

有效的沟通可以从理解以下三个沟通要点开始：

- 沟通目的。
- 沟通流程。
- 沟通对象。

### 沟通目的

问"为什么要沟通？"这个问题似乎和问"为什么要呼吸？"一样毫无意义。但少安毋躁，先来看看你收到的所有信息：除了邮件和电话之外，你还必须参加一切会议。每一次开会都是为了沟通事情。许多管理者发现，打电话、发邮件和开会很浪费时间。这落脚到一个显而易见的问题上：这种沟通的意义是什么？没有重点，没有目的，就会浪费时间和精力。相比于本土团队，全球团队沟通起来更加困难，因此我们需要让浪费最小化。

如果一个团队清楚地知道沟通目的，那它就能创建合适的沟通流程和协议。我们知道，一些规模较小、创新强的全球网页设计公司都认真思考过沟通目的这个问题，并且得出了一些行之有效的解决方案。目的清晰，流程就会清晰，也就知道哪一种技术平台用起来更合适。这些公司总结出"四种必须"，并采用相应的技术实现它们：

（1）必须跟踪进度。每个人都可以用 Trello 或者类似这样的项目管理软件来跟踪实时进度。所有人都可以查看每次更新的进度。这样就可以最大限度地减少正式的进度汇报，还可以提高团队成员的自主性和责任感，让他们更好地管理工作。

（2）必须尽早发现问题、处理问题。团队每天都用Skype、谷歌环聊或者别的沟通平台开一个视频会议。每个成员都要进行一个不超过一分钟的简短总结：

- Y：昨天做了什么。
- T：今天要做什么。
- B：遇到了什么阻碍，需要什么帮助。

（3）必须改造饮水间的聊天环境：使用Slack。

（4）必须建立团队间的信任。每年都投入一点资金，办一场线下的全球会议，让所有人聚在一起。这不仅仅是为了培训和业务的需要，也是为了发展社会关系和个人关系，建立信任。这样的活动每年都要办一次，必须以高度人性化的活动支持高科技。

明确沟通目的可以大幅减少沟通时间，提高透明度，建立信任，促进更好的管理和支持。如一位团队领导者说的那样："以前，我每周都要看几百封邮件。现在我一周可能只有五封邮件要看，而且这些邮件都来自客户。"

## 沟通流程

全球团队运作涉及太多的时区、文化和沟通平台等。选择太多不是一件好事。每个团队都需要建立一个可预测且稳定可靠的沟

> 选择太多不是一件好事。

通模式。这就意味着要对下述事宜做出决策：

- 多久沟通一次。
- 什么时候沟通（在什么时区什么时间沟通）。
- 使用哪些沟通平台（电子邮件、视频会议还是电话等）。
- 为什么要沟通（每次开会和发信息都必须有明确的目的）。

鉴于沟通平台在激增，团队必须选定明确的沟通平台：如果一个团队想好好沟通，就要选择一样的沟通平台。这就意味着要对下列事宜做出决策：

- 同步沟通还是异步沟通。视频和电话需要实时交互，但是电子邮件和其他异步通信技术允许人正常地睡觉休息，到第二天起来的时候再看消息也不迟。
- 公共平台还是私人平台。平台会传递一种文化信息，即整个团队需要的透明度和信任程度是多少。举个例子，电子邮件是私人平台，Slack 则为团队提供了在饮水间聊天的论坛。
- 正式的沟通还是非正式的沟通。团队不只涉及任务，也涉及人。创建一个非正式的空间，让大家可以在饮水间有放松感，聊聊小道消息，讲讲故事，开开玩笑，谈谈想法。这样可以建立信任，激发灵感。
- 面对面沟通还是无人情味的沟通。比起线上会议，高达 85% 的管理者更加重视面对面的线下会议；只有 3% 的管理者觉得线上会议效率更高，至少在销售业是这样。技术能促成交易，却不能增进信任。

对于每一个技术平台，团队成员都需要好好培训，以了解如何充分利用这个平台。在一个简单的层次上，这指的是团队需要建立通用的电子邮件使用规范。例如：

- 能打电话或当面聊，就不发邮件。
- 不把电子邮件当证据使用。
- 避免"回复给所有人"。
- 如果大多数全球团队不喜欢用电子邮件，那就尽可能不用电子邮件。

随着技术平台的激增，人们很容易认为其他人在使用同样的平台，也知道怎么使用这种平台，这样的预设是有害的。虽然与你在一个办公室的同事都在用着时下最新、最流行的高科技工具，但是这并不意味着全球其他区域的人会同样兴奋地使用它。

沟通流程和沟通规范都要求一致，这可能让人感到呆板，却非常重要。

### 建立有效的全球团队沟通模式

谷歌 Groove 的首席执行官亚历克斯·特恩布尔曾讲述他如何为团队建立有效的沟通模式。同所有的全球团队一样，他建立有效模式的过程是一场探索之旅：

"如果没有一致的、有效的沟通，一切都将分崩离析。人们觉得自己不属于这个团队，觉得自己只是个在筒仓里工作的雇佣兵。如果没有明确的沟通来确定任务的执行者和完成期限，任务就会被疏忽或遗漏。没有良好的沟通，执行过程就会毫无成效，也毫无乐趣。

"这其实就是我们去年一直努力解决的问题。一开始，我非常坚定地要按照我们的方式行事，'不同于那些大而低效的公司'。我们想要招有野心、有才华、有好胜心的人，让他们充分发挥自己的能力，不给他们添加会议之类的负担。

"事实证明，这样不大能解决问题。我们缺少协同，也缺乏公司文化。我们开始了为期一年的实验，试图找到一个行之有效的开会节奏。如今我们已经找到了让整个团队都乐意的节奏，工作也变得前所未有的顺利：

- 周一打 20 分钟的群聊电话聊天（聊周末，聊私人生活，聊上周的工作表现和这周的工作重点）。
- 周二和周三各打 10 分钟的群聊电话，讨论每个人昨天完成的任务，今天要做的任务和遇到的困难。
- 周五打 20 分钟的群聊电话，讨论这周收到的顾客反馈和员工反馈。
- 每两周和每个员工一对一会谈。
- 每个月打一次回顾性的电话，讨论当月表现和下月目标。
- 每个季度开季度战略会议，讨论上一季度的业绩，制定未来三个月的目标和战略。同时一整天都在 Slack 平台上聊天，工作也聊，琐事也聊。"

## 沟通对象

清晰的沟通目的和沟通流程能最大限度地提高沟通效率。好的沟通平台让人与人之间的沟通变得更加容易。但无论沟通目的、沟通流程还是沟通平台,都无法消除沟通中出现的噪声。噪声来源于人及其编码和解码信息的方式。

有人的地方就有噪声,有人的地方就可能产生误解。运用以下五种方法尽可能地减少噪声:

> 噪声来源于人及其编码和解码信息的方式。

- 倾听。
- 使用简单的语言。
- 建立共同语言。
- 积极关注。
- 培养文化素养。

### 倾听

我们已经提到,要建立良好的沟通,好好听甚至比好好说更重要,信息解码和信息编码一样重要。重复消息只会让噪声也跟着重复,这是吃力不讨好的做法。积极地倾听和解释可以促成理解和建立信任,还能在不知不觉中恭维说话者。

### 使用简单的语言

世界上只有 5% 的人将英语作为第一母语。说一口地道的英语有碍于理解,这给英语母语者提出了一个挑战。英语母语者必须学会像非英语母语者一样说话。也就是说,他们必须摒弃文化习惯,避免口语化表达,不要开玩笑,不要说行话,也不要使用体育、文化、政治和宗教方面的用语。不要认为所有人都能说一口流利的英语，英语母语者最好还是使用短词和短句。最理想的情况是，英语母语者也能学学全球式英语——一种基于 1500 个单词的简化英语。还有一些其他版本的英语，把关键单词减少到只有 750 个。

### 建立共同语言

建立共同语言关系到价值观和信念共同的问题。不妨引用日经（Nikkei）旗下的《金融时报》的首席执行官约翰·里丁的话："日经讲日语，我们讲英语。但是在做高质量的新闻报道和职业操守方面，我们拥有共同语言。语言最重要之处在于蕴含价值观和使命。如果一个团队拥有共同的价值观和共同的使命，干扰沟通的噪声就会大大减少。"

> 如果一个团队拥有共同的价值观和共同的使命，干扰沟通的噪声就会大大减少。

### 积极关注

在全球团队，成员们必须相互信任、相互尊重，这对解决噪声问题来说至关重要。误解出现的时候，不要认为谁有罪，而是按无罪推定原则行事，这是团队积极关注的基础。有了积极关注，整个团队就会一起向积极的结果努力，而不会只顾着自保。信任来源于信誉和共同的价值观，信誉的建立需要时间，共同的价值观部分源于团队成员有共同的奋斗目标和共同的背景（如在同一家的公司工作）。信任还源于团队成员彼此见面，拥有共同的经历。团队成员需要尽可能地多见面。

### 培养文化素养

在日本如何交换名片或在中东地区不用左手，这些都是很容易就能学到的社交细节，文化素养并不关乎这些。文化素养关乎人的思维观念，即秉持开放、好奇、刨根问底、充满敬意的态度看待不同的文化。简单来说，最起码要试吃过当地的食物，才会下结论说你不喜欢它：

"这里有一个关于尊重其他地区的文化和习俗的例子。年轻的员工喜欢日本料理，他们能顺应潮流，并愿意尝试各种事物。但是年长的员工甚至从未尝试过日本料理就说了不喜欢，这是思想不开明的表现，显得很不尊重人。虽然我不喜欢马麦酱，但我至少尝过。所以最起码去试一试，没试过就不要拒绝。"

如果你尊重别人的文化，那么你就会赢得别人的尊重。这样不仅可以建立信任，还会让沟通变得容易许多。

养成良好的沟通习惯是一项艰巨的任务。即便是本土团队，实现顺畅沟通也要费周折。对全球团队来说，为了建立共同的语言、价值观，培养积极关注和真正意义上的文化素养，他们必须付出更多的艰辛。良好的沟通习惯不是自然而然就有的，团队必须有意识地去培养这些习惯。团队的电话会议不应该局限于跟进工作进度和解决问题等这样的内容。至少在一些电话会议结束之前，团队应基于以下两个简单的问题对会议过程反思一下：

- WWW：从流程来看，哪些进展顺利（What Went Well）？未来我们还应该做些什么？
- EBI：如果……就更好了……（Even Better If …）下次我们该如何改善沟通？

这种简单的反思可以让团队养成良好的习惯。虽然噪声一直存在，但是良好的习惯可以降低噪声，在噪声出现之时更轻松地解决它。

## 结论

信任和沟通相辅相成，两者都是团队运作的润滑剂。没有信任和沟通，团队就会像没有油的汽车一样会停滞不前。

要建立有效的沟通，就要减少干扰人们沟通的噪声。

从个人层面，可以这样减少噪声：

- 积极倾听，少说多听。良好的倾听是达成相互理解的关键。
- 使用简单的语言。使用短词和短句，避免使用口语和文化负载词。
- 使用一致、共同的语言。

从团队层面，可以这样减少噪声：

- 建立一致的沟通模式和沟通节奏。保证每个人都使用相同的技术和沟通平台，确保团队范围内的日常沟通是公平的、可预测的。如果有人不得不在非社交时间参加电话会议，就要确保会议的进程能体谅到团队成员的痛苦感受。沟通犹如一头吞噬你所有时间的怪兽。你必须通过掌握好节奏来驯服这个怪兽，平衡好沟通需要的时间和完成任务需要的时间。
- 培养文化素养。要意识到不同的文化有着不同的交流方式。人们要说什么、什么时候说和怎么说是有很大差异的。作为团队领导者，你必须营造一个让每个团队成员都有用武之地的环境，必须学会揣摩他们会说什么、不会说什么，必须学会察言观色。

- 利用好技术。电子邮件或多或少被公认为一种技术。它会增添工作负担，还会制造不信任。要确保团队中的所有人都用相同的平台进行沟通。不仅要平衡好同步沟通和异步沟通的关系，还要平衡公共平台和私人平台的关系。技术可以促进沟通，但是无法增进信任，建立信任需要多见面。

Global Teams
How the Best Teams Achieve High Performance

## 第 3 部分

# 创建有利于成功的公司环境

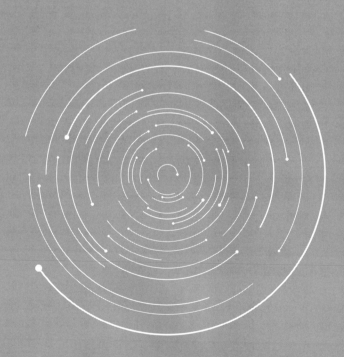

# 引 言

第3部分探讨公司应该如何组建有利于成功的全球团队。

对全球团队和本土团队来说，关于创造有利于成功的环境这点，乍看上去似乎是一样的。这些话题可能看似熟悉，但是在不同的环境下团队面临的挑战的性质是不一样的，这也正是本书第3部分的各个章节探讨的话题。

## 第6章 目标：制定清晰的目标还是共同的目标

有65%的全球团队成员认为，制定清晰的目标是他们面临的五大挑战之一。公司高层眼中的清晰目标，在一线员工眼中就没那么清晰了。而每天要在全球需求与本土需求之间做权衡的正是全球团队。如果公司追求的是利润，客户想要的是服务，那么全球团队该怎么做？制定清晰的目标是一个巨大的挑战，因为对身处分部、远离总部的员工来说，要理解目标的背景和原因是很困难的，他们从一开始就没有参与到制定目标的过程之中。不了解目标背景，就很容易做出"错误的"决

> 公司高层眼中的清晰目标，在一线员工眼中就没那么清晰了。

策。这样一来，公司总部就不那么信任他们，也不愿意下放权力了。在全球环境下，不仅要确保制定清晰的目标，还要确保大家都能分担、理解这些目标，明白这些目标与他们所在的地区环境是相关的。

## 第7章  系统和流程：成功的基石

对于具有全球视野的领导者，谈系统和流程可能有些乏味。但它们就像管道系统那样，对公司至关重要。在谈论全球团队面临的五大挑战的时候，超过60%的团队成员提出了一个或一个以上的系统或流程方面的问题。通常来说，员工越是接近一线，就越会感受到建立高效的系统和流程的迫切性。比起本土团队，在全球团队建立高效的系统和流程要更加困难一些：

- 全球团队认为，他们需要应对流程和程序不一致的问题。
- 本土团队更容易解决流程问题。
- 在全球团队，解决流程问题存在很大的障碍。

> 系统高效，你不是有功之臣；但若系统低效，你就是罪魁祸首。

系统高效，你不是有功之臣；但若系统低效，你就是罪魁祸首。

## 第8章  人才与技能：全球人才、全球思维

就人才而言，公司全球化会提高风险：

- 全球公司可以在全球范围内寻找到优秀人才，并且它的成本低于在西方国家聘用人才的成本。为了能在全球范围内成功

地聘用到人才，需要一些高超的技能。
- 全球工作不仅要求团队成员具备处理具有高度模糊性、复杂性和不确定性问题的能力，还要求他们具备高阶影响力，有能力影响远在千里之外的利益相关者和决策制定。
- 全球工作需要具备全球思维，这包括具备极高的文化智能，即面对新的想法和新的工作方式能够保持开放的态度，并且能够快速成长、快速适应和快速改变。

培养全球人才是一项高投入、高回报的工作。

## 第 9 章　文化：培养文化智能

对个人和公司来说，文化会带来巨大的挑战，也会带来巨大的机遇。

对个人来说，在全球工作是让你探索新文化、扩展视野的好机会。它同时也是巨大的挑战。没有一个人可以对全球工作所需的所有文化知识了如指掌。事实上，你必须培养文化智能，即培养一种快速学习和快速成长的能力，而不是对他人评头论足，也不可一成不变地采用熟悉的工作方式。

对公司来说，文化代表着一种取向。每一家成功的公司都有着清晰且凝聚力强的文化。但是，这种文化一定是母国的文化吗？还是说公司应当创建一种超越国界的全球文化？

## 第 10 章　结构：组织的协调与冲突

不同的职能部门、不同的地区和不同的业务部门之间总是会存在冲突。它们之间存在的建设性冲突涉及解决方案是如何产生的，以及优先事项是如何确定的。在本土团队中，参与的规则确定无疑，利益相关者彼此认识。而在全球团队中，参与的规则不够清晰，利益相关者彼此也不认识。

让全球性结构顺利运作具有挑战性，原因如下：

- 解决方案不完善。
- 最优方案会随着市场的变化而变化。
- 任何一种公司结构都会遇到协调和冲突的问题。

尽管如此，公司重组仍然是一个行之有效的方法。它有利于转移公司的发展重心，传递有关优先事项的消息，对抗公司的顽固势力，激发公司的发展动力。

# 第 6 章

# 目标：制定清晰的目标还是共同的目标

在我们生活的世界里，充斥着各种关键绩效指标、目标管理和常规绩效审查。制定清晰的目标是做好管理的基础。然而，就连最成熟的全球公司的管理者也因为缺乏清晰的目标而烦恼。为此发牢骚的管理者可不在少数。在所有受访者里，有 65% 的管理者认为这是全球团队面临的首要问题之一，它关系到全球团队的效能。一家经营得很好的公司怎么可能没有清晰的目标呢？

本章将讨论一个问题：公司越成熟，就越难有效地管理目标的制定。我们将从六个方面分析有关制定目标的问题：

- 制定清晰的目标还是模糊的目标？
- 如何应对模糊的目标？
- 为什么在复杂的环境下很难制定目标？
- 为什么在全球环境下更难制定目标？
- 如何为全球团队制定目标？

- 全球团队的意义何在？

## 制定清晰的目标还是模糊的目标

每一个西方管理者都清楚：必须要制定清晰的目标。秉持西方观念的人对此再清楚不过了，但秉持其他观念的人也许并不清楚。因此，本章将首先对制定清晰目标的方案进行分析，然后再展示其他有效的替代方案。两种方案都行得通，但不能并行使用。一旦并行使用，就要准备面对混乱和冲突。

制定清晰的目标，其目的在于：

- 创建一个清晰的决策框架。
- 减少内部的混乱和冲突。
- 避免白费力气和重复劳动。
- 提高员工的责任感和绩效。

从传统意义上看，制定目标是自上向下进行的。目标的框架是上层领导者设定的。随着一连串目标的下达，目标框架的细节会不断充实。但框架本身是不会变的，否则就会导致混乱。这种世界观通常适用于理性的、数据驱动型的战略分析，深受顾问们的喜爱，并在波特五力分析模型和波士顿矩阵中都有所体现。

关于制定目标，还有另一种观念，即制定模糊的目标。具有西方思维的人对此深恶痛绝。但如果把"模糊的目标"换成"战略意图"，我们就会有新的发现。关于战略意图，哈默和普拉哈拉德曾对日本公司进行重点研究。当时的日本公司像是要统治世界似的。他们的案例中就包含下面几家日本公司：

- 小松的目标：快速扩张，围剿卡特彼勒（Maru-C 策略）。
- 佳能的目标：击败施乐。
- 日电的目标：融合计算机技术与通信技术。

这些目标非常模糊。因此，公司需要随机应变：快速进行市场测试，找出竞争对手的致命弱点，获取和发展核心能力，并迅速采取行动。这些都是有助于公司实现战略意图的必备技能。

不同的战术是由不同的出发点决定的："日本公司会先建立一个模糊的框架，而且它们非常注重细节。如果细节错了，它们就会认为框架也错了，然后就会修改框架。日本人有很强的适应性和灵活性。盎格鲁-撒克逊人则会先建立一个相对固定的框架，保证所有细节都在框架内完成。细节有时候可能会错，但还是会坚持最初商定的那个框架。"

制定模糊的目标不是日本公司的专利。一些非常成功的西方公司制定的目标也很模糊，甚至模糊得让人难以接受，用"战略意图"描述这些目标可能更合适些：

- 谷歌：整合全球信息，使人人皆可访问并从中受益。
- 可口可乐：让可口可乐成为"触手可及的渴望"。
- "阿波罗号"的任务："美国应该致力于在十年内实现人类成功登月并安全返回地球的目标。"

这些模糊的目标有着非凡的力量：它们把公司的力量集中起来，成就了伟大的事情。在日本，模糊性带来的灵活性贯穿整个公司。

帆足友纪在日电工作期间，从未收到过雇佣合同，公司希望他能灵活就任不同的岗位。这也意味着决策和责任都是模糊的。因为日本公司不会频繁更换员工，所以这样做是可行的。所有人都了解背景情况，能够为集体的目标而努力，并一起承担责任。西方公司频繁更换员工的现象比较常见，因此要自上而下地制定更为清晰的目标、决策和责任框架。

全球性的工作需要全球思维。意思是说，你必须理解你的思维方式和工作方式并不是唯一的，甚至可能不是最佳的。制定清晰的目标，可以让团队的运作清晰明确，但是这样可能导致不灵活性、博弈和竞争。模糊的目标则能造就灵活性，鼓励大家共同承担责任。但无论哪种目标制定方式都不是绝对正确的。全球团队面临的挑战是，如何处理两种方式同时存在的情况。在关于系统的章节里，会分析说明当两种方式相冲突的时候，决策将成为闪光点。在目标模糊、责任模糊、决策过程也模糊，而且决策者生活在不同的时区、使用不同的语言等这样的背景条件下，局外人也会觉得影响决策是不可能的。

> 制定清晰的目标，可以让团队的运作清晰明确，但是这样可能导致不灵活性、博弈和竞争。

全球团队可以采取制定清晰目标的方式，也可以采取制定模糊目标的方式，但是不能同时采取两种方式。

## 如何应对模糊的目标

目标清晰当然好，但它也是付出代价得来的。想想那句名言，

"许愿需谨慎"。清晰的目标有以下几个缺点:

- 如果专注于某个优先事项,就会忽视其他优先事项(这也是列出所有优先事项的意义所在),也就是说,制定清晰的目标必然会产生机会成本。
- 实现目标的方法有好有坏,管理者都长于博弈。目标可能实现了,但实现的方式可能与你希望的和期待的不一样。
- 如果清晰的目标不被接受或不被理解,就会产生冲突和混乱。
- 渴望目标变得更加清晰,这可能是管理者看重的一个方面,他们会着眼于自我,减少并简化自己的责任。也就是说,他们就会专注于实现自己的个人目标,舍弃团队目标和团队合作。

对全球团队而言,追求完全清晰的目标几乎没什么意义。在小型公司中或者在全球公司的高层眼中,目标可以是清晰的。但是全球团队处在一个公司的关键点,它不得不对全球事务、本土事务以及职能事务的优先级做权衡。对全球团队而言,目标总是存在一定程度的模糊性和不确定性。

> 但是全球团队处在一个公司的关键点,它不得不对全球事务、本土事务以及职能事务的优先级做权衡。

全球团队必须知道如何应对目标的模糊性。

在日本,人们常说" kuuki o yomu",可以粗略地理解为"看气氛再说话"。高级 IT 经理柳井正夫解释说:"要是高层下达的命令不够清楚,美国人就什么也不做了,但日本人会思考,管理层想要的到底是什么,自己能提供什么帮助。日本人能够理解言外之意。在日本,员工的职能和责任都不清晰,但是大家都会团结合作,也会准备好做分外之事。如果我的同事都是日本人,这一点不必多说,但是如果要和外国人一起工作,那就得十分清楚地知道自己的职能和责任。"

设立稍微模糊的目标是有好处的。这种方式是在告诉大家,团队信任你们,你们有权力去做正确的事,团队不会用狭隘的标准来衡量你们。员工获得了灵活性,而这种灵活性是严格定义的目标无法给予的。这是一种体现高度信任感和高度责任感的方式。在一个能相互理解、彼此团结的团队中,这种方式就会取得很好的效果。团队成员不仅要为个人利益努力,也要为共同利益努力。

在非西方观念中,追求完全清晰的目标被认为不合常理。一位保险业的日本高管十分惊讶于不同文化对待目标清晰性和模糊性的方式。他这样描述说:"我刚来这里的时候,觉得要多花点时间和精力来扩大业务规模,所以我把重心放在了这个方面。虽然我强调扩大业务规模的重要性,但是我从来没有说过利润不重要。日本员工完全可以理解我的意思,但很久之后我才意识到,英国人和日本人的理解方式是不同的。大多数英国员工认为,我的意思是扩大业务规模第一,促进利润增长第二。"

"日本领导让我们努力扩大业务规模的时候,不是说利润就不重要了,而是说利润也一样重要。大多数日本员工都懂,扩大业务规模和促进利润增长同等重要,两者都要抓紧。对英国员工来说,这种指示很矛盾,也很令人迷惑。他们会觉得,你对两件事情都有所求,而这两者必须要分出一个明确的优先级才行。我知道英国人和日本人在其他很多方面都有差异,但是在这方面的差异应该是最大的。在英国的工作经历让我深深地认识到了这一点。"

正如目标清晰不总是优点，目标模糊也是如此。管理者们可能并不清楚其中的道理。目标模糊的优点在于，它有助于在团队成员中建立信任，赋予团队权力；它的缺点在于，它会让管理者乏力，不知道该怎么做。许多日本管理者已经充分理解到了目标清晰的好处。日本电报电话公司欧洲分部的常务董事森林正彰说道："如果高层领导者改变主意，就不利于建立信任和提供动力。清晰的目标对于明晰决策、角色和责任非常重要。如果团队做好了决策，那么高层领导者就应该表示支持。"这是典型的西方观念。它提醒我们，不要相信对不同国籍人士的刻板印象，因为任何一个国家都不存在千篇一律的行事方式。

在全球团队中，目标总是存在一定程度的模糊性和冲突。优秀的管理者意识到，他们得用不同的方式管理全球团队："因为为全球团队制定的目标永远不会像为本土团队制定的目标那样清晰，所以清晰的目标对全球团队来说是一个悖论。团队成员的职能和责任也从来不是清晰的，你必须接受这种模糊性和冲突。也就是说，凡事都不可简单化，你还需要建立共同的价值观，让它给你带来好的结果，千万不要认为这件事做起来很简单。"

> 在全球团队中，目标总是存在一定程度的模糊性和冲突。

团队应对模糊的目标的能力取决于它的凝聚力。如果一个团队里的成员对彼此有高度的信任，并且都有责任感、共同的价值观和共同的使命，那么模糊的目标就会带来能量和创新。但如果一个团队很松散，模糊的目标就会导致混乱和冲突。目标是在一定的文化背景下制定出来的。

## 为什么在复杂的环境下很难制定目标

在本土环境下，因为总是存在相互竞争的优先事项，甚至永久存在博弈的风险，所以制定目标已经够难的了，平衡计分卡的流行就是明证。最初的平衡计分卡着眼于以下四个方面：

- 财务。
- 客户。
- 学习和成长。
- 内部。

每个方面都非常复杂，充满挑战，需要进行权衡，甚至在你开始权衡它们之前，就已经困难重重了。举个例子，在追求短期财务目标的时候，你会在客户特许经营权方面冒多大的险？如何在满足下一季度的业绩要求与投资长期学习和成长之间取得平衡？当前的内部业务流程是否契合最小化成本、为客户提供优质服务、具备应对未来的市场变化和产品变化的灵活性的目标？如何平衡对不同产品、不同品牌和不同功能的需求？

在实践中，管理层必须让事情简单化。他们可以利用以下三种工具：

- 运用惯性。确定明年预算、战略和目标的最好办法，就是基于今年的预算、战略和目标做适当的增减。
- 利用预算让事情清晰起来。大多数组织机构都是为解决冲突而设立的。为

> 确定明年预算、战略和目标的最好办法，就是基于今年的预算、战略和目标做适当的增减。

了争取到有限的预算和管理层的支持，职能部门、地区分支机构和产品部门之间的竞争总是在所难免。只有通过预算解决建设性冲突，各组织机构的优先事项才能基于公司的整体战略得以很好的调整。

- 专注，专注，再专注。理论上，同时实现多个目标是有可能的。但在实践中，大多数领导者更喜欢专注于做他们认为真正有意义的事情。

### 教育的目的是什么？在本土环境下制定目标面临的挑战

当时，我们和教育部长以及他的首席顾问坐在一起谈判。我们提出要做一个不同寻常的项目，我们对这个项目非常有信心，并主动提出在政府不用预先拨款的情况下就实施项目，政府只需要按我们交付的每项成果放款。为此我们需要政府定好目标和给出报价。

对方马上开始讨论了。教育部长希望让16岁的孩子在考试中取得好成绩。但是，哪些考试是最重要的？成绩的评判应该以平均分为标准，还是以相对于以前在考试上的进步为标准，还是以及格人数为标准？至于哪些考试是最重要的，我们只注重识字和算术吗？但这样会不会导致大家不注重科学能力和语言能力？然后他们意识到，他们还希望孩子能获取一定的生活技能和求职技能，并能成为全面发展的人——体育、音乐、职业规划、金融知识以及人际交往能力都至关重要。他们很清楚，如果教育部只注重某一个重要的方面，那么学校就会忽视其他重要的方面，这和大多数公司的多数管理者的做法很相像。

> 教育的目的是什么？政府可能对这么简单的问题也回答不上来。先别急着嘲笑政治家和公务员无能，试问自己一下：你会制定什么样的教育目标，会为此付出多大的努力？在面对太多相互冲突的需求时，明确优先事项委实很难。而这些问题并不至于像跟他国打交道那样复杂。

即使目标是清晰的，实现目标的方法也经常是模糊的。实现目标的方法有好有坏。你可能想增加市场份额，而实现这一目标的方法有好有坏。打折可以快速获得市场份额，但是无法建立客户对于品牌的忠诚度；更糟糕的是，打折可能会让忠实客户对价格更敏感，破坏公司原有的优质形象。同样糟糕的是，有多年工作经验的高管们非常擅长在业绩毫无起色的情况下，通过操纵账目使利润增长。

全球团队面临的挑战是不仅要制定清晰的目标，还要让管理层无法对其施加手段。管理层需要了解目标制定的背景，对目标了然于心且有认同感。英国《金融时报》的首席执行官约翰·里丁就很明白这个道理，他制定了一个大胆的全球目标，即实现全球100万的订阅用户量。实现这个百万目标的方法有好有坏。

他的目标是获得100万个高黏性、高价值的客户，而不是对价格敏感、毫无忠诚度的客户，这是很有意义的。用约翰·里丁的话说："我们讨论的是如何实现百万付费订阅用户的目标。我们现在的订阅用户量为77万。我们首先要把他们按消费者和B2B客户的要求区分开来，然后必须想办法与用户建立互动关系，想办法培养用户的习惯。我们会衡量用户的参与度。我们正在建立一种新的运营模式以吸引更多的用户。"

# 为什么在全球环境下更难制定目标

在全球环境下,因为情况更具复杂性和模糊性,所以制定目标也会变得加困难。借用唐纳德·拉姆斯菲尔德的话解释,复杂性与已知的冲突和不确定性有关;模糊性与未知的冲突和不确定性有关。比起处理模糊性问题,多数公司会更加擅长处理复杂性问题。

> 比起处理模糊性问题,多数公司会更加擅长处理复杂性问题。

就大多数全球公司而言,问题的复杂性由以下三个因素造成:

- 不同的市场存在不同的需求。
- 区域的业务部门通常拥有实权。
- 公司总部和分部的看法不同。

公司通常都擅长制定高层次的全球目标。如果它们连这个都不擅长,那就让人诧异了。但是,真正的挑战就在于把这些目标在公司落地。在实际情况下,在不同国家、不同部门工作的各个团队都会发现,他们不得不做一些让人感到不舒服的权衡。关于在多大程度上要满足全球需求或者本土需求,全球团队捉摸不定。从全球的角度来看,这个目标已经很清晰了,但从团队的角度来看,这个目标却十分模糊。

## 不同的市场存在不同的需求

不同的市场需求会带来一些战略上的挑战,比如公司在多大程度上平衡好全球一体化与地方差异化。这种挑战一旦落到全球团队的层面就会变得非常尖锐。全球团队最能敏锐地感受到全球需求和本土需求之间的冲突。造成常规差异的因素有很多，包括规章制度、语言、价格敏感度、当地喜好、市场以及不同的营销路线等：

- 产品差异和价格差异。日本电报电话公司有一个云产品，这个产品是针对日本市场开发的，在日本市场上占有主导地位。公司希望能把这个产品全球化，特别是为在全球各地的日本人提供服务。可是公司刚开始行动，就遇到了问题。该公司发觉，就业绩指标和业绩预期而论，欧洲市场都已经处在领先位置。就算只看欧洲，欧洲各国也存在显著差异。西班牙人的价格意识比英国人要强得多。实现该产品全球化的目标一下子显得困难重重。产品优化应该面向全球市场还是日本市场？是否可以在不牺牲高额利润的前提下为不同市场制定不同的价格？这样一来，针对优先市场、产品规格、产品定价以及产品开发等问题，总部和各地区分部之间的关系就不可避免地紧张起来。

- 客户差异。英国三明治连锁店 Pret 决定将它们独特的模式应用到全球。这些连锁店不得不适应不同的市场。用当时的首席财务官的话来说就是："巴黎看起来和伦敦一样，但是在巴黎，我们主要供应甜食，因为巴黎人喜欢吃甜的。在巴黎，我们把面包做得更甜、更软，还必须要有火腿奶酪三明治，酸奶也要做得更酸一点。在香港，中端客户是很注重身份的。他们用品牌来彰显身份，凸显自己的先进性和国际化。同样，我们在上海店开展了品牌活动，团队成员穿着印有'伦敦、纽约、巴黎、上海'字样的 T 恤，凸显 Pret 在上海开设门店的自豪感，强调上海同样处于世界'魅力'城市之列。我们还开发了一系列包装精美的产品，让客户可以向家人、朋友展示自己的全球化形象。"

- 规章制度的差异。一家为金融机构提供全球服务的顶级供应商被认为是"体制化的重要金融机构，该机构更重视美国和欧洲的规章制度，这一点自 2007 年以来表现得更加突出"。全球客户希望该机构在全球保持一致的服务，而它的技术系统是实现这一服务的关键。该技术系统经过重要的升级后，用在了英国、美国和印度之外的地区。但规章制度在不同的时间、不同的地点会有不同的要求："我们处理德国客户的时候，一个大问题就是需要'了解你的客户'。在德国，我们有非常清晰的规章制度，而这些规章制度在美国的流程和系统中是没有的。但是如果对于美国客户的所有特殊要求我们都要做出回应的话，工作就会变得一团糟。"全球团队需要推出一套在全球范围内都畅行无阻的、一致的新系统，而规章制度的差异使它不可能做到这样。

- 采购和品牌推广的差异。在做这方面的关键决策时，任何一个全球团队都会发生冲突。每个国家都重视自己的品牌，没有哪个国家愿意失去生产机会和就业机会。对公司高层来说，战略可能是清晰的。但是对下面的团队来说，就要承担执行的痛苦。伊莱克斯亚洲部的冲突就源于此："不久前我们收购了一家中国公司。公司高层决定选择具有更多产品系列的中国品牌。但是我们的一家泰国公司也生产类似的产品。要是我们选择中国品牌，那我们的泰国业务该怎么办？因此，我们必须要在全球和地区之间做权衡。我们一直在做权衡。"

在上面所有例子中，全球目标都很清晰：

- 日本电报电话公司和Pret：实现产品的全球化。
- 全球金融服务供应商：为全球客户建立全球技术系统。
- 伊莱克斯：优化地区运营方式和营销方式。

每一个案例表明，简单的全球指令下达到全球团队那里都会变得复杂起来。全球团队的任务就是要在全球需求和本土需求之间做切合实际的权衡。而将清晰的全球目标调整为清晰的团队目标可不是一件容易的事。

## 区域的业务部门通常拥有实权

作为个体，我们都希望自己独一无二、与众不同。国家也是这样。每个国家都有自豪感，觉得自己独一无二、与众不同。对在欧洲运营的全球公司来说，这可能是让人沮丧的根源。比利时人会自豪地坚持认为自己与荷兰人不同，荷兰人和挪威人不太喜欢德国人，法国人则认为自己和谁都不一样，比谁都优秀。

如果相信每个国家都是独特的，那么你就得忍受那些在欧洲和亚洲区域按国别管理

> 如果相信每个国家都是独特的，那么你就得忍受那些在欧洲和亚洲区域按国别管理一系列公司业务的权贵。

一系列公司业务的权贵。你的能力，包括推广全球产品、提供全球服务、开展全球业务以及提升全球一致性等的能力，就会受到摧残。在此处境下，假如你的客户来自全球各地，他们期待能获得全球服务，那将是很灾难性的。大多数大型专业服务机构和 IT 公司在给客户提供全球服务的同时，还得应对国家自豪感的问题。那些权贵一旦掌权，就不容易下台，这是富士通在欧洲面临的挑战。长久以来，欧洲的这些公司都是按国别来管理业务。富士通 EMEIA（欧洲、中东、印度和非洲的英文缩写）区域的新任首席执行官意识到，如果要为全球客户提供高效的服务，那么就得按照行业类别来管理业务，比如金融服务类、旅行类和运输类。只有这样，他们才能建立起专业能力并提供给客户所期望的无缝跨境服务。

"为全球客户和全球产业提供服务"的全球目标在每个国家都曾遭遇区域部门的权贵顽固不化的现实问题。于是，首席执行官带他们到法兰克福去开一个为期两天的会议来讨论改变这种状况。用他的话来说就是："让他们到法兰克福，不只是为了提出问题，也是为了解决问题，改变现状。在召开会议的当天，一些区域业务部门的权贵表示没什么好改变的，于是我给了他们一个选择，可以不改变，但是必须要提高预期盈利额、销售额和现金流。我给了他们一个晚上的时间考虑。第二天，没人选择提高预期。也就是说，大家都准备做改变。我们因此得到了九个在整个区域内负责变革的推动者。"

## 公司总部和分部的看法不同

一件事情对某个分部来说是重点，但是对总部来说可能不是事儿，这一点并不令人意外。在山脚下，你会看到在街上玩耍的孩子和农场里的动物；而在山顶上，你只会看到远处的山峰。你看到的两种景象截然不同，但都是正确的。处境不同，对事物的看法就会不同。

模糊性就是这些不同的看法造成的。举个例子，伦敦有一家日本保险公司，它最初是为了服务母公司的全球客户而设立的。该公司的一些欧洲业务规模很大，前景不错。但是，它们也有130多份保单的年保费低于250英镑。从英国分部的角度来，这些业务无利可图，但从维护与全球客户的关系的角度来说，这些业务非常重要。一位英国顾问建议削减这些业务，但这样就与日本总部维护客户关系的初衷相背离。不管是公司总部还是分部的看法，都不一定正确，而模糊性就来源于公司总部和分部之间的不同看法。

有经验的全球领导者会意识到这个问题，也会努力减少模棱两可。这就是保罗·亚伯拉罕面临的挑战，他在RELX负责全球传播。RELX是一家英荷合资公司，其前称是里德·爱思唯尔（Reed Elsevier），该公司的年营业额为70亿欧元。保罗需要平衡全球报道和地方报道的需求，而首席执行官给他的时间非常有限。用保罗的话说："英国只贡献了8%的营业额，因此我们必须走出去寻找素材。我们在亚特兰大做采访是有必要的，那里有很多我们的员工，但还是需要招聘一些设计师，首席执行官会理解这一点吗？我们需要的不仅仅是《金融时报》和《华尔街日报》，如果要在亚特兰大写采访稿，就要联系那里的员工，还要联系相关的设计师。所以你需要有一个明确的计划，知道什么是重要的，知道接下来应该做什么。"

总部和分部之间的关系并不总是顺畅的。两者的观点非但不互补，反而经常起冲突。它们对彼此缺乏最起码的信任，这种不信任

会清楚地表达出来:

- 总部对分部的看法:我们有明确的战略,但是他们有足够的技能、能力和意愿来执行这个战略吗?
- 分部对总部的看法:为什么他们不听我们的需求?我们要怎样才能影响与自己息息相关的决策?没有他们的支持,我们如何实现目标?

这种缺乏信任的情况在关于信任的章节里已有深入讨论。没有信任,高层决定的任何全球目标都会很难执行。在公司高层看来,目标是清晰的。而在全球团队看来,目标既不清晰,也很难激发他们的责任感。

## 如何为全球团队制定目标

在公司高层看来,目标具有战略性和明确性。而在不得不权衡全球重要需求和本土现实需求的全球团队看来,目标经常是模糊且不确定的。多数管理者的本能反应是努力拨云见日,让目标变得更清晰。全球团队找寻清晰的目标如同大海捞针。与其一味追求确定性,不如换种方法,即学会应对模糊的目标。

全球团队如果一味地追求目标的清晰度,就会带来并非本意的后果:

- 团队不再是一个团队,会变成一盘散沙,每个成员都去追求自己的清晰目标。

- 团队成员只看得见狭隘的绩效指标，看不见更为宏大的使命。
- 制定目标本身成为目的，耗费时间也耗费精力。
- 试图找到精确的衡量标准，到头来却徒劳无益。

为全球团队制定目标，意味着你必须在两个险境间周旋：

- 过度追求目标的清晰度，会弄巧成拙，结果变成一场官僚政治的噩梦。
- 没能做到让目标足够清晰，就会产生混乱。

为了取得好的效果，为全球团队制定的必须是：

- 共同且一致的目标。
- 基于共同的背景和理解从"是什么""为什么"到"怎么做"的目标。
- 能够团结团队的目标。

## 共同且一致的目标

对西方团队而言，好的目标就是经典的"SMART"目标。如果每个团队成员的都有不同的SMART目标，那么团队就不再是团队。

"SMART"目标这个词第一次出现是在1981年，从那以后，"SMART"就成了一种简单的目标思考方式。"SMART"目标指具体的、可测量的、可分配的（或可实现的，说法取决于你交谈的对象）、相关的且有时间限制的目标。与所有简单的体系一样，

"SMART"目标很容易泛滥,在全球团队体现为目标越"SMART"就越狭隘。这种目标不但没有行动号召力,而且没法促进跨国合作,反而成为创新和合作的阻碍。

最好的"SMART"目标不仅清晰,而且十分简单。它会团结整个团队朝着一个共同的目标努力。英国《金融时报》为自己制定了一个目标,即拥有一百万个高黏性、高价值的订阅用户。这个目标就很简单明了,让团队感受到努力的目的和方向。这也意味着,《金融时报》必须在数字方面大力投资,开发出相应的工具和指标来了解用户的参与度。每个团队都可以把高层制定的目标转化成相应的工作内容。

先不说这些目标要多明确或者多灵活,对全球团队而言,目标有一个必要条件,即目标必须是大家共同的。如果团队成员努力的方向不同,那么团队就不是个团队了。保持目标的一致性至关重要,一致的目标可以把整个团队团结在一起。但这点在全球化的背景下很难做到。

> 保持目标的一致性至关重要,一致的目标可以把整个团队团结在一起。但这点在全球化的背景下很难做到。

举个例子,一家大型律师事务所意识到,需要把和客户合作的方式变得更加全球化。因此,这家律所决定把工资的 40% 作为提成,同个人业绩和全球业绩挂钩。律师们都很聪明地想到了实现个人收入最大化的办法,即忽略同全球业绩挂钩的那部分工资(占总工资的 20%),专注提高个人业绩。他们无法控制全球三百多个同事的表现,但是可以控制自己的表现。如何在实践中激励员工提高跨国工作的绩效?这也是多数全球专业性服务机构面临的挑战。

曼达林基金是一家私募股权基金，对有意向在意大利和欧洲其他地区发展的中国公司以及有意向在中国发展的意大利公司进行投资。它们有两个团队，一个是意大利团队，一个是中国团队，因此这可能会导致两个团队只注重优化自己的投资组合。高震是这样描述他们的方法的："我们有两个团队，一个在意大利，一个在中国，但我们有共同的目标，工作起来就是一个团队，不分你我。我们的共同目标就是为投资者实现最优回报。每个项目都需要跨洲的团队共同努力。在此过程中，我们会共同决定建构每笔交易的最佳方式，并且密切合作，以在我们的投资组合中创造价值。如果你只关注单个投资，就无法获得整体上的最优回报。"不可避免的是，如果这一年中国经济良好，而意大利经济低迷，就会造成紧张的局势，反之亦然。处于经济环境较好的那个团队会觉得自己带着一个拖油瓶。但如果每个人都有自己的投资组合和附带权益在里面，那么大家就是一条船上的人，都要好好努力，互相帮助。

符合"SMART"原则的共同目标描述了什么是好的目标。但这充其量也只是故事的一半。故事的另一半说的不是目标是什么样，而是如何实现这些目标。在全球的背景下，实现目标的过程与目标达成的结果同样重要。

## 基于共同的背景和理解从"是什么""为什么"到"怎么做"的目标

公司的高层管理者可能清楚地知道公司需要什么，但不是每个人都处在高层，也不是每个人都有相同的看法。公司基层人心涣散，彼此的观点不同，和公司高层的观点也不同。高层管理者会因此而烦恼，他们希望公司每一个员工都能理解他们认为的美好新世界，于是他们更加努力地传递信息。但这种沟通方式恰恰是错误的。

跟优秀的销售一样，优秀的领导者也有两只耳朵一张嘴，他们用耳用嘴很讲究分寸，听至少是说的两倍。一味提高音量重复信息无助于理解，也无法让人接受你的观点。要想让别人接受你的观点，你就得把传输模式切换到接收模式，至少在一段时间内这样做。

> 要想让别人接受你的观点，你就得把传输模式切换到接收模式，至少在一段时间内这样做。

全球团队需要权衡的东西多多少少存在一定程度上的模糊性。再厉害的领导者也无法自己解决这些模棱两可的问题，即使他有一个聪明绝顶的团队也做不到。能够解决这些问题的人是全球团队成员自己。对于目标，他们必须树立主人翁意识，还要理解其制定背景。也就是说，光给团队下达指令式的目标是远远不够的。要想让这些目标深入人心，团队成员需要对目标进行讨论和理解。而只有事先了解了团队面临的关键问题，才能推动讨论和理解。

举个例子，佳能的欧洲分部就面临着所有全球团队都会遇到的一些常规性的挑战，比如产品在多大程度上适应每个市场，以及谁对什么负责。不过，他们还面临着一个额外挑战，即了解客户。佳能的直接客户是经销商，最终客户是购买相机的消费者。这就是他们需要做的权衡：

"我总是问我的团队：你的客户是谁？这关系到制定明确的目标和建立共同的价值观。大多数人的答案是直接客户，也就是经销商。

但这样的话可能无法让最终客户满意,所以我们得重视最终客户。但是,如果你的直接客户不高兴,那你就永远无法接触到最终客户。因此,我们需要针对这些目标做权衡。"

这是一场没有结果的对话。而有效的对话是以最终的结果为导向的。Modern Tribe 的首席执行官沙恩·皮尔曼是这样做的:"我们有一些口头禅。其中一个就是,我们要怎么取得成功?我们不停地问客户,他们是如何定义成功的,直到每个人都对成功的定义达成一致的理解。任何一个团队成员都应有能力回答这个问题——我们要怎么取得成功?他们还应该回答这个问题——接下来该做什么?为什么要这么做?"

佳能和 Modern Tribe 都把讨论的重点放在客户和赢得客户的方式上。这种讨论十分有效,可以拨云见日。英国《金融时报》围绕其百万订阅用户的目标也展开了同样的讨论:"情况越复杂,目标就得越简单,这样才能形成一股团结的力量。这不仅关系效率问题,还要让大家就如何实现这一目标展开对话。"讨论的点非常重要。仅仅陈述目标是不够的。为了让团队成员对目标真正达成共识,讨论的点必须涉及目标、目标的制定背景、目标的重要性以及实现目标的方式。

> 为了让团队成员对目标真正达成共识,讨论的点必须涉及目标、目标的制定背景、目标的重要性以及实现目标的方式。

这有别于传统的指挥控制型领导者和公司的做法——通过制定非常具体的目标和责任来提高清晰度。但全球团队所处的环境太复杂,没有人知道所有问题的答案。你必须设立高层次的目标,然后,

围绕目标的意义以及每个团队成员可以为达成目标做何贡献等组织讨论。讨论的内容必须包括以下几点:

- 目标是什么。
- 目标为什么是这样的。
- 如何衡量目标。
- 谁对什么负责。
- 如何处理潜在的障碍,即做好防范的问题。

最后一项内容的讨论是典型的困难对话,但意义重大,可以防止后面出现更加困难的对话和不利的局面。在日经收购《金融时报》时,约翰·里丁就是这么做的。收购的双方一致认为,《金融时报》的成功倚重的是编辑独立性,它绝不会为既得利益者代言,这跟它的一些竞争对手不一样。坚持编辑独立性是实现百万订阅用户目标的宝典,《金融时报》需要建立起广泛而非狭窄的用户基础。

就像民主和自由一样,编辑独立性听起来是一个挺不错的原则。很少有人会反对,但它对于实践意味着什么呢?团队成员不会谈论原则本身,而会更多地谈论实际情况以及哪里出了问题。例如,日经和日本对一些政治争端有明确的立场。编辑独立性是否意味着《金融时报》可以持有不同的立场呢?不等难题变成危机,提早准备,更容易让团队工作起来得心应手。这个例子也印证了编辑独立性,日经和《金融时报》各自认为合适的话,就可以持有不同的立场。

对目标达成共同的理解,这意味着要根据团队的规模拆分目标。要让团队成员理解,实现目标的方法有好有坏,正如一位在新加坡工作的领导者说的那样：

"就算人们看到了远大的目标，也不清楚该怎么实现它。因此，我不得不把它拆分成几个小目标。你得跟下属讲清楚，在亚洲尤其要如此。你得手把手教他们。你得重新设立目标，让这些目标变得十分清晰。你不仅要领导他们，有时候你还得管理他们。"

对全球团队来说，有效的目标必须是成员达成共识的目标。也就是说，实现目标的过程和结果同等重要。两者必须恰到好处，团队的运作才能顺畅。

## 能够团结团队的目标

制定目标不只关乎做计划，还关乎人。计划无法激励人，也无法培养人的责任或信念。你需要团队不仅能理解目标，还要对目标抱有信念，并能为之全心投入。如果团队有清晰的目标，那么他们就会制订相应的计划以实现它。如果团队才华横溢且能全身心为目标努力，那么你就可以相信，他们会找到一个创造性的方法去实现目标。

举个例子，弗兰克·弗雷德里克斯决定给自己设立一个不大不小的目标：减少全球范围内的宗教暴力事件。他在自己的组织World Faith中为志同道合的人们创造出了一个网络。很明显，减少宗教暴力事件的方法有很多。终点也许是清晰的，但是通向终点的道路会有多条。用弗雷德里克斯的话说就是："西蒙·斯涅克指出，马丁·路德·金说的是'我有一个梦想'，而不是'我有一个计划'。如果我发现分发热狗可以减少宗教暴力事件，那么我们就会去做热狗生意。要从结果出发，逆向思考问题的解决办法。"

比起做计划，团队对梦想会更有激情。如果你委托团队做计划，他们就可能会提出一些新鲜的、原创的、有创造性且行之有效的方案。如果团队觉得，这个计划不是你单方面的计划，而是大家的计划，他们就会全身心地投入。人们很少会对自己的想法提出异议，但如果是你个人的计划的话，只要你踏出会议室，他们就会开始挑毛病。

在全球团队方面，你得相信处于不同时区的远程团队会做出正确的决策，这一点至关重要。团队成员对目标、信任、责任、任务分配和绩效之间的关系了然于胸：

"你要相信，不管在哪里用哪种方法在做事，大家都在朝着正确的方向努力。要是我们都能理解那个目标并达成共识，或者我们都参与目标制定的过程，那就更好了，那样我们就可以相信大家会为了同一个目标而努力。"

让全球团队成员都参与目标制定需要投入时间，这是一项能带来丰厚回报的投资。如果团队没有适时介入制定目标的过程，就快速轻易地开始走流程，那只会导致工作不投入、误解滋生、信任丧失和绩效的螺旋式下降。要利用目标制定的过程把团队团结起来。

## 全球团队的意义何在

管理全球团队会遇到种种问题，其中有一个简单的问题：为什么要有全球团队？研究表明，全球团队致力于实现表6-1中七个目标中的一个或多个。

表 6-1 全球团队的目标

| 预期目标 | 团队/组织类型 |
| --- | --- |
| 服务全球客户 | 咨询、信息技术 |
| 推广全球产品 | 自动化、快餐、飞行器制造 |
| 降本增效 | 外包、供应链、金融 |
| 实现规模经济 | 研发、制药、民航 |
| 招募全球最优秀的人才 | 专业服务 |
| 开展全球性的创新和学习 | 所有类型的团队/组织都有可能 |
| 壮大网络实力和规模 | 亚马逊、谷歌、社交媒体 |

上述大多数目标不是"如果达到了就最好",而是"必须要达到"。在建造新型的大型飞行器、提升引擎的性能和开发新一代的计算机芯片方面的研发规模及投资规模表明,全球规模就是最起码的,也是切实可行的。富士通的客户或多或少地要求富士通从带有地域色彩的公司转变成产业型公司,他们希望富士通可以向客户提供最高水平的产业经验。对于网页设计公司,逻辑也一样很简单:客户希望花费最低的成本招聘到最优人才。如果从硅谷挖人,有可能挖到最优人才,也可能挖不到,但可以肯定的是,这需要花费很高的成本。全球化逻辑就是这样无情,要保持竞争力和商业地位,就必须采用全球化的组织方式。

> 要保持竞争力和商业地位,就必须采用全球化的组织方式。

以下两个例子说明,越来越多的产业在实行全球化的运作方式,这无可避免。

## 音乐产业：客户需求至关重要

音乐产业从多方面看应属于地方产业。玻利维亚的大音乐家可能只符合东京少数人的品位，反之亦然。音乐产业显然不是全球性产业。甚至在 21 世纪初，用户的音乐账户管理也还只限于国内。音乐主要通过全国的零售商以 CD 这样的实物形式出售。2014 年，音乐的数字下载收入首次超过了实体销售收入。在数字下载和流媒体市场中，占据主导地位的是一些全球公司，如 iTunes、谷歌、Spotify 和 YouTube。对华纳音乐这类音乐公司来说，数字下载改变了一切：

> "我们最大的全球零售合作伙伴和流媒体合作伙伴都有这样的需求——对于一个重大的全球音乐发行项目，它们不想和众多不同的音乐账户经理人谈来谈去。它们希望建立中心联络处，由该联络处负责音乐在各个国家的发行。我们设立了一个团队来打理这些音乐账户。"

全球化一如既往地会让事情变得更加困难。Spotify 这样的全球性平台希望拥有全球合作伙伴，而本土广播电台希望建立本土合作伙伴，为本土受众提供符合本土取向的音乐。全球团队的工作就是弥合全球与本土的差距。更有趣的是，以前每个国家都有自己的专辑发行日期，如果专辑要在全球发行，这就行不通了，所以每个国家都必须商议好一致的发行日期。

## IT 和业务流程外包：竞争形势紧迫

在 21 世纪初，外包就是把 IT 业务或业务流程外包给本国的专业供应商。2003 年，IBM 在印度的员工只有 9000 人左右。到了 2015 年，印度员工已经超过 10 万人。与西方相比，印度拥有巨大的成本优势。依照经验多少，印度的 IT 工程师的工资在 5000 美元至 15 000 美元，美国的 IT 工程师的时薪在 50 美元到 150 美元。按照 75% 的利用率计算，美国 IT 工程师的年薪为 65 000 美元到 200 000 美元。无论从客户还是竞争对手的角度看，都很难忽视这种巨大的成本差异。

不可避免的是，一旦有一家重要的外包商开始以印度的价格提供美国的质量，其他竞争对手就不可能不跟上。其结果就是，各大企业纷纷涌向印度。这种浪潮可以说是从 2000 年开始的。到了 2015 年，所有主要的外包商都在印度建立了大型业务，表 6-2 列示了部分企业。

表 6-2　不同企业的印度员工数

| 截至 2015 年年底，以下企业的印度员工数估计为： |
| --- |
| 高知特：140 000 名 |
| 埃森哲：80 000 名 |
| 凯捷咨询：40 000 名 |

除了以上提供的印度 IT 外包商和业务流程外包商的员工数据外，还有一些别国公司有印度员工，如塔塔咨询服务（350 000 名）、印孚瑟斯（195 000 名）和威普罗（17 000 名）。全球化可不像免费的午餐，这些外包商面临着巨大的挑战，它们要理解与满足远程客户的需求，要让团队成员正确理解目标，还要解决全球团队运作过程中遇到的所有挑战。

越来越多的公司和行业发现，全球化发展关乎的不是选择问题而是生存问题。这也意味着，越来越多的公司会面临运作全球团队的挑战。

## 结论

制定目标讲求内容和形式，两者同等重要。

> 制定目标讲求内容和形式，两者同等重要。

### 内容

运作全球团队有一个显而易见却经常被忽略的出发点，那就是要弄清楚全球化能达成什么目标。这个愿景对你的团队来说非常重要。在将愿景化为具体的目标的时候，团队自然会努力地将它转化成 SMART 目标，以便让目标最大限度地清晰且聚焦。但不可避免的是，事务优先级会存在模糊性，这对必须在全球需求和本土需求之间做权衡的全球团队来说尤其如此。这就是清晰的整体愿景至关重要的原因。在权衡有竞争关系的利益相关者和需求的时候，清晰的愿景有助于团队做出行动决策。

关于目标的细节也需要做权衡。传统的管理方式是制定详细的目标，并严格执行这些目标。在全球背景下，给团队制定宽泛的目标会更合适，因为在这种环境下，制定详细目标并进行微观管理既不可能，也不可取。一是全球各地的情况千差万别，你不可能每时每刻都知道全球各地发生了什么，所以微观管理是不可能的；二是微观管理会显得你对团队缺乏信任，导致大家的动力减少、业绩下滑，甚至会触动更严格的微观管理，陷入业绩持续下滑的恶性循环。

## 形式

很多时候，计划是总部的管理层及其下属的一种暗箱操作行为。制定目标的过程应该是公开的，而不能搞暗箱操作。它需要全球各地团队的参与，原因如下：

- 过程公开可以建立大家对目标的认同感和责任感。
- 开诚布公的方式会促进讨论，进而让团队理解目标制定的背景和重要性。
- 一旦团队理解了目标制定的背景，他们就更能在目标不确定和具有模糊性的情况下做出正确的决定。相应地，这会在团队和总部之间建立信任和信心。

就公司高层而言，目标看上去够清晰的了，但是目标下达给全球团队时，团队成员却认为目标一点儿也不明确。你得下功夫确保全球团队不仅理解目标本身，也理解目标的背景和重要性。

## 第 7 章

# 系统和流程：成功的基石

管理系统为全球公司的运转提供基础性保障。它好比管道系统，看上去不起眼，只有当它出了问题，你才会发现它的真实价值。所有这些管理系统是全球公司运转的保健因素，而不是激励因素。没有人会因管理系统运转良好而受到鼓舞，但当它们运转不灵时，很可能会让人变得垂头丧气："恰恰是这种小问题，才最让人沮丧。"由此可见管理系统的重要性，但全球团队的成功依靠的不仅仅是管理系统。

全球团队能分清轻重缓急。管理系统不足以是他们最关心的事，领导力、信任和沟通才是更重要的。但是系统和流程又是让团队真正心生挫败感的一个原因。

全球团队成员将各种不同的管理系统列为五大首要问题之一，这些系统出现问题的频次如下：

- 职能和责任　　　　　　　33%

- 流程和程序　　25%
- 决策　　　　　19%
- 预算　　　　　8%
- 奖励和认可　　6%
- 以上任何方面　62%

除此之外，还有学习和创新管理系统方面，它们出现问题时毫无征兆。

本章将探讨如下内容：

- 为什么系统和流程在全球团队中运作起来更困难。
- 责任。
- 制定决策。
- 学习和创新。

技术的缺席值得引起注意。这一点已在有关沟通的章节中讨论过。预算、奖励和认可将在本章中顺便提到，但是大多数全球团队认为这并不是紧迫的问题。

## 为什么系统和流程在全球团队中运作起来更困难

任何团队都需要明确职能、责任、系统和流程。即使在本土团队，让团队上下明确谁做什么，如何解决不同的优先级事务以及如何处理意见分歧，也都是颇具挑战性的难题。全球团队在这方面面临的挑战就更大了。原因有三：

- 全球团队的工作流程和程序不一致。
- 本土团队更容易解决流程问题。
- 全球团队解决流程问题存在很大的障碍。

## 全球团队的工作流程和程序不一致

大多数公司都在力争让流程在全球范围内保持一致。流程不一致可能是由于客户不同或监管条件不一致，但更多时候是历史原因造成的。每个地方都有自己的流程。即使全球团队和其他地方的流程起初是一样的，为了适应本土需求，每个地方也会进行流程改进和再造。时间一长，就会造成各地流程上的不一致。

在本土团队中，每个成员的工作流程和程序都是相同的。全球团队成员理论上讲也应该这样。但在实践中，全球团队发现他们对一致性的问题很纠结：

- "两个地方团队用各自的方式改进各自的流程是没有意义的，因为这样做仍然低效。"
- "你不能想当然地认为，如果某个流程和程序在这里管用，那么它在别处也管用。管理千篇一律是一大问题。"
- "一致性委实重要，因为从我们管理的角度看，两个团队如果以不同的方式去实现同一个目标，那最终会变成一场噩梦。"
- "这完全是在凭空建立一致性，想出各种法子管束员工，并纠正他们的日常工作习惯。"

身处一线的团队成员深受管理系统不清晰之苦，他们对管理系统清晰度的需求深有体会："在整个公司中，我们需要知道谁能做什么。如果服务器出现故障，我们可以安装补丁，但是如果总部拒绝我们安装补丁的请求，那么由此导致的故障该由谁负责？"无论是一次性的决策还是日常管理，都需要清晰度。对于体量大且高度复杂的事务，就需要明确职能、流程和责任："职能和责任不明确会让管理一团糟。你作为管理者尤其要知道谁应该做什么，因为事务繁多，而且它们的运作方式很像工厂。"

将公司分部的团队成员与公司总部的人员做一下比较，认为流程和程序构成一大挑战的，前者的占比高出后者48%。在重视流程和程序的人员中，作为团队成员的下属占比高出他们的上司60%，这并不奇怪，但很具争议。说不奇怪是因为一线团队成员最容易受到各种问题的影响。他们是不得不解决问题的人。对公司高层来说，这些挑战经常被认为是噪声，虽令人恼火，但并非至关重要。而对一线团队成员来说，一旦流程问题得不到解决，他们很快就会失去动力，感觉得不到公司高层的支持。正如我们即将看到的，解决流程问题对于任何团队都是很棘手的事情，对全球团队尤其如此。

## 本土团队更容易解决流程问题

在本土团队中，如果流程出了问题，解决起来相当容易，你可以电话沟通或者直接走过去沟通。在问题失控之前，它们可以被察觉出来并得到实时的解决。

而在全球团队中，等到问题显现出来可能为时已晚。例如，如果纽约团队在当地时间下午1点时所做的交易记录有误，伦敦团队甚至可能要到下一个工作日上午9点才会发现，这就太晚了。而当伦敦团队发现这个问题时，他们不得不再等候四五个小时，纽约团队才会上线。他们要想解决问题可不是在办公室里走动一下，然后找到三四个能解决问题的关键人物那么简单。如果纽约团队和伦敦团队之间的流程不一致，那么可能很难确定需要参与解决问题的人员，而把他们真正召集到一起开电话会议或视频会议就更难了。即使召开了正式的会议，事后也很难非正式地跟进以确保解决方案实施到位或提供必要的支持和帮助。好在纽约团队和伦敦团队都说同种语言（语言或多或少相近）。一旦你把语言和文化的差异考虑进去，全球团队面对的挑战就会进一步升级。

与全球团队相比，本土团队解决流程问题的每一个步骤运作起来要容易多了。清晰且一致的流程对于全球团队更为重要。不幸的是，全球团队实现流程的一致性存在巨大的障碍。

### 全球团队解决流程问题存在很大的障碍

所有公司都摆脱不了过往的束缚。公司、团队和个人自然不情愿改变一个成功的模式，如果这种模式在过去奏效了，为什么要冒险改变它呢？千万不要跟成功过不去。即便是积极上进的公司，也发现改变并非易事。为改变流程而招致的风险以及为之付出的努力（可能看似枯燥乏味）大过任何能想象到的好处，况且这些好处通常很难量化。

> 所有公司都摆脱不了过往的束缚。

承袭过往传统的这种惯性见于种种细微之处，甚至见于公司的用语。例如：

- 宝洁公司因其品牌管理而闻名。宝洁公司负责品牌管理的部门一直被称为广告部。更名可能有意义，但大家都认为为此争论不值得。

- 英国电信 30 多年前就已脱离政府的管控，但员工们仍然承袭以往公共部门的用语，他们称假期（vacation）为"leave"。

比起改变语言的表达方式，改变流程和程序要困难得多。问题出在人的惯性上。惯性有两种形式：情感惯性和思想惯性。

情感惯性是指人们和团队陷入一种熟悉的常规状态。这种常规状态可能不是最好的，但如果它或多或少有效，人们就会坚持下去。对流程的任何更改都会有风险。若是去适应从全球公司的其他分部引进的流程，会让人感觉是在出卖自己。结果就是人们不想改变："两组人马努力做着同一件事，却狂热地坚持自己的方式，这令人难以置信。"不可避免的是，团队会找到许多不改变的合理理由，但这些都是障眼法。人们之所以避免改变，是因为改变有风险。这是造成惯性的第一个原因。改变意味着适应新的不熟悉的方式，就付出的时间、努力和得到的结果而言，都存在不确定的后果。

造成惯性的第二个原因至少有部分的合理性。虽然优化流程可能符合公司的利益，但这样做并不符合任何个人或团队的利益。任何一个个人或团队都缺乏权力、能力、技能、预算以及时间等来实施完整的流程变更，所以保持次优流程是合理的。这意味着流程更改必须由公司最高层驱动。但正如我们在上文所指出的那样，与一线员工的看法不同，高层管理者认为流程变更不是那么重要，因为他们不怎么受不良流程所产生的后果的影响。一位东南亚区域的经理清楚地表达了他对流程问题的看法：

"流程是给定的,而且被认为是理所当然的,在大公司尤其如此。人们认为流程是设定好的,是板上钉钉的,尝试改变它是不值得的,你对此也无能为力。但总有更好的做事方式。"

在本土团队中,你能发现流程问题出在哪里。而在全球团队中,发现流程问题更困难些。全球团队领导者需要做的一项工作是,确保自己能清楚地看到这些问题,并给予妥善的回应。

## 责任

如果你不知道谁负责什么,你就无法追究任何人的责任。也就是说,责任和清晰的流程就像一枚硬币的两面。只有职能和流程明确,才能做到责任清晰和高度自主,它们都被视为同一理念的组成部分:

> 只有职能和流程明确,才能做到责任清晰和高度自主。

- "如果连职能都不清楚,责任就无从明晰。"
- "责任与自主同在。"

责任不仅是一个系统性的问题,也是一个深层次的文化问题。不同的文化对责任持不同的态度,这导致了全球团队的困惑。关于责任的问题,可以从以下四个方面讨论:

- 责任与自主。
- 责任中的文化与思维。
- 责任是个人的还是集体的?

- 如何在全球团队中行使责任?

我们将依次探讨这些问题。

## 责任与自主

道理显而易见,你如果想要自主,那么就必须对你的决定和行动负责。作为一个自主的人,你不能把自己的决定和行为归咎于别人。由此得出一个简单的等式:自主=责任。而在全球团队中,凡事做起来都不简单。

在实践中,要想将责任和自主等同起来,全球团队会面临以下三种挑战。

### 许多领导者轻易不肯放权

自主并不总是与责任相随。很多全球团队闭口不谈责任和自主的话题。团队领导者是乐于下放责任的,但接着就会设置一系列削弱团队成员自主权的审核和制衡机制,有关于决策制定的审核,也有关于报告、监控和衡量过程的流程审查。团队成员感觉这些审核不仅限制了他们的自主权,也限定了他们的那份责任,因而深感沮丧——他们有的是责任,却没有必要的自主和权力。

### 许多文化推崇上级说了算

团队成员想要得到更多的自主权,却经常被认为擅长给上级出难题。借用一位沮丧的团队领导者的话说:"大家说是想得到更多的自主权,可是给了他们更多的自主权之后,他们又想要更多的领导权。于是公司文化不得已才发生这样的改变。"

- "印度公司等级森严，决策能被上级通过是一件很困难的事。"
- "在印度公司，所有的决策由老板来定，而员工只能提建议。"
- "在泰国公司，员工不能做决策，但可以提建议。"
- "在泰国公司，凡事都由上级说了算。"

### 过于自主导致权力巨头的产生

过于自主最终会导致权力巨头的产生，这些人只会闭门造车。在全球团队中，你需要的是愿意分享、学习和互相帮助的员工。如果这些都不发生，那么拥有全球团队就没有多大意义了。如果你想服务全球客户，培养全球专才以及实现跨国学习，那么你就必须挑战地方上的权力巨头（见下文）。

> 克里斯被任命负责一家 IT 公司的欧洲业务。她之所以面临很大的阻力，有以下原因：
> - 她是个女人。
> - 她不是欧洲人。
> - 她希望根据产业集群而非地理位置来组织业务。
>
> 她是一个女人，又是一个外国人，这是无法改变的事实，她无能为力。但权力巨头们不会让她摧毁他们在所在地的权力根基。因此，他们都摆出深思熟虑过的论据，来表明意大利、德国、波兰和英国截然不同的情形。
>
> 克里斯知道，客户需要跨国支持，他们需要深谙专业知识的专家，而不仅仅是熟悉本土的通才。于是她认真进行评估。她意识到，一些权力巨头可能会在她的新天地里发挥作

> 用，而另一些则只会试图阻碍进步。因此，她按照产业思路重组他们。那些负责欧洲区域某一项业务的权力巨头恍然大悟，发现有确凿的证据，足以说明为什么产业专业知识优于本土知识。其他权力巨头也发现可以在他处找到自己的用武之地。
>
> 如果你想取得进步，你就必须挑战权力巨头。

责任和自主的问题不仅仅是考验人的理性的问题，它也关乎文化和政治。作为一个团队领导者，你必须在你所认为的理论上可行的解决方案和实际可行的解决方案之间做权衡。在实践中，后者更好一些。

## 责任中的文化与思维

在本土团队和全球团队两种不同的背景下，责任的含义有所不同。与本土团队成员相比，全球团队成员要求达到的责任标准更高。

责任有三个不同的思维层面：

- 受害者思维。
- 企业思维。
- 责任思维。

表7-1列出了这些不同思维之间的差异。

大多数公司都希望在内部推行责任思维。而现实情形是，企业思维和受害者思维十分普遍。坚持责任思维是一个真正的挑战。我们将依次探讨每一种思维。

表 7-1 三个不同的思维层面

| | 责任思维 | 企业思维 | 受害者思维 |
|---|---|---|---|
| 控制点 | 我能掌控我自己的命运，我能在我的正式角色范围之外发挥影响力 | 我的掌控力是由我的正式角色和责任决定的 | 我的命运不能由我掌控，而是受他人和决策的影响 |
| 自我效能 | 我能找到学习、成长和表现的新机会 | 我能做好我的分内之事 | 我会避免不熟悉、模棱两可和困难的处境 |

## 受害者思维

对成功来说，受害者思维是有害的。抱怨沟通不畅、被排除在决策之外、没有足够的支持都是很自然的事情。每个人都不时地抱怨。但是抱怨对团队没有任何帮助，只会建立一种有害的文化。形成一种"我们"和"他们"的分裂文化；它让抱怨作为控制的替代物而变得合法化；它助长了一种不满情绪。只抱怨不作为是典型的受害者思维，即受害者受诸多事物的影响，却事事不由自己控制。

受害者思维并不局限于初级员工。令人惊讶的是，连高层管理者和成功人士也很容易陷入受害者思维。一位全球团队领导者是这样谈论一些拿高薪的跨国专家的：

"海外员工经常有被排斥的感觉。他们会说，他们无法接近总部的某个人，见不到某个人之类的话。但是我想说，你为什么不直接飞过去见他们呢？我很乐意支付机票的费用。如果他们飞过去，就可以建立更紧密的联系。他们不应该抱怨，把自己当成受害者，而应该担负起责任，自己去建立联系。"

作为一个全球团队的领导者，你需要让人们发泄他们的不满，倾听他们的抱怨，否则你永远不会得知正在发生什么。接下来你面临的挑战是帮助"受害者"发现他们还有别的选择。你得帮助他们掌控自己的命运。如果他们不能掌控自己的命运，他们至少可以学会如何影响命运。

> 你需要让人们发泄他们的不满，倾听他们的抱怨。

在全球团队中，缺乏控制是正常的，这很容易让人陷入受害者思维。但除了控制，他们还有另一种选择，即施加影响。团队成员必须学会影响他们无法控制的人和决策。如果他们能做到这一点，他们就会从受害者思维转变为责任思维。责任思维不会让人心生抱怨，而是会催人行动。

### 企业思维

传统的企业思维将责任与权威相提并论。对大的综合型公司来说，这有利于稳定和管控，是很多机械式官僚机构的运作方式。它也造就了官僚主义思维，即打钩文化。在这种文化中，每个人都遵守制度而不是挑战制度，他们不会超出狭义的职能范围去主动作为。

企业思维或官僚主义思维对于全球团队并不起作用。与许多本土团队相比，全球团队所处的环境更模糊。如果你想掌控自己的命运，你就得对那些你看不见够不着的决策、人和事施加你的影响。如果你拘泥于职能的限制，你就有可能陷入受害者思维，抱怨自己是无法控制环境的受害者。

对于全球团队成员，光有企业思维是不够的。他们需要具备一种真正意义上的责任思维，从而能对不在他们正式职责内的决策、人和事施加影响。

### 责任思维

《掌握命运：通用电气的改革历程》（*Control Your Destiny or Someone Else Will*）是一本绝佳著作，但你可能不必读它。原因是该书的书名已经表词达意，很好地反映了责任思维的含义。

责任思维对全球团队有很大的影响。责任思维不接受权力受制于正式的职位头衔、预算或角色规定的说法。具有责任思维的人在能掌控的地方就掌控，在不能掌控的地方就发挥影响力。他们不会因事态的复杂性和模糊性而逃避或抱怨。相反，他们会将事态的模糊性作为树立影响力和奋勇前进的契机。

> 具有责任思维的人会将事态的模糊性作为树立影响力和奋勇前进的契机。

有责任思维的人会自信满满地接受新挑战、寻求新机会，进而学习和成长。当你在世界各地与不同文化背景的人共事或打交道的时候，这些品质是你应对挑战时所需要的。

具有企业思维的人甘于待在舒适区，全球团队成员是不会这样的。他们要么不得已行动起来做一个真正有责任思维的人，要么打退堂鼓回到受害者思维的状态。对于全球团队成员，企业思维不是长久之计。环境的复杂性和模糊性要求他们发挥影响力，以便控制其正式职责范围之外的事情。如果行动和影响落空，他们就会像受害者一样行事，抱怨被人和事控制。

责任体系很重要，但它们也必须得到正确思维的支持。

### 责任是个人的还是集体的

注重个体责任是西方管理模式的基础。许多人可以分担职责，但最终还是得一个人负责。然而在过去 20 年里我们了解到，西方管理模式并不是唯一的管理模式。

除了个体责任，还有集体责任。集体责任体现的不仅是一种不同的体系，也是一种不同的文化。"在日本，职能和责任不是很明确，但大家在一起共事，就要准备做超出自己的正式职能的工作。如果在一起工作的只有日本同事，那就无关紧要。但如果在一起工作的是非日本同事，那么就需要进一步明确自己的职能和责任了。如果公司高层给出的指令不明确，美国人会什么也不做，而日本人则会揣度管理层的真实意图，并考虑自己该怎么做。"

对于全球团队，一定程度的集体责任是可以接受的，这有以下三个原因：

- 全球团队具有应变能力。全球团队总是在应对某种程度的变化或模棱两可的状况。这意味着团队成员必须准备好互相帮衬、补缺，进而改善流程。这一点无论是对西化的全球团队还是其他团队，都同样重要。"应对模棱两可状况的能力真的很重要。当有人想要完全明确自己的职能时，我会抓狂。因为这样一来，他们会把剩下的时间只花在解决自己的一摊子事情上。"
- 全球团队需要团队合作。责任可能只是一个托词，为的是躲在"筒仓"（所在部门）里各干各的，这种做法与团队合作背道而驰。如果走极端，把流程和责任搞得泾渭分明，那就不需

> 责任可能只是一个托词，为的是躲在"筒仓"里各干各的，这种做法与团队合作背道而驰。

要全球团队了,你可以简单地把任务从一个"筒仓"扔给隔壁的另一个"筒仓"。因为是一个团队,你会认识到整体大于部分之和,在很多方面你需要跨部门进行团队合作。这就产生了集体责任。为支持团队里的一名成员的工作,日本团队会加班加点到深夜。见过这种场面的人都明白,选择集体责任绝不是一件轻松的事。它会给共事的同事造成巨大的压力,没有成员愿意成为拖团队后退的那个人。

- 狭隘的责任机制助长短见,是创新的障碍。譬如,欧洲刑警组织在处理跨境犯罪方面发挥着至关重要的作用。它需要在打击犯罪的技术和技巧上保持领先,还需要在打击贩毒、人口贩卖和恐怖主义方面制订长远规划。但狭隘的责任机制无法做到这点。"高级警官履职期很短,可能只有六个月,所以他们没有兴致考虑未来五年的事。"他们经常被调动,所以他们只顾做当下的事,非常抗拒改变,因为改变在当前对他们无用。短见和个体责任会使个人只顾美化自己的履历,而不去专注解决集体长期面临的挑战。

发挥集体责任的作用会面临文化方面的挑战。文化失调会导致行为失调:

- 每个人无论做什么事情都会有挑战,为此大家争论不休。
- 每个人都急切地想成功。
- 每个人都逃避问题。
- 绩效管理很困难,因为不清楚谁做了什么。这在全球团队中尤其如此,你无法直接观察到成员的表现。

鉴于这些文化方面的挑战，集体责任在同质文化中最能发挥作用，在这种文化中，规则是能被理解和遵守的。通常来讲，全球团队是一个极其复杂和模糊的文化熔炉。在这样的环境下，寻求更明确的职能、职责和个体责任成为大多数全球团队本能的渴望。

团队领导者面临的挑战是需要平衡好个体责任和集体责任。其关键是确定在哪些方面团队需要作为一个团队合作，以及在哪些方面团队成员可以独立行动。关键决策是整个团队关注的事，日常工作则由各成员自己负责。在这两个极端的情况之间存在一个很大的灰色地带。

## 如何在全球团队中行使责任

无论全球团队还是本土团队，推行责任的工具大致相同。但在一些全球公司的某个部门，一场利用技术推行责任和自主的革命正在悄然开始。

推行责任的传统工具包括预算、RACI矩阵和团队章程。我们首先逐一考察这些工具，然后考察技术的激进使用。

### 预算和责任

通过预算推行责任。预算实质上是两个层级的管理者之间达成的协定。上层管理者希望以最少的资源获取最高的回报。下层管理者希望上层给定的指标最小，但分配的资源最多。这种游戏在无数的公司中无数次地上演着，大多数的预算谈判游戏都是众所周知的，在这里无须过多地演示。

> 通过预算推行责任。

然而对全球团队来说，做好预算的协商工作要困难得多。团队与关键的利益相关者之间关系并不紧密；团队可能不了解预算流程。而且或多或少可以肯定的是，团队不会参与早期的预算规划讨论，而这对制定预算框架是至关重要的。跟其他大多数流程一样，在全球团队中制定预算的流程要比在本土团队中困难得多。一个好的预算，不仅应该反映其结果对各个利益相关方来说都是良好的，还应该反映其流程是公正的。大家普遍认为，公正的流程和良好的结果都很有必要：

- "如果你在远程工作，这真的很难，因为重新协商预算是非常困难的事。"（阿根廷某网页设计公司）
- "预算制定的流程不清楚。是按照 SPU（标准化产品单元）走流程，还是按区域走流程？如果我们需要更多的资源，你是否清楚该去哪里寻找？"（印度某非政府组织）
- "关键是让基层管理者们参与预算。预算是他们参与做出的，不只是自上而下强加的。如此一来，大家都了解预算制定的背景和目的，明白对方的想法。"（北美某金融服务公司）

如果预算制定的流程通畅，就可促使上下层管理者就事情的优先级和资源分配进行讨论。对全球团队而言，这主要取决于团队领导者，他要密切联系各个非正式和正式的决策系统和流程。同样地，上层管理者必须确保预算由团队支配。强加的预算不是由团队支配的，团队的责任感也就更小。

## 将损失转化为投资：全球团队预算谈判的艺术

当发现地方的公司没有销售额，没有销售前景，也没有景气的业务时，一张去日本的单程票就显得不那么有吸引力了。这就叫"有账必还"。

一家法国公司的美国子公司在日本有一部分业务，它由一名来自伦敦的外籍人士负责。如果纽约或巴黎的金融团队看到东京的数据，他们显然会关闭那里的业务。对该外籍人士来说，这势必是一个任期不长且不太成功的就职经历。而他没有陷入受害者思维，而是采取了全球团队具有的责任思维，他接连买了几张机票，利用接下来的几个月，一边找理由去纽约和巴黎，一边努力在东京寻找客户。

纽约和巴黎之行只是一个幌子，去东京才是他的真实意图：该公司可以在四年时间内花 400 万美元在日本创建一个一体化的业务，为全球客户服务。它要么退出日本，失去价值远超 400 万美元的全球客户；要么投资 500 万美元在日本收购另一家公司，这样做有风险，业务也可能整合不了，但公司高层决定投资 400 万美元在日本创建一体化的业务。

这 400 万美元的投资是在咨询业务上三年损失 400 万美元的一个借口。损失是坏事，投资是好事。但在咨询行业，两者是一样的。

而全球团队必须跟进预算的流程和影响决策，让它们对团队有利。这样做的难度要大得多，但如果想掌握自己的命运，就非得这样做不可。

### 团队章程和 RACI 矩阵

客观上讲，团队章程和 RACI 矩阵提供了一个很好的方法用来明确谁做什么，这点对全球团队有好处。

针对不同的任务，RACI 矩阵能明确谁负责，谁担责，需要向谁咨询，需要告知谁。RACI 矩阵有各种变体，如 RASCI 还能确定每个任务需要谁的支持。我们可以将该矩阵的变体搁在一边不用管它，因为我们的目的是提高团队成员的职能的清晰度。

团队章程对团队需要遵循的目标、使命、价值观以及关键流程和规范进行了更广泛的审视。它可以是你能想到的任何形式。跟 RACI 矩阵一样，它有助于明确团队的目标、流程和努力的方向。

这些做法会产生有价值的成果，但需要付出相当大的努力。然而，大多数全球团队讨厌这些做。他们认为这是一种带有官僚主义色彩的浪费时间的方式，咨询顾问们爱这样做，但管理者是讨厌这样做的。这些工具之所以讨人厌，在于以下的原因：

- 协商耗时太长，导致无意义的辩论和时间的浪费。
- 他们把焦点从工作本身转移到谈论工作上了。
- 他们完全不理解团队面对的是具有模糊性和复杂性的环境。
- 做这些活动意味一切要改变，导致他们要花更多的时间去重温团队章程和 RACI 矩阵。

> 团队章程和 RACI 矩阵的用处在于，它们表明价值存在于过程之中，并非存在于结果之中。

团队章程和 RACI 矩阵的用处在于，它们表明价值存在于过程之中，并非存在于结果之中。团队从一开始就认识到，它们无法做到完美地界定职能、流程甚至事务的优先级。但是它们利用小型的活动（经常是线上活动），就解决了团队面临的重大挑战，让团队就如何协作达成一致意见。在利用这些工具建立相互理解和尊重方面，它们是有效的，但用在制定团队成员之间的详细协议方面，则会起反作用。

### 技术利用

在前几章中，我们已经看到小型创新型全球公司，如 The Groove、Modern Tribe 和 The House Media，是如何利用技术来推行责任和自主的。

技术的作用是让全球团队的运作变得完全透明。在本土团队中，这很容易做到。因为每个成员在做什么，你可以实时看到。而在全球团队中，每个成员在做什么，你是不可能看到的。技术重塑了全球团队的可视性，它让全球团队的成员如同身处本土团队中。

> 技术的作用是让全球团队的运作变得完全透明。

以下四种类型的技术实现了这个集体的可视性：

- 项目管理软件，如 Trello，通过这个软件，团队活动的进展对所有团队成员都是开放的、可见的。
- 聊天论坛，如 Slack，它对所有团队成员也是开放的、可见的，电子邮件则不然。电子邮件是一个私人交流平台。Slack 让办公室式的聊天在线上也能发生。
- 文档编辑，如谷歌文档（Google Docs）。它对所有团队成员开放，文档内容的变更可以实时看到。相比之下，Word 是一个私人性的编辑工具，用它分享内容会导致不同的人所用的版本有细微的差别。
- 视频会议可以让人们看到彼此，并获得使用电子邮件或电话时不明显的视觉线索。

高可视性，顾名思义，即很难隐藏什么。每个人都知道其他人的工作进展。这促进了更高层次的责任，并可能导致一种高强制性或高支持性的文化。技术可以被善用，也可以被不当地使用。

这种技术的使用是对全面质量管理系统的强有力的共鸣。汽车制造厂的一个典型例子表明，大量的绩效数据可以实时提供给汽车流水线上的团队。随后，团队会对绩效和改进过程进行自我管理，这带来了一场关于信任和绩效的革命。全球团队利用新兴的技术创建了透明度、绩效数据、责任和自主，这些都成了工厂车间全面质量管理成功的印记。如果办公室的生产力也能以同样的方式转变，那我们可能距离另一场生产力革命不远了。

## 制定决策

为全球团队做决策是一个挑战，原因有三：

- 非正式的决策制定流程对全球团队不利。
- 正式的决策制定流程也对全球团队不利。
- 决策制定因文化而异。

本节将探讨这些挑战以及应对这些挑战的做法。

## 非正式的决策制定流程对全球团队不利

从理论上说,好的决策制定流程应是理性而正式的。就好比从理论上说不应该有战争、疾病和贫穷。但实际上,决策在制定过程中会带有政治性和情绪性。这会伤及全球团队,因为远程应付政治性问题和情绪性问题着实很困难。

### 决策的政治性

因为文化中的个体不善于做决策,所以才会有制定决策的问题。正如一位团队领导者所说:"即使是关于'我们今晚出去吃比萨好吗?'这个问题,也会有些人觉得做这个决策很难。"人们不喜欢做决策的理由很充分。做决策会有风险,而且冒这种风险和得到的结果是不对称的。如果你做出了正确的决策,你不会受到表扬。要么会有人事后诸葛亮,认为这是一个显而易见的决策;要么其他人会邀功请赏。如果你做了错误的决策,你会发现你陷入了一个非常孤立无援的境地。但是,只要其他人都采取同一种行动路线,那么就算犯下灾难性的错误也无妨。由此得出结论,决策不是一种完全理性的活动,它是一种政治性的行为。在这个过程中,你得与别人达成共识和承诺。

决策的政治性会让全球团队陷入不利的竞争环境。研究表明,只要面临艰难的决策,就少不了来自东道主国和东道主州的偏见:

"一些部门跟公司总部关系走得较近,这些部门员工被解雇的情况不太常见。公司似乎采用了某种'层级制',先解雇州外的员工,然后才解雇州内的员工。"

**决策的情绪性**

有商学院试图给学生讲理性决策的课程，强迫学生钻研贝叶斯分析之类的学问。但是在大多数经理人的整个职业生涯中，他们从来没有理解或运用过贝叶斯分析。

只要是人制定决策，就不会是完全理性的。高管制定决策也会这样。大量例证表明，我们制定决策时都会走捷径。其中最著名的例证来自诺贝尔经济学奖得主兼心理学家丹尼尔·卡尼曼。这些经验之谈或启发式方法能节省我们的时间，所以被认为是有用的。但这些方法也是危险的，因为它们会把我们引入歧途。我们找到的首个证据、他人的思考、我们希望的答案和证据的生动性等，都容易让我们产生偏见。我们为了规避风险而误入歧途，我们不愿意制定一个让自己显得很愚蠢的决策。

在实践中，决策往往是非正式地制定出来的，它们带有直觉性、情绪性和政治性。数据之于决策如同路灯柱之于醉汉——路灯柱是用来支撑他们的，而不是用来照明的。明白这个道理对全球团队来说很重要。如果决策制定是完全理性的，走的是正式的流程，那么相较于本土团队，全球团队不会处在劣势。但是，如果决策是基于个人认知、个人日程和个人偏见制定出来的，那么全球团队就会陷入巨大的劣势。只有通过持续的对话，最好是面对面的私底下的对话，你才能发现每个利益相关者的偏见和日程，你才更有可能听到真话。如果你和其他利益相关者在同一办公室，真话就会相对容易听到；但如果你们身处在不同的时区、

> 数据之于决策如同路灯柱之于醉汉——路灯柱是用来支撑他们的，而不是用来照明的。

不同的文化，使用的语言也不同，那么真话近乎是不可能听到的。

政治性的问题和情绪性的问题最好由个人私下处理。处理这些问题有赖于与每个利益相关者建立良好的信任关系。这意味着一个全球团队必须与所有的权力系统建立联系。通常来说，这是团队领导者的职责。他必须能够在公司的总部（轮毂）和分部（辐条）之间牵线搭桥。

## 正式的决策制定流程也对全球团队不利

正式的决策制定流程对全球团队也是不利的。大多数正式的决策系统都做好了说"不"的准备。公司的审批系统实际上是否决系统。正式的决策系统需要多个利益相关者的签字，如财务、人力资源、法律、销售、市场等。每个有签署权的人都有否决权。他们能终止决策，但不能批准决策，他们只能审批自己负责的那一小块决策内容。对于本土团队，处理决策流程已经够耗时和令人沮丧的了。全球团队就更难了，由于不能与每个利益相关者面对面地私下交流，它们处理决策流程要困难得多。如果所有的决策和文件都是用另一种语言写的，那就更难了。

决策制定越正式、越官僚，全球团队处理起来流程就越困难。流程处理对本土团队来说就已经很困难了，对全球团队来说则更困难。简单决策的两大阻碍是筒仓式部门管理和等级制度。远程应对筒仓式部门管理和等级制度的体验并不愉快：

- "你得在确切的时间获得确切的通知拿到确切的批复。但是不同的团队，例如工程、金融、法律以及营销部门的团队，或是美国、日本以及欧洲团队，他们采用的流程和规范各不相同。他们的思维方式、表达方式和工作方式也千差万别。"

- "在我们这里,产品经理了解端到端的流程。但总部那里更像是一个筒仓式管理机构,经理级别的人不能制定决策。每个经理都有一个不参加会议的上司。他们不得不在会后单独征求上司的意见,但一切总是不了了之。"
- "我和总部人员通话,他们会简单地说:'我需要跟上司谈谈,请等两天,我要向他汇报。'"
- "层级太多,部门太多,大家互不交谈,所以不可能制定出决策。"

大多数全球团队的解决方案和大多数本土团队的解决方案是一样的,即运作非正式的决策系统。"我们只是绕过正式的流程,走后门。"走后门是一个令人忐忑的权宜之计,在尊重正式的流程的同时走非正式渠道。做权衡和远程疏通非正式渠道是一件难办到的事。

"在制定决策方面,公司一直有各种规则和程序。员工自然要遵循这些成文的和不成文的规则。所谓不成文的规则指的是游说,我们不是机器人,而是人。真实想法可能不被人理解,因此我们必须努力说服他们。我们需要表现我们的激情,表明为什么每个决定都很重要。

"我每年大约会去14次日本,面对面的会议是必不可少的。当然,我们会开商务会议,但会后我们会喝酒,以互相了解和信任对方。有太多的决策要制定,通过电话处理起来太费劲了。你不能喝酒,不能坦诚地交谈,不能单个会面,你也不能有放松的时间,你不知道人们真正想的是什么。"

走后门靠的是一个团队的领导者必须是局内人，而不是局外人。一个团队需要这样的领导者：他认识所有的利益相关者，受到他们的信任，了解他们的议题，并且会说他们的语言，能理解他们的言语里蕴含的文化和意图。

在处理全球团队的决策方面，总部也需要发挥作用。正如全球团队领导者必须是了解人力资源的内部人士一样，总部也必须由了解全球环境的管理者组成。对于那些在母国享有盛誉和有母国偏向的公司，这是很难做到的，它们的全球意识很低。正如一位高管抱怨的那样："这些人不了解别国，一点儿都不了解。他们不理解不同的文化，也不理解不同的客户需求。"全球团队需要与具有全球意识的总部打交道，这样才会启动有关人才管理和文化的广泛议题。运作非正式的决策系统与走正式的流程和做理性的案例分析是一致的。全球团队领导者必须成为倡导者，整理好事实和数据，以便做好案例分析。理性的案例给了关键的决策者批准决策的理由，并让他们觉得反对决策未免太尴尬。如果说，走正式的流程需要计算 NPV、ROI 或 IRR 或者做一个 SWOT 分析和敏感性分析，外加做一个风险评估才算完，那也是团队非做不可的事。团队需要从设定的答案出发，然后返回去解决问题：要从电子表格右下角的"正确"答案着手，然后推演出合理的假设，以证明答案。全球团队必须加倍努力，并大声地表达自己的想法：一味地

> 全球团队必须加倍努力，并大声地表达自己的想法：一味地权衡、纠结于细枝末节几乎是起不到作用的。

权衡、纠结于细枝末节几乎是起不到作用的。

## 决策制定因文化而异

所有的决策都是在一定的文化背景下制定出来的,文化背景影响决策制定的方式。

只要所有人都来自相同的文化,文化背景就相对不那么重要,因为大家都要遵照同样的规则行事。在全球团队中,文化不同导致制定决策的方式也不同。这是造成误解和冲突的原因。

文化差异与距离的远近不成正比。如果你往来于不同的大陆之间,你会预料到文化差异,也会预料到要适应。但也有距离很近,文化差异却很大的情形,这让有文化调适能力的高管们也犯难。如果你驱车4个小时从讲德语的苏黎世到同样讲德语的法兰克福,你会发现一种完全不同的行事方式和制策决策的方式:

"我一回到德国时,就觉察到差别太大了。在苏黎世,有25%的人口不是瑞士人,大部分瑞士人都有丰富的国际化经历。他们在瑞士的工作方式要微妙得多,你需要倾听,决策更要基于共识。但是德国更注重等级。所以在瑞士,决策需要更多的人参与,但是一旦他们达成一致意见,一切就可以以惊人的速度推进。在德国,他们巴望将问题呈报给上级领导,因为他们想甩掉自己的包袱。在国际性的组织机构中,我见过许多管理委员会,但真正的对话和真正的决策不是在委员会发生的。"

就连苏黎世和法兰克福之间都存在很大的差别,那全球范围内差别巨大也就不足为奇了。个人主义文化与集体主义文化、等级文化与民主文化之间存在重大的断层,但每个国家都有各自制定决策的文化(见表 7-2),这必须得到理解和尊重。

表 7-2　不同国家的决策风格与优缺点

| 国家 | 决策风格 | 优点 | 缺点 |
| --- | --- | --- | --- |
| 法国 | 笛卡尔思想传统:冲突与辩论 | 解决方案是经过深思熟虑的 | 决策专属于最高管理层;易造成疏离感,缺乏支持 |
| 日本 | 共识建立在一对一的私下讨论之上 | 大力支持,快速实施 | 排斥外来者进入;能规避风险,但决策缓慢 |
| 美国 | 决策由领导者主导,基于团队和利益相关者的意见 | 快速、务实、灵活 | 对决策形成持续挑战 |

这些风格上的差异会影响团队成员看待彼此的方式。越是注重共识的文化越被视为软弱无能,越是强调个人主义的国家越被认为团队合作差。一位更传统的领导者这样描述经典的西方观念:"你可以试着假装民主,但最终总是要独裁。我们大家可以讨论问题,但最终必须有人制定决策。这个人就是我。"

经典的西方观念与日本观念存在反差:

"西方管理者认为制定决策是他们的工作。西方组织机构是金字塔式的。但日本的组织机构是村落式的,每个人的想法都得顾及,和谐显得非常重要。因此,关于如何成为一名优秀的领导者,想法各异。有一些来自日本的领导者确实会自行制定决策,但另一些领导者则试图达成共识。每当来自日本的领导者为了达成共识而没能做出明确的决策时,西方人经常会认为他们软弱无能。因此,我不得不经常对来自日本的领导者解释为什么要他们参加全球会议,以及对他们的期望是什么。这与他们参加日本会议时所寄予的期望是非常不同的。"

这些差别在决策会议上能显现出来。在日本公司，会议会公开私下达成的共识，因此在会上挑战共识是非常不受欢迎的。在西方公司，最初的会面是为了探索各种方案。正因如此，如果来自日本的团队成员不提出具有挑战性的问题或意见，就会令人失望。这显得他们能力弱，意味着他们没做贡献。然而，在注重尊重他人的文化中，分歧应该在私下里解决，而不是在公共场合表达出来。

西方管理者心存一种偏见，认为决策是由领导者主导的。显而易见的结论是，让决策通过的最好的办法是附和领导者。在西方，这很管用。如果首席执行官喜欢一个想法，那么所有的员工会突然发现他们也喜欢这个想法，批准就成了一种形式。而在日本，直接向领导者汇报是加快决策流程的捷径，这是更显而易见的办法。但这样可能会出错，原因有两个：

- 等级文化也可能推崇双方达成共识，领导者也想知道公司底层员工的意见是否被听取。
- 在等级文化中，领导者喜欢与领导者交谈。每一个等级的领导者都有一个顶头上司。对于那些被认为无足轻重的人，接近高层领导者并不容易。

遇到这种情形，西方管理者可能会冲进来，然后会对决策流程感到非常沮丧。耐心是必要的品质。

"中国的大型企业和国有企业的决策过程可能非常漫长，会涉及许多不同的部门和人员，你可能认为这些人并不重要，但你必须与他们打交道，从他们那里获取信息。外国人往往会忽视这一点。"

在全球范围内，不存在唯一一种"正确"的决策流程，只要在各自文化背景下行之有效，那它就是正确的。能为全球团队制定好决策的流程就是好流程。这就意味着全球团队必须适应公司的文化。

## 学习和创新

全球团队的关键作用是促进全球公司的学习和创新。学习和创新代表着两个不同的议题：

- 学习：全球团队如何在全球推广最佳实践。
- 创新：全球团队如何开发新产品和服务。

学习和创新各自展现的改变程度是不一样的。学习为的是逐步改进现有的流程和产品。创新更多的是一种阶跃式改变。有效的学习与有效的创新是不同的，两者的差异很大。因此，我们将分别审视这两个议题。

### 学习

任何全球性的团队和组织都拥有大量的知识和经验。知识比较容易复制和共享，大多数组织都有知识库和其他形式的知识共享。经验或隐性知识，则较难复制和共享。知识指"知道有那么回事"，搜索引擎可以提供。经验指"知道做事的诀窍"，因而更具价值。

> 在实践中，最好的知识共享系统不是技术，而是人。

在实践中，最好的知识共享系统不是技术，而是人。即使在网上可捕捉到强大的知识库或经验库，大多数管理者的第一直觉也是看看是谁发布了这些知识，然后打电话给他们，查明事情的原委。

"对于新想法，我们有一个叫作电子门的系统。但问题是有多少人真的使用它呢？为什么人们要无私地分享他们的资源？即使你在电子门上找到了一些东西，你也需要找到真正的专家，跟他们攀谈，让他们参与进来。"

在实践中，最受重视的知识，是隐性的有关做事诀窍的经验性知识。通过人在全球范围内推广它，这种方式最简单。通过人推广隐性知识可以采取两种做法。一种做法是你可以将人派到世界各地，他们可以将自己的经验由一个地区传到另一个地区，这是一个简单而有效的方法。如下文所示，它展示的是百事如何通过驻中东地区的新区域经理推广他们在泰国学到的经验。

### 在世界范围内传递知识和成功经验

"我接手了一个拥有近90%软饮料市场份额的公司。但这一切都建立在一个完全人为的基础上。由于阿拉伯人的抵制，我们非常强大的竞争对手可口可乐在市场上被排挤了大约20年。我入职百事时，可口可乐终于突破了这道障碍，它们犹如侵略者一般开始侵吞市场份额。不幸的是，百事的高级管理层一直以来在这个市场获取利润，因而看不到威胁，也就没有在这个地区投资的长期预想。

"我看到的是，那里没有用来保护我们市场份额的基础设施。那里没有冰箱，没有自动售货机，也没有张贴海报的场地。我来自泰国，那里是我们最强大的市场，瓶装饮料经营得不错。他们表明，不断增加冷饮产品的供应事实上可以提高人均消费。我认识到，如果有了良好的基础设施，我们不仅可以保住市场份额，还可以发展市场。

"因此，我的创新之处在于在基础设施上投资，以提高人均消费。我们通过大幅增加市场营销获得资金。我们通过提高浓缩液的价格和对收益的再投资来筹集我们的份额。除此之外，我们还说服了装瓶商补贴我们相应的开支。我们向它们展示了有投资和没有投资会发生什么。在此之前，它们一直抵制浓缩液价格任何形式的上涨。但当它们看到愿景和需求时，它们支持提高浓缩液的价格。

"皆大欢喜的结局是，百事击退了可口可乐的入侵，30年后，它仍然是完全的市场领先者，拥有更大的业务，其基础是真正的商业成功，而不是人为的抵制。"

另一种做法是将人们召集在一起。召集全公司员工的事务通常是由商业计划和组织培训驱动的。社会化和知识推广这两个软需求至少同样重要。知识推广不是自然而然发生的，你必须做好周密的安排，使其发生。知识博览会和知识竞赛是促进知识推广的两种简单的方式。与所有小组会议一样，宣传知识的方式存在一种可预见的偏见。美国人是最乐于为知识库和博览会做出贡献的人，其次是欧洲人，再次是东亚人。语言障碍和文化障碍夹杂在一起，导致东亚人的参与度低。知识的获取不能是被动的，人们必须积极主动地获取知识，无论它在哪里。

即使已经获取到了知识，在推广它的过程中也会遇到挑战。每个国籍的团队成员都认为自己是独一无二的，人们会规避新想法的风险，不会坚持不属于自己的想法。没有所有权也是一种"非我发明"综合征。成功的全球团队需要建立一种基于成长心理的文化，即乐于学习和接受新思想。安保公司西科姆每年都派遣12名最优秀的英国员工去日本学习服务。"我告诉他们，当他们在办理日本航空公司的登机手续，看到工作人员的良好服务时，他们的培训就已经开始了。他们发现成田机场和羽田机场的保安看起来比英国的保安专业得多。我叫他们看看成田特快的列车员有多专业。"学习不仅仅在于正式的训练，还在于观察。

### 西科姆的案例：转让专有技术

西科姆是一家日本安保公司，在全球的营业收入超过78亿美元。当它在英国起步时，它决定将业务集中于商业和家庭安保服务。它面临着抵制创新和变革的所有经典挑战。英国董事总经理竹泽实（Minoru Takezawa）讲述了这个故事：

"创新一开始就遇到了很大的阻力。在英国，安保通常是作为设备而不是服务来销售的。如果警报开始响，就只让它响。但在日本，我们把安保作为一种服务来销售。安保设备是租来的，而不是买来的。硬件只是我们服务系统的一小部分。于是我萌生了QSP的想法，即把公司从硬件安装商转变为质量服务提供商。

"在英国，人们常用一个神奇的短语'但在这个国家'，用来让日本侨民安静下来。他们说市场不同，文化不同，顾客期望不同。

"所以我需要证明，我们可以通过专注于安保服务的战略取得胜利。2003 年，我发起了 QSP 质量示范项目。我们是日本最大的安保公司，我们的业务是按月收费的——你支付，我们保护你。我们只提供优质的服务。在英国，超过 90% 的报警都是假报警。但在日本、韩国或中国台湾，这种情况不会发生，因为我们是第一个做出反应的人。我们第一个赶到那里，确认这是不是真正的犯罪，这样警察就不会把时间浪费在假报警上，客户也得到了保护。

"英国的规定有所不同。所以，如果我试图引进日本模式，那么我将会碰壁。但我意识到，如果把提供安全作为一种良好的服务，信守承诺，那么我们公司可能会成为大赢家。最重要的是制定战略。如何提供良好的服务与所有员工有关。我们走遍了英国各地，与员工展开头脑风暴：如果你是一名顾客，你认为安保公司怎样做才能称得上服务质量好，你会在什么时候觉得服务质量好？随后我们提出了一些简单的想法，比如在三声铃响内接听所有电话；携带吸尘器以便在安装业务完毕后，将灰尘清扫干净。由此，我们事无巨细，都一一给出了最佳解决办法。我们开始小有成就。我们编制了质量示范手册，将所有的好想法写进去。

"我总是让员工设身处地为顾客着想。我们张贴海报来传达信息。我们组织了一场漫长而艰难的活动来改变这种心态，直到每个人发自内心地为顾客着想，而不是仅仅因为老板说了

> 什么就去做。我们专注于小事情。比如，如果你迟到了就给客户打电话说明。所以我开始庆祝和宣传好的案例。刚开始的时候，我只接到顾客的投诉。但慢慢地，我开始收到一些信，信件内容为哪些事情进展顺利。我会找出是谁干的，然后在公共场合表扬他们。要想创建一支支持优质服务的强大团队，认可干得出色的工作至关重要。
>
> "于是我推出了 QSP 奖，我总是去当地的安保公司现场颁发这个奖，拍一张照片，然后放在内部刊物上。我还开始每年派 12 名员工去日本，见证所有优质服务的实施。我称之为日本游学。眼见为实，这极大地帮助我的团队充分理解我们的质量服务精神。
>
> "如果一个客户喜欢你，他们会为你无偿地带来新的业务，所以员工看到了 QSP 的作用。我的工作就是改变人们的心态，让他们感到自豪。'我们的工作是保护客户。我们让坏人更难得逞。我们将坏人驱逐走。让我们为我们的工作感到自豪。'"

竹泽实知道他想要推出的创新是什么，即基于服务的安保系统。他没有以董事总经理的身份强制执行，而是让员工自己形成这个想法，所以他们认为这是他们自己的想法。人们可能会反对老板的想法，但他们很少反对自己的想法。

常识和专业知识的转化需要采取一个综合的方法。没有什么灵丹妙药能让一个团队成为一个学习型团队。这个综合的方法必须包括识别和复制经验的正式系统，以及将人们聚集在一起以便相互学习的非正式系统。

例如，CRU是一家专注于采掘业的全球研究公司。共享知识和经验对它们来说至关重要，它们采用一套方法来做到这一点。

"我们使用四种主要工具来传播知识和经验：

- 其一，有一个专家名录，引导人们找到对不同的产品、国家和语言在行的专家。
- 其二，我们每个月举办两次全球性的边聚餐边学习的会议，邀请内部或外部的演讲者，向我们分享知识。
- 其三，我们有eHub，这是一种基于云计算的协作、交流、共享的实践工具。它是一个鼓励跨业务部门学习的平台。
- 其四，我们为每个市场都评选了'知识冠军'。"

## 创新

关于企业创新的理论有许多，而且有许多理论非常优秀。这里提及创新，旨在了解全球团队在创新中的作用。

传统上讲，创新来自母国总部，然后全球团队将创新部署到全球各地。在许多跨国公司中，这种情况仍然普遍存在。汽车制造商的大部分新车开发工作都是在母国进行的。取得巨大成功的品牌和品牌推广方式在全球范围内都保持一致。麦当劳和星巴克提供的产品在地域上有所不同，但基本的产品形式创建于美国，并在全球得到推广。这些国际品牌的吸引力部分在于，它们被视为母国本土最佳事物的象征：可口可乐和美国梦、梅赛德斯和德国工程、雷克萨斯和日本品质。

在上面所有的例子中，管理全球团队的方法是在总部的职能和当地分部的职能之间树立一个明确的分界线。这一点在汽车制造商、可口可乐和麦当劳的特许经营中表现得最为明显。特许经营权授权方提供商标、品牌、版权、培训、质量控制、供应链,或许还有营销和广告;加盟者在当地提供资金、人员和日常运营。特许经营商可能偶尔会想出好点子,但它们并不是全球创新的驱动力。

母国方法是资源密集型的,可以带来突破。贝尔实验室创造了从晶体管到激光器等革命性产品,杜邦全球研究所开发了凯夫拉尔纤维和莱卡纤维。施乐在其帕洛阿尔托研究中心(PARC)取得了无穷无尽的突破,包括以太网和 GUI 接口。但它们没有选择任何一个作为新业务,因为它们对复印机的关注蒙蔽了它们的双眼。

当产品或服务在不同的地理位置上相对一致且稳定、不受时间影响时,这种母国方法就会起作用。如果需要更多的本土变化,或者创新和变化的速度很高,那么母国方法就会陷入困境。这不可避免地导致本土团队与全球团队之间的冲突。每一个地区的分部总是认为自己是独特的,需要特殊对待,而母国的总部通常会追求一致性。一致性和局部性之间的界限一直在改变,所以冲突永远不会完全解决。

另一种方法要开放得多。用谷歌游戏和应用主管的话说:"生态系统比我们任何人都聪明。"这是一个根本性的思维转变(见表 7-3),也改变了管理者和全球团队的角色。

表 7-3 根本性的思维转变

| 本土封闭式创新模式 | 全球开放式创新模式 |
| --- | --- |
| 我们知道的最多 | 生态系统知道的更多 |
| 我们控制我们的 IP | 我们与合作伙伴一起创造 IP |

（续）

| 本土封闭式创新模式 | 全球开放式创新模式 |
|---|---|
| 我们雇用最聪明的人 | 无论何时何地，我们都要与最聪明的人打交道 |
| 价值来源于对 IP 的控制 | 价值来源于接入 IP 以支持我们的商业模式 |
| 我们摸索、培育新理念 | 我们与客户、供应商和合作伙伴共同创造新理念 |
| 我们在研发上投入了大量资金 | 我们广泛分担投资风险 |

苹果和谷歌代表了不同的方式，因为它们有不同的策略。谷歌的使命是组织全世界的信息。这与史蒂夫·乔布斯（Steve Jobs）为苹果所定义的使命形成了鲜明对比："为推动人类进步的头脑制造工具，为世界做出贡献。"苹果更专注于产品和设计。这意味着苹果被驱动到一个由总部驱动的专有模式。谷歌在创新方面更加开放，尽可能地利用第三方的人才。

大多数公司结合封闭式创新和开放式创新的要素。宝洁的"连接和发展"项目与包括大学/研究所、单一发明人、新兴公司、中小企业、跨国公司和竞争对手在内的 1000 多家创新合作伙伴签署了有效协议。这些必须由十多个国家的专职人员来管理。宝洁公司估计，目前其半数以上的新产品计划都涉及重大的外部合作。

向全球开放式创新模式转变取决于创建参与平台，平台使用者可以利用全球团队的知识和经验。每个平台都需要创建一个查找对话框。对于全球团队，这些平台兼具虚拟性和现实性，与诸多学习平台类似。专家名录、知识库、全球会议、外部合作伙伴等平台都是相互关联的。要从学习转向创新，全球团队的工作和协作方式都要求发生质的改变。宝洁和谷歌的团队都在积极授权建立对外伙伴关系，并专注于把世界其他地方的优秀思想理念引进公司。

## 结论

作为一个全球团队的领导者，你应该问三个关于学习和创新的问题：

- 我如何促进团队中的学习和创新？
- 团队如何为公司的学习和创新做出贡献？
- 我如何学习和创新？

学习和创新不仅与制度有关，也与心态有关。你不能强迫人们学习和创新，就像你不能强迫他们心情愉悦、斗志昂扬一样。但你可以为学习和创新创造条件。学习和创新的起点是你，你是团队的榜样，团队将从你身上获得提示。如果你注重个人成长和学习，并且鼓励其他人，那么团队就会效仿你。

> 你不能强迫人们学习和创新，就像你不能强迫他们心情愉悦、斗志昂扬一样。

在关于沟通的章节中，我概述了一个非常简单的习惯，即团队汇报要坚持采用简单的两部分法则：

- WWW：从流程来看，哪些进展顺利（What Went Well）？从这个问题开始。这样能让团队有意识地创建自己的成功法则。这个法则让你认清怎样做才是有效的，以此强化正确的行为。
- EBI：如果……就更好了……（Even Better If...）WWW 的另一面是"出了什么问题"（What Went Wrong），它会立刻导致内斗和分歧。EBI 避免了这种情况，并把重心放在如何行动、学习和改进上。

你越坚持采用问这样两个问题的法则，就越会让学习和创新成为一种习惯。除此之外，你还可以以更高层面的方式进行学习，比如团队会议、技术和知识库。只有当你创造了一种学习的文化，并表现出对学习和成长的执着，这些才会管用。

最后，关于学习和创新，一个乐于学习、富于灵活性且适应性强的团队是必不可少的。下一个章节的主题就是如何组建一个好的团队。

## 第 8 章

# 人才与技能：全球人才、全球思维

伟大的人成就伟大的事。他们会化危机为机遇，变高山为小丘，将想法付诸行动。相比之下，"B"团队才是治愈领导者失眠和焦虑的良方。全球团队更需要顶尖人才。这是因为，全球团队面临的风险更高，更难取得成功。

全球团队的领导者对此深有感触："在中东，我知道我可以去度假。而在俄罗斯，当苏联刚刚解体时，我从未去度假，因为我不相信我的团队能应付得来。"

团队领导者面临的挑战在于，要知道良好的全球团队成员应具备什么特质，如何招募他们，以及如何建立一个和谐的团队。全球团队成员需要一套不同于本土团队成员的思维和技能组合：本土的成功不会自动转化至全球。

公司面临的挑战在于，要招募和培养一大批能够在全球工作的人才。这迫使公司就如何在全球各地运营做明确的决定：是希望成为一个在文化上具有相当凝聚力的组织，还是希望构建一个真正多元化的全球人才库？媒体对多元化大肆鼓吹；但实际情况是，许多公司更看重凝聚力。

本章将探讨两类人才问题。第一类人才问题，即公司如何在多元化和凝聚力之间做权衡。公司需要对此做出慎重的选择，进而明确其管理人才的方式。接下来探讨的第二类人才问题是，为什么全球团队成员需要更高超的、不同的技能组合？为什么他们同时需要具备不同的思维？

> 媒体对多元化大肆鼓吹；但实际情况是，许多公司更看重凝聚力。

本章探讨的五个问题如下：

- 在凝聚力和多元化之间做选择。
- 全球团队成员应具备更高超的技能组合。
- 全球团队成员应具备新的技能组合。
- 全球团队成员应具备独特思维：自主权、责任感、能适应模糊的处境。
- 建设合适的团队。

管理全球团队存在许多挑战，这些挑战将在其他的章节中介绍。关于如何在团队中建立信任和沟通的问题，我们已经在"信任"与"沟通"的章节中讨论过；关于如何管理绩效的问题，已在"系统和流程"这一章中说明；关于如何建立一套共同的价值观和文化的问题，则将在"文化"一章中加以讨论。本章重点讨论人才方面的问题。

本章在必要之处会说明两种类型的全球团队成员之间的区别：

- 在母国为全球团队工作的团队成员。
- 在外国为全球团队工作的团队成员。

如果我没有明确指出差异之处，表明研究发现均适用于两种类型的全球团队成员。

## 在凝聚力和多元化之间做选择

媒体大肆鼓吹多元化的好处，很少有反对多元化的声音。就社会而言，公平、平等和多元本身显然是有益的。

然而，众多的全球团队和全球公司秉持的却是有别于多元化的原则，即凝聚力原则。即使是那些表榜种族、性别、信仰和性取向多元化的公司，也会大肆宣扬自己是一家"大一统公司"，或者在全球拥有"蓝盒子价值观"。换句话说，多元化只是表象。你可以是任何种族、肤色或性别的人，但你必须符合特定的价值观和思维方式。这些价值观通常根植于母国的价值观。在高盛、麦肯锡和美国运通，凝聚力文化就能很好地为这些公司所用。这些价值观在真正意义上将全球团队的力量凝聚在一起。正如我们即将看到的，还有另一种形成凝聚力的方法，即确保大多数高级管理人员来自本国。这在中期是有效的，但很难长期维持。

在凝聚力与多元化之间做选择是公司人才策略的重要组成部分。是不分国别广纳全球英才，还是偏向于将一个来自他国的人培养成一个有凝聚力的精英？成功的全球公司可能在两个策略中选择其一。表 8-1 简要总结了每种策略的有利条件和不利条件。

表 8-1 两种策略的对比

| | 凝聚力团队 | 多元化团队 |
|---|---|---|
| 有利条件 | ·高度信任<br>·易于决策<br>·易于沟通<br>·集体责任感强 | ·顶尖人才<br>·良好的技能<br>·想法多<br>·不安于现状 |
| 不利条件 | ·须规避风险<br>·创新能力弱<br>·个人责任感不强 | ·误解多<br>·需要协调与沟通<br>·需要建立信任 |

选择策略很重要，它决定了公司将招聘、培养和提拔哪种人才，关系到公司文化和性质，还会影响决策的制定和学习的实现。为了理解策略的选择，我们将在后文探讨以下四个主题：

- 关于多元化的案例。
- 关于凝聚力的案例。
- 通过把母国模式输出到世界各地来培养凝聚力。
- 采用"全球一体化"模式来培养凝聚力。

## 关于多元化的案例

麦肯锡进行了一次大胆的尝试，以了解多元化是否会对业绩产生影响。它们的结论是，员工种族多元化程度排在前 1/4 的公司，其业绩出色的概率超出其余公司 35%。员工性别多元化程度排在前 1/4 的公司，其业绩出色的概率则超出其余公司 15%。

拥有一支多元化全球团队的关键优势体现在想法子解决问题上。任何在全球团队中工作的员工都会发现，同事们各有各的主意和做法。这既是挑战，也是机遇。

芝加哥大学布斯商学院的伯特教授研究了好想法是如何产生并付诸行动的。得出的结果是一致的且毫不令人惊讶,即代表多元化的小组比代表凝聚力的小组更善于产生好想法。在一项研究中,他要求雷神公司(Raytheon)的供应链经理记下改善运营的各种想法,然后让部门经理们各自对这些想法进行评级。最终的结果是,最好的想法来自跟外界多方有交往的管理者,因为从不同的角度看事物能产生更好的想法。用伯特的话说:"生活在社会世界交叉点的人有好想法的可能性更大。"

> 代表多元化的小组比代表凝聚力的小组更善于产生好想法。

我们从伯特的研究中获得的重要启示是,就想法的产生而言,关系网络的规模大小并不重要,关系网络的多元化才是最重要的。这对全球公司来说意义非凡。在全球会议上,看到每个人都惯用他们认为行之有效的地缘关系网络是很正常的,但若是绕了半个地球仅为了去见"隔壁"办公室的人,这可不是全球会议的意图。召开全球会议就是为了促进关系网络多元化,而不仅仅是强化已有的关系网络。

团队多元化在招募和留住顶尖人才的大战中也能发挥作用。相比那些对国外人才设置玻璃天花板的公司,对来自世界各地的顶尖人才敞开大门的公司更有吸引力。玻璃天花板会自我强化。顶尖人才会避开那些他们认为自己无法进入高层的公司,这样的公司也就无法找到可以提拔到高层的人才。

一位深谙多元化文化和凝聚力文化的日本经理认为具有凝聚力文化的日本公司不能从真正意义上做到全球化。这家公司在日本可能很有声望,因为它吸引了本土顶尖的毕业生,但在日本以外就不那么有声望了,而且被认为存在玻璃天花板:"日本公司认为自己是全球化的,但实际上不是。这意味着它们对外国顶尖人才没有吸引力。我曾遇到过100个人应聘一个职位的情形,他们都是来自牛津、哈佛以及其他一流大学的博士。一个博士学位就像一本驾照,它甚至不足以让持有者被列入候选名单。我的日本朋友感到非常惊讶,因为他们从来没有见过这样的应聘者。日本公司在日本可能很有名,但在外国却不是。"

数位高管曾经质疑一个非多元化的公司能否真正做到全球化:"如果这家公司不是多元化的,那它就不需要组建全球团队。我不会把一个美国做派的员工派到日本去。如听人们的谈吐一样,多元化一目了然。例如,美国人会使用最高级,而日本人说话则较为委婉。"如果它不是多元化的公司,那它只是一个向世界输出母国产品、价值、服务和员工的本土公司。但在全球范围内,提供高度统一的产品和服务而获得成功的案例也不在少数,比如苹果、微软、麦当劳、宝马和波音。事实上,全球化有很多不同的含义。

多元化案例极具说服力地表明,多元化主要有以下几点益处:

- 促进新想法的产生。
- 不安于现状。
- 吸引全球顶尖人才。
- 超越多元化程度低的公司。

但是研究也表明,在一个真正意义上的多元化全球团队中,处理决策制定、信任、沟通以及公正的流程等问题会特别困难。多元化不是唾手可得的免费午餐。对某些公司来说,多元化的代价太高,因此它们更看好凝聚力。

## 关于凝聚力的案例

虽然多元化存在诸多优势,但是没有一家全球公司愿意采纳它,这委实令人惊讶。多元化有一个强有力的替代选择:凝聚力。

关于如何提高来自 117 个国家的 140 万名员工的绩效,百胜餐饮的首席执行官戴维·诺瓦克这样说:"在我们的公司成立之初,我一门心思想做的首要任务就是创建一种激励员工积极作为的全球文化。我们知道他们的作为将带给我们这个行业好结果。"这种凝聚力已经收到很好的效果。截至 2015 年,百胜餐饮的每股收益在十年间增长了四倍。

在全球范围拥有同等标准产品的公司势必会重视一致性和凝聚力。微软和麦当劳不想每次进入一个新市场都要重新设计整个商业模式。它们可能会对核心产品做出调整,但这些都是相对次要的。当客户与麦肯锡或德勤合作时,它们希望在世界各地都能获得同等的服务质量。

要想达成全球范围的一致性,不仅需要提供一致性的产品和服务,还需要推行一套统一的价值观,以此创建具有凝聚力的团队。问题在于,公司该如何培养凝聚力。以下是培养凝聚力的两种模式,全球化公司可以选取其一:

- 母国凝聚力模式。
- 全球凝聚力模式。

我们将简要介绍这两种模式。

## 通过把母国模式输出到世界各地来培养凝聚力

母国模式一直是建立全球帝国的传统模式，无论军事帝国、政治帝国还是商业帝国。罗马帝国是由古罗马人建立的，大英帝国是由英国人建立的。凝聚力是通过招募和发展服从统治的精英实现的。可以说，19 世纪英国公立学校的目的是培养有共同阅历和价值观的精英。

这也是 20 世纪大多数公司最初走向全球的方法。哈罗德·吉宁是美国国际电话电报公司具有传奇色彩的首席执行官。美国国际电话电报公司是一家业务遍及全球的大型垄断公司。吉宁对待世界万物采取一种简单的方式，即既然他不愿适应世界，那么世界就得适应他。这也就意味着，他在任何时候都坚持采用东海岸时间，即便是出访海外的各公司也会如此。这就导致无数次的会议都是在凌晨 2 点开始的，他的同事没有搭乘班机去海外却要倒时差。

现在仍有许多全球公司采用母国模式。有两个问题可以用来判断全球公司是否会采用母国模式：

- 执行委员会成员中有多少人来自母国？
- 重要的海外职位中由外派人员担任的比例是多少？

母国模式可能日渐过时，但极具影响力，原因在于它能够：

- 促进全球一致性。
- 便利总部与海外各分部之间的交流沟通。
- 创建信任系统，从而让思想交流和决策制定能快速、非正式地实现。

但推行母国模式的问题在于，它会导致等级制。如果你不是来自母国的员工，无论你多么有才华，你都清楚自己只是二等公民。这会让你产生巨大的挫败感。你明知晋升前景有限，并且会受到排挤而无法影响关键的决策，你却无法掌控自己的命运。

母国模式很难破除。如果不是母国人，即使是顶尖人才也会打消加盟公司的念头。因为他们清楚自己会成为二等公民，这意味着被公司提拔重用的人才库不是多元化的。公司高层的关系网络很难打破。如果母国是日本，那么所有高管都说日语，这就给非日语母语人士设置了非常高的准入门槛。相比之下，在识别和提拔重用人才方面，以英语为母语的公司更容易做到多元化，因为英语是广泛使用的语言。最新统计表明，英国前100家上市公司中有39%的首席执行官是外国人，而这在全球大多数非英语国家是不可想象的。

母国模式的缺点突出表现在：

- 无法招聘到顶尖人才。
- 对当地的需求和机遇缺乏认识或响应能力。
- 外派人员的成本和风险高：高达40%的外派人员因为无法适应所在地的环境而不能完成任务。
- 自认为地位更高的母国员工和非母国员工（所谓的二等公民）之间的关系紧张。

母国模式存在如此多的问题，以至于许多公司开始寻求另一种模式，即全球一体化模式。

## 采用"全球一体化"模式来培养凝聚力

全球一体化模式基于两个原则：

- 招募顶尖人才，无论他们来自何方。
- 推行一套统一的日常价值观。

全球一体化要平衡好两个原则。一方面，通过在全球范围内招募最优秀的人才，实现多元化；另一方面，通过推行统一的日常价值观，培养凝聚力。如果做得好，这可以让公司做到既多元化又有凝聚力。

全球一体化与外派是截然相反的两种做法。后者是派遣一名精英干部去全球各地管理公司。全球一体化的做法正好相反。例如，微软就有一个"反向外派"项目，即把有潜力的管理者从中国（打个比方）调到雷德蒙德或其他地方，以学习微软的做法。大小公司都可以做到这一点。总部位于伦敦的全球研究公司 CRU 将其新聘的中国员工带到伦敦工作几个月，也是出于同样的原因，即学习 CRU 的做事方式。微软和 CRU 培养的是一种创造性思维和敢于挑战的文化。这种做法的好处在于，它可以让公司在中国的业务或多或少完全本土化，并由当地人才领导，同时培养具有足够凝聚力的全球精英，以便让他能在全球开展良好的合作。

对那些来自低工资水平的亚洲国家却野心勃勃的公司来说，招聘到合适的人才尤其困难。它们首先会派一位值得信赖的高管去开拓美国或亚洲市场。然后，它们发现在那里，招聘的成本高得令人望而却步，于是就会折中，即聘用成本更低、基本符合母国薪资政策的员工。如果聘用 B 级甚至 C 级的团队成员，它们注定要冒失败的风险，或者更大程度地依赖母国的外派人员。接受多元化意味着，如果你想找到合适的人才，就必须接受多元化的薪资和工作条件。

在多元化的员工队伍中创建凝聚力文化，除了需要招聘和培养合适的人才，还要注意以下几个关键因素：

- 在全球范围内适用的、清晰一致的价值观。
- 频繁的会议，包括线上和线下会议。
- 能确定和管理全球极富潜力的经理人的职业生涯的人力资源系统。
- 适当的训练和内部指导。

创建具有凝聚力的文化将在"文化"一章中进行讨论。

## 全球团队成员应具备更高超的技能组合

加入全球团队的成员会面临更多的风险。他们需要具备更高超、更新的技能。

加入全球团队的技能门槛高，有四个原因：

- 全球团队成员是从全球人才库中选拔出来的。
- 全球团队的信任门槛更高。
- 公司内外都对全球团队寄予更高的期望。
- 在全球团队中做任何事都更困难。

### 全球团队成员是从全球人才库中选拔出来的

全球范围的人才争夺战有利有弊。公司发现招募和留住顶尖人才比以往任何时候都要困难。但同样地，全球人才相互之间的竞争如今更加激烈。这在零工经济中表现很明显。在发达国家，开发一个网站或翻译一本小册子可能需要向人支付每小时 40 美元的报酬。而在发展中国家，你可能只需每小时 4 美元的报酬。并且通过 guru.com 或 elance.com 等网站就可以将工作外包。你会看到每个自由职业者的工作档案，核查他们的资质。

零工经济是反映全球公司的一面镜子。全球化"把像美国这样的劳动力成本高的国家的员工与那些劳动力成本低、高资质但温饱都成问题的员工凑到一起，为争取在低成本地区的公司的职位而相互竞争"。外包提供给公司内部和外部员工的待遇都是一样的，你想要每小时 40 美元还是每小时 4 美元的工作报酬呢？对来自高成本国家的员工而言，他们的优势是他们更接近客户，但劳动力成本的悬殊委实给他们的溢价带来了压力。

## 全球团队的信任门槛更高

关于信任的章节表明，因为距离，有了对信任的需求，尤其是对信誉的需求。在一个办公室里，你可以看到某人是否在努力工作，你可以跟团队成员换班以弥补工时。而远程工作时，你必须相信每个团队成员都能完成工作。你无法实时看到他们的表现，换班更是难事。全球团队成员不得不在没有安全保障的情况下工作。

世界各地的团队都认为远程工作需要高度信任，这就相应地需要高技能。你只能相信，如果人拥有恰当的技能，就能把事情做好：

> 远程工作需要高度信任，这就相应地需要高技能。

- 东南亚:"信任是主要问题;如果你在正确的岗位上找到了正确的人,那么你就不必牵着他们的手,一步一步带着他们。"
- 北美:"如果你的员工没有恰当技能且在远程工作,那你就无法推进工作。"
- 塞尔维亚:"远程工作有很多缺点。我可以理解老板需要微观管理,因为我们是新公司,而且我们还没有得到他的信任。"
- 日本:"当你看不到他们,只能通过电传或传真交流时,你就必须相信他们。"

## 公司内外都对全球团队寄予更高的期望

对于那些必须去国外工作的全球团队成员来说,情况尤其如此。如果你是一名外派人员,你得体现外派人员应有的价值。对外,你的信誉需要足以代表公司。对内,你必须向本土团队成员展示,为什么你在世界各地奔波消耗的所有额外成本是有价值的——与本土团队成员相比,你真的拥有不一样且高超的专业技能吗?

不仅仅是你的团队成员会判断你是否给团队带来了任何有价值的东西,你的老板也只会选用那些有特殊技能的人:"他们必须有高水平的专业知识,以促进所有员工提高技术水平。"

这是一个很难逾越的期望门槛。

公司对绩效的要求一直在提高。过去,全球高管的主要技能是弥合总部和本土团队之间的差距。能够做到这一点仍然很重要。但如果全球团队成员在国外工作,他们需要担任的角色不只是代表总部的多面手,"天才的业余工作者时代已经结束了。公司需要专业人士,我们需要更加专注,需要培养深层次的技能"。

### 在全球团队中做任何事都更困难

任何在海外工作过的人都熟悉应对日常生活的恐慌。连第一次买地铁票也会让人感到不知所措，谈到工作就更难了。新来的人不知道事务是如何运作的，他们不熟悉当地文化，他们被切断了所有的影响力和权力网络，而正是这些网络让他们之前在母国取得成功。他们并不是在一个公平的竞争环境中起步的，机会对他们不利，人们又期望他们能跑赢大盘。要做到这一切，他们需要非凡的技能。

梅塔描述了在墨西哥瓜达拉哈拉组织书展遇到的挑战。任何书展的组织者都会面临挑战和考验，供应商让你失望，作者肆意要大牌。在一个国家、文化和语言都陌生的环境里，没有国内理应拥有的可以依靠的关系网络，他描述了在这种环境下挑战升级的情形：

"在全球办事会更加困难，就连在短时间内打印一张海报都困难。谁来设计，谁来印刷？这不是预算问题，而是能力问题。每个人都必须持有一种自信积极的态度，因为并非所有事情都能按计划进行。当地的餐饮公司让你失望，打不到出租车，行李会丢失，作家玩失踪。这是不可避免的。关键是要有能力应对，而不是仅仅感到恐慌。你需要冷静、积极、自信的态度，但这种态度不是每个人都能有。"

### 全球团队成员应具备新的技能组合

仅仅拥有强大的技术技能是不够的。在全球团队工作，最受重视的是团队合作技能。自私的团队成员对整个全球团队有害。正如一位中国团队领导者认为的那样:"我们聘请了非常优秀的专业人士,但如果他们只顾自己的利益,就无法在全球环境中工作。他们可能是优秀的专业人士,但他们也必须是优秀的团队合作者。"在一个全球团队中,这些团队合作技能包括适应能力、倾听能力和影响力。这些软技能不是每个人都具备的。

除了团队合作技能,全球团队成员需要不断充实和更新他们的技术技能。而这往往受到不同行业和地理区域的限制:

- "学得快的员工比有多年工作经验的员工更重要。三年前技术领先的员工现在也会不合格。人必须不断地学习。"
- "我们需要行业经验,但我们会选择有学习能力的人,而不是经验丰富却不学习的人。"
- "拥有全球经验不是关键。一些高管虽然拥有丰富的全球经验,却什么都不学到。"

技能持续更新的需求是由两个因素驱动的。一是技能组合一直在变化。即使在本土团队,技能更新也是保持与行业发展相关的基本要求。二是全球团队被人们寄予的期望更高。团队成员必须证明自己能为团队贡献特殊的、其他国内的团队成员所不具备的技能。在全球竞争中,团队成员会由于技能落后而被淘汰。

## 全球团队成员应具备独特思维:自主权、责任感、能适应模糊的处境

无论是跟国内的团队合作还是跟国外的团队合作,全球团队成

员需要具备独特的思维。相比于本土团队的工作环境，全球团队所能提供的自主权、责任感更高，处境也更模糊。

这三个方面的差别意味着全球团队成员需要具备与本土团队成员不同的思维。

## 自主权与责任感

自主权和责任感如影随形。在全球团队中，其他的团队成员不会整天盯着你。你有自由和责任，这意味着你必须完成任务，而如何完成则取决于你。用一位经验丰富的全球团队领导者的话说，这意味着"不是每个人都适合从事分布式工作。你需要自我管理、自我约束、承受孤独，而且要承担最终的责任。每个人必须准确地设定自己必须达到的预期目标"。

显然，本土团队成员也需要自主和责任，不同之处在于，与全球团队成员相比，本土团队工作所提供的自主权、责任感和所处环境的模糊性的程度是不一样的。在本土团队中，团队成员之间存在着一个不断相互调整的过程。对于什么正在发生或没有发生，有一个持续的对话和直接的观察。在本土团队中，这种情况会非正式且自然而然地发生。在全球团队中，对话就不那么频繁，而且结构化更明显。

## 模糊的处境

全球团队中模糊性的问题十分突出。在本土团队中，文化规范是众所周知的，并且是早已确立好的。团队成员知道多少挑战是合适的以及如何挑战，知道如何做决策以及如何影响决策，知道同事喜欢如何运作事情以及如何与他人合作。而在全球团队中，这些都不是显而易见的。没有人知道参与的规则是什么，所有这些规则必须靠人去发现。对一些人来说，这叫模糊性，会对他们造成压力。而对另一些人来说，这是自由，是自我解放。

## 思维

自主、责任和模糊的处境能促进各种思维的发展，这对全球团队尤为重要：

- 灵活性和适应性：学会适应新的文化和新的工作方式。
- 好奇心：对新文化持开放态度，尊重文化并从中学习；阅读当地新闻，品尝当地食物。
- 学习：保持专业技能与时俱进；把差异看作学习和成长的机会，而不是随波逐流的失败。
- 谦逊：认识到"我说了算"对全球团队不起作用，在一个国家行得通的东西在其他地方不一定行得通。
- 正面关切：尤其是当事情出错时，要支持而不是批评别人。

好奇心、谦逊和学习是相辅相成的。只有当你足够谦逊地认识到其他人如何工作的价值，并且有精力和好奇心去探索文化时，你才会学习。在全球工作需要有全球视野，这需要付出努力：

"要想受人信赖，你必须有全球视野。为此，我每天都读《金融时报》《华尔街日报》和《南华早报》。你必须知道什么能让人兴奋，什么不能让人兴奋；什么话能说，什么话不能说；什么事能做，什么事不能做；什么时候该买礼物，什么时候不该买礼物；什么时候邀请别人共进晚餐。这归结为100种具体的行为方式，你必须一一接受。如果你不具备全球视野，你就不能在全球受信赖。最重要的是，这意味着你需要谦逊。"

这些思维不是学来的，而是在实践中养成的，如愿意试吃新的食物，听新的音乐，接触外国媒体。这种全球化的思维是挑选全球团队成员的好方法。事实上，有许多人自荐加入全球团队。一个人如果贪恋舒适的家庭环境和熟悉的工作方式，那他就不适合全球团队的工作，通常不会自愿加入全球团队。

如果培训不出有这些思维的人，那么你就必须招募具备这些思维的人。一些对冲基金公司在全球招募了一些有杰出才能的人才，偶尔有人称他们为"穿梭于金融市场的行家"。但就连他们自己也认识到，人只有智力是不够的，正如一位对冲基金公司的老板所解释的那样："我犯过一次招聘的错误，招进来的人虽然有才华，但价值观与我们不合，我一直对此感到后悔。"

> 我犯过一次招聘的错误，招进来的人虽然有才华，但价值观与我们不合，我一直对此感到后悔。

在做研究的过程中，一个明显的现象是，许多最国际化的高管实际上是全球公民。正如一家公司发现的那样，全球化是他们个人身份的一部分："我们团队中的每个人都有非常国际化的背景。他们都是全球公民。"这通常是由于他们的教育背景或家庭背景。日本商船三井的渠道经理山下吾郎就是一个例子。他的家族拥有航运公司，在全球航运行业已经有100多年的历史。他本人在英国念过书，在法国长大。有了这样的背景，他带有一种独特的全球化特质也就不足为奇了。

即使是教育背景和家庭背景中未出现过全球化经历的全球高管，也很快就意识到他们无法想象回到本土团队工作。他们发现很难放弃与自主权、责任感和模糊性相生的自由。对他们中的许多人来说，选择全球化的职业生涯如同走单程，他们不会再次回到本土团队工作。

## 建设合适的团队

一支好的团队是一支平衡的团队。由11名世界上最佳守门员组成的足球队不会是一支好足球队。无论本土团队还是全球团队，对平衡的需求都不言而喻。但比起本土团队，全球团队实现这一目标照旧困难得多，这是因为：

> 由11名世界上最佳守门员组成的足球队不会是一支好足球队。

- 你不了解团队中的人。
- 你可能能力有限，不知道选择谁加入团队。
- 文化噪声让你更难理解人与人之间的差异。

一个偷懒的做法是招募和你一样的人。这是支持凝聚力立场的极端做法。这种方法短期内操作起来可能很简单，但它起不到效果。"如果每个人都很类似，管理起来就容易。但事实是，你需要不同的技能和不同的个性组合，因为你需要获取不同的方法和不同的视角。"

你需要达成如下方面的平衡：

- 合适的技能组合。大多数团队都理解这一需求。你可能需要组合好技术技能、管理技能和市场技能。团队的目标将决定所需的技能。
- 合适的个性类型组合。就个性类型而言,权衡一致性与多元化显得最为重要。表现最佳的团队往往最难管理,因为这些团队选择的是多元化而非一致性。这意味着团队中势必存在一些紧张气氛,"团队中得有一些难相处的成员,才能运转得好。你需要一些难相处的人,因为他们能发挥作用,但你不希望团队里有太多这样的人"。同样地,你还需要做好其他各种权衡,如思考者和实干者、领导者和追随者、冒险者和风险规避者、以人为本的团队成员和以任务为中心的团队成员等。至于需要权衡的种类可能达到多少数量,这取决于你对潜在人格类型的识别能力。
- 合适的经验组合。许多团队的领导者,尤其是全球团队领导者,其直觉让他们雇用有经验的人。当你不得不信任某个人能够远程为你办事、做决策的时候,你必须相信他们拥有足够的技能和经验。但是你需要通过实践做权衡。缺乏经验的团队成员给团队带来活力、渴望和挑战,而经验更丰富的团队成员成本更高,你也更难让他们都满意。"如果团队太有经验,那么你就无法在责任和职业发展方面满足他们的期望。"

对平衡的需求可能不言自明,但达成平衡就不那么轻而易举了。一开始,许多全球团队基本上是被委派的。团队领导者从世界各地挑选人才的机会有限,他们不得不相信人力资源部和地方分部确定的团队成员是称职的。但问题就出在这里：人力资源部和地方分部自然而然地会把能招到的人安排到全球团队中。让人不免怀疑的是，这些招进来的人都不够好。要么是缺乏经验，要么是能力平平，需要更多锻炼的机会。作为团队领导者，你需要的是优秀人才。话说回来，最优秀的人才在其他地方供不应求，所以他们不可能来这里。

实际上，要发展成理想的团队需要时间。你最初带领的团队将不会是你最终所带的团队。你会不断地想方设法，一边尽力留住优秀的成员，一边替换其他不合适的成员。

## 结论

无论在本土环境还是全球环境下，建设一支合适的团队是成就成功领导者的基本必要条件之一。在全球环境下，"合适的团队"指的是具有以下特征的团队：

- 具有高超技能：在没有你远程微观管理的情况下，你必须信任团队也能表现出色。
- 具有如下全球思维的人才：
  - 能适应高度责任感和自主权。
  - 能胜任具有模糊性和不确定性的跨国工作。
  - 具备文化智能，即不认为自己的方式是最好的。
  - 开放、灵活，能适应新思想和新的工作方式。
  - 能不断地学习。
- 具备合适的技能、个性和经验组合。

在本土环境中,你可能了解所有的团队成员,也知道哪些决策者可以为团队调配成员。即便如此,团队建设也会非常困难。在全球环境下,你不了解所有的团队成员,也不了解那些给团队调配成员的决策者,但是你知道全球团队对技能和思维的要求高于本土团队。对于全球团队,团队建设是一场极具挑战的大风暴。

从现实上看,团队建设需要花时间。平衡不是只管第一天的情况就好了,团队的需求和团队成员的期望是不断变化的。建设合适的团队是一项永无止境的任务。它可能是团队领导者所能做的最重要的时间投资。

> 建设合适的团队是团队领导者所能做的最重要的时间投资。

最后,作为团队领导者,你必须是团队的榜样。你必须证明你具备高超技能,必须树立全球思维的榜样,必须成为连接团队和公司的桥梁。领导一个全球团队是一项非凡的挑战,因而需要非凡的人才。

第 9 章

# 文化：培养文化智能

本章讨论的是，文化差异会带来看不见的挑战。全球团队可以从以下三个方面应对这个挑战：

- 了解团队内部的文化差异。
- 消除团队内部的分歧。
- 建立一套公司所有团队共同的价值观。

本章的重点是了解团队内部的文化差异。然后将简要探讨如何处理这些差异。

## 文化挑战的本质

旅行能开启认识新文化的大门。显而易见的文化差异会冲击我们的主要感官。这些差异看得到，听得到，闻得到，尝得到。我们能看见不同的着装和建筑，听见人们说不同的语言，操不同的口音，食物闻起来不同，尝起来的味道也不同。

但商界中存在的巨大文化差异我们却感受不到。商界文化可以说是一个集体或社群所共有的思维习惯。这些思维习惯对访客和居民不可见。对居民来说，他们的思维习惯基于某些假设，在他们与那些思考方式和行为方式迥异的访客开始打交道之前，这些假设被不会被质疑或深究。

比起喜欢或者不喜欢当地菜肴，商界中的文化差异要重要得多，这些差异会决定成败。一些简单的例子可以用来说明这点。

- 层层上报问题是好事还是坏事？德国人习惯于等级制度，把问题上报给上司处理；新来的美国老板却希望把问题下放给员工处理。
- 我们要不要共享文件？欧洲的领导者对一些来自专制国家的同事感到烦恼不已，他们不用谷歌文档，什么开放平台都不用。他们觉得，过多的分享很危险。
- 我们要不要喝酒？中东地区的企业有明确的禁酒政策，而其哈萨克斯坦的合作伙伴却希望通过酒局先建立个人信任，然后再谈生意。
- 对话层级如何匹配？意大利的销售经理想和中国的总裁洽谈，但这种事是绝对不可能发生的，因为二者的层级差别实在是太大了。

与全球高管的任何对话，都会迅速引发惊喜或冲突。从传统意义上来说，被遵循的文化就是有地位的文化。这就意味着，在20世纪的大部分时间里，美国文化是默认的商界文化。到了21世纪，由于商界多极化的出现,事态变得愈加复杂起来。新兴经济体的崛起造就了全球范围内更多势均力敌的玩家,全球一体化供应链的兴起则创造了一个相互依赖而非单向依赖的世界。调整不再是单向的,而必须是相互的。

> 在20世纪的大部分时间里,美国文化是默认的商界文化。

只有了解了文化的种种差异,才能适应不同的文化。这是一个困扰商界和学界已久的大问题。1965年,吉尔特·霍夫斯塔德创立了IBM的人事研究部门。1967~1973年,他主持了一项大规模调查,调查对象包括50个国家和3个地区的11.7万名IBM员工,调查目的是了解和量化不同文化之间的差异。最初,他提出了研究文化差异的四个主要维度,之后又增至六个维度。欧洲工商管理学院的艾琳·迈耶明确了文化影响商业活动的八个关键维度。绝大多数的职业经理人可能只会辨识几十种文化差异,因而陷入文化沼泽的危险是真实存在的。

鉴于我们研究的目的,本书只关注国家层面的差异。不同的地区、公司和个人之间的文化也存在很大差异。虽然硅谷的技术人员、纽约的债券交易员、芝加哥的教授和休斯敦的工程师来自同一个国家,但他们的思维也可能大相径庭。

这就意味着,任何文化方面的分析都可能会造成刻板印象。刻板印象是一种很管用的简略表达,能提醒我们警惕普遍差异。但这些刻板印象也可能是危险之物,让我们根据肤色、人种、性别和性取向来揣测别人。归根结底,我们必须理解他人、尊重他人。

好消息是,从单个团队这一层面看,不必担心刻板印象的问题。我们可以视每个团队成员为独立的个体,着重去发现每个成员的独特想法。可以通过几周、几个月的反复试验来探察成员间的差异，不过这种通过误解来了解差异的方式会让人感到痛苦。更快的方法是将批判性的刻板印象付诸实践，即利用这些刻板印象去辨识团队成员不同的想法和工作习惯。

### 谁的文化难以理解

天色已晚，觥筹交错。在日本，这是可以毫无畏惧地吐露真言的时间，因为次日会得到原谅。一位日本高管俯下身，在我耳边低声说道："乔 san[一]，我有件事要问你。"我向他侧过去。听起来感觉我们好像要谈一些正事了。

这位高管问道："你在美国是怎么握手的？"

"啊？"我回复道。握手？是在说握手，对吧？来捋一捋。什么时候和谁握手？你怎么知道别人有没有准备好和你握手？你要怎么表示你准备好握手了？手要握多久，能使多大劲儿？突然间，日本鞠躬文化中的奥秘似乎都显得有些微不足道了。鞠躬文化有明确的规则和方法。但是握手呢？如果对象是欧洲人的话，在握手之前，甚至要先来个吻面礼……

我们可能会觉得其他文化奇怪，可千万别忘了，别人还觉得我们的文化奇怪呢。

> 千万别忘了，别人还觉得我们的文化奇怪呢。

---

[一] san，在日语中表示对对方的尊重。——译者注

# 了解团队内部的文化差异

为本书写作而进行的研究定义了 20 种可能影响团队工作的文化差异。这些文化差异可以分为五大类：

- 对权威和等级的态度。
- 团队成员之间的沟通方式。
- 团队成员之间的关系。
- 思维和信念。
- 文化背景。

团队要做的第一件事就是了解差异。要解决下文提到的差异，最简单的方法就是做调查。一旦方法上形成共识，也就没有讨论的必要了。打个比方，如果大家都认为，只要建立了职业信任，个人信任自然会随之而来，那么大家就不必再针对信任进行讨论了。但如果团队有不同的意见，就必须进一步讨论。

表 9-1 总结了一些文化差异，并简要说明了各种文化差异背后的原因。尽管大多数团队都不会存在表中所示的极端情况，但是总会存在一些误解，对团队工作造成干扰。

表 9-1　简化版文化差异

| 以个人为中心的文化 | 以集体为中心的文化 |
| --- | --- |
| 流程导向 | 目标导向 |
| 注重等级制度 | 喜欢平等主义 |
| 注重原则和原因 | 注重实用性和可行性 |
| 理智且开放 | 注重私密性 |

（续）

| 以个人为中心的文化 | 以集体为中心的文化 |
| --- | --- |
| 善于表达的、开放的 | 克制的、封闭的 |
| 简单直接 | 隐晦曲折 |
| 注重专业能力 | 注重人际交往 |
| 直截了当 | 拐弯抹角 |
| 张扬的 | 低调的 |
| 忍受模糊性 | 消除模糊性 |
| 乐观的 | 务实的 |
| 以任务为中心 | 以人为本 |
| 开放的 | 封闭的 |
| 死板的 | 灵活的 |
| 长期型 | 短期型 |
| 注重过程 | 注重结果 |
| 不近人情 | 注重人情 |

我们将依次简要地探讨以上差异。

## 决策制定：个人决策与集体决策

每个组织都需要在个人决策和集体决策之间找平衡。即使在等级制度最为森严的组织中，领导者做决策之前也通常会征求同事和团队成员的意见；即使是在同事关系最为平等的组织中，也会存在某种形式的等级制度，决策逐层上报。因此，这个问题也属于一种平衡性问题。

- 组织制定的重大决策需要向上或向下传递多少层级？
- 在制定一个决策之前，管理层向员工咨询应达到什么程度？

员工的建议真的会被听取并付诸实施吗？又或者说，这只是为了营造一个假象，表明员工"接触"决策和"参与"决策，好让员工对已经板上钉钉的决策"认账"，进而只需要解决如何执行决策的问题？

下面讲述了一个关于极度放权的故事，告诉我们权力下放可以达到什么程度。

### 关于极度放权

巴西塞氏企业（Semco）把平等决策发挥到了极致。塞氏企业创始人兼首席执行官里卡多·塞姆勒受够了大家对食堂的抱怨，于是平等决策这种模式就诞生了。为了消除大家的抱怨，塞姆勒让员工自己去经营食堂。结果这个办法真的行得通。从那时起，下放的权力就像滚雪球一样越来越大。现在，塞氏企业的员工自己设定工时和薪酬；团队经理由自己的团队评估；日常决策也都由团队自己定。用塞姆勒的话说："唯一的管理方法就是开掉所有的经理。"

即使是宝洁这样有着传统等级制的公司，也可以很民主。宝洁的芝加哥工厂正面临着一场危机：这里的工厂又老又旧，工作方式过时，很难拓展业务。管理层也不干了，员工只能自己为接下来的项目投标。员工比管理层激进得多，结果芝加哥工厂成功中标，继续营业。而管理层的麻烦事就来了，他们要好好谈判，让自己回到工厂工作……

你们的管理层有多信任团队的集体智慧？

每个全球团队都需要了解团队成员在这种权衡之中的立场。如果团队成员期望达成一致的决策，而团队领导者却单方面做了所有决策，团队成员就会备受打击。同样地，更加注重等级制度的文化希望把问题向上反映，而如果团队领导者没有给出一个明确的方向，团队成员就会气馁，认为领导者的能力不足，从而失去信心。

## 责任意识：个人责任与集体责任

责任和决策权密切相关。如果你有权决策，那么你就得对决策的后果负责。检验责任感有个好方法，即观察事情进展顺利和进展不太顺利的时候会出现怎样的情况：

- 取得成功的时候，功劳是团队的还是个人的？
- 某个团队成员在辛苦挣扎的时候，团队会帮他一把，还是任其自生自灭？在日本，必要的时候整个团队会一起熬夜帮忙解难，这种情况很常见。

关于"系统和流程"的章节表明，团队成员要么有强烈的个人责任感，要么有强烈的集体责任感，两者有其一但不能都有，团队就会运转良好。因为所有的团队成员都必须按同一套规则行事。

## 遵从的文化：流程导向与目标导向

不同公司、不同行业和不同地区遵从的文化差异巨大。一种极端是典型的官僚文化。在这样的组织中，各种规章制度即便没有意义，也依然需要执行。这就是流程导向的文化，即按部就班走流程，不用过于担心结果。

另一种极端是目标导向的文化。在这样的组织中，实现目标就是一切，没有人会过分在意流程。这样一来，一些销售团队和行业就会出现道德问题。但是，一个体系如果带有强目标性，并根据目标的达成情况给予重奖或重罚，就会出现一些人耍心机。就连英国的教育体系也深受其害——为了达成政府规定的目标，一些校长会操纵考试体系。

### 耍心机

如果你制定了一个高风险责任体系，那么要是人们开始耍心机，你可千万别惊讶。我们也许可以预见职场上的一些心机，但是在任务驱动型组织中，过于目标导向也会导致耍心机。英国针对学校设有一套严格的责任体系，校长们也很清楚，要是没有达成目标，就会丢饭碗。

对高中来说，核心指标就是考试成绩。考试成绩是没办法耍心机的，对吧？不，有办法。办法如下：

- 让成绩差的学生回家接受家庭式教育——把他们从你的成绩总表里踢出去。
- 迅速开除所有的问题学生——把麻烦送到别处去。
- 让学生学习简单科目，好拿高分。
- 把精力放在能影响关键阈值的中等水平的学生身上——不用管成绩好的学生，因为他们无论如何都会及格。也不用管差生，因为他们无论如何都不会及格。
- 把更多的精力放在即将要毕业的高年级学生身上，如果你的指标短期内就得达成，这个方法很管用。

> 以上这些方法虽然无法改善教育水平,但可以改善结果。大多数企业都会耍类似的心机。

这两种极端的情形都很危险。流程导向的文化格局太小,目标导向的文化会导致人们耍心机,更有甚者会产生道德问题。大多数文化介于两者之间。

> 流程导向的文化格局太小,目标导向的文化会导致人们耍心机,更有甚者会产生道德问题。

全球团队需要了解其中的差异。如果一个团队的文化是目标导向的,那么团队成员就会有一定的自主性和灵活性来完成目标。而如果一个团队注重流程,那就意味着其不希望团队成员制造"惊喜"。这种权衡需要大家进行讨论,决定每个团队成员可以有多大的独立性和主动权。

### 行事作风:等级制度与平等主义

等级制度不只意味着老板发号施令。有些强调等级制度的文化也可能是注重共识的文化。日本文化重视人际关系的等级制度,也十分重视在决策和集体责任问题上达成共识。

通过观察各种场合的交流,就能轻易地判断出谁是什么等级:

- 团队成员如何称呼团队领导者?在盎格鲁国家,大家会直呼其名;在中国,大家管领导叫"总"或"老板",以示尊敬;法国介于两者之间,使用"vous"代替"tu"。⊖

---

⊖ vous,法语"您"之意;tu,法语"你"之意。——译者注

- 对话可以跨越多少层级？在注重等级的文化中，甚至连安排会议都要考虑层级匹配的问题。对下级来说，除非被点名，否则通常是不主动发言的。在盎格鲁国家，发言权属于那些认为自己有能力发言的人。如果下级不说话，那么就会有人质疑他们参加会议的意义，或者认为他们是不是没什么好说的。

理解这些差异对全球团队来说至关重要。每个团队成员都应该达成共识，明白自己发言的时机，明白自己在会议上需要说些什么。

### 说服：理论派和实践派的方法

用最简单的话来说，推理分为两种类型：归纳推理和演绎推理。不同的文化会采用不同的方法（见下页英国和法国的案例）：

- 归纳思维始于细致入微的仔细观察，再试图从中得出结论。
- 演绎思维的思考方式正好相反。演绎思维始于基本原理和基础理论，再从中得出对于实践的影响。

当归纳派和演绎派遇到一起，并试图说服对方的时候，就会产生麻烦。演绎派的理论性思维和不切实际的想法会让归纳派抓狂，缺少严谨学术思维的归纳派也会让演绎派感到反感。

对全球团队而言，这两类不同思维的结合是有益的。有了两种思维的融合，就可以得出理论基础扎实且切实可行的决策。团队成员需要理解和重视这些不同的思维方式，以发挥各自的优势。

> **英国和法国：长达千年的误解**
>
> 近千年以来，英国和法国一直既是彼此最好的朋友，也是彼此最大的敌人。它们之间隔着英吉利海峡，或者说拉芒什海峡——叫什么名字取决于你住在哪一边。这条海峡也象征着英国人和法国人思维方式的鸿沟。
>
> 法国人为自己的思维传统所自豪，这一点反映在法国高管决策和说服别人的方式上。他们喜欢从最基础的理论开始入手，再从中发展细节。法式思维是基于笛卡尔的理论演变出来的。可以预见，这会面临严峻的挑战。
>
> 英国人其实也有引以为傲的思维传统，只不过他们把它藏起来了。如果称一位经理为学究，那么就意味着这个经理不现实、理论化、脱离实际，而且可能还很傲慢。比起理论，英国人更喜欢从一系列的事实入手，从事实中得出结论。
>
> 在法国人眼中，英式思维缺少学术沉淀，不太可靠。对英国人来说，法式思维偏于理论，不切实际。所以英国人和法国人很难理解彼此。

## 问题和分歧：公开处理还是私下处理

当问题出现时，全球团队需要用一致的方式来解决。任何文化都不会以曝光问题为乐，只不过不同的文化会对此采取不同的处理方式。

> 任何文化都不会以曝光问题为乐。

在更加崇尚尊重的文化中，人们不会轻易冒犯他人。这样一来，就很难提出反对意见。提出反对意见被认为是破坏团队和谐和损害人际关系的行为。如果需要提出反对意见，只会在万不得已的时候私下拐弯抹角地提。在等级制度很强的文化环境中，老板很少听见坏消息。在大多数文化中，"不要对老板说逆耳忠言！"是一个很好的经验法则，在强调等级制度、推崇尊重、好面子和规避冲突的文化中则更是如此。

在更加开放的文化中，人们被期望提出问题并加以讨论。保持透明可以避免意外发生，也有助于团队建立信任，改善团队关系。只要讨论保持理智，对事不对人，那么这种开诚布公的讨论对团队来说是非常健康的。

这真的是个涉及文化冲突的问题。如果有人公开提出问题，那么崇尚尊重文化的成员会吓一跳。而如果不及时提出问题的话，那么具有开放型文化背景的团队就会对这样的成员丧失信心和信任，会觉得他们在逃避问题，不诚实且不可靠。

由于存在某些文化差异（比如归纳思维和演绎思维），多元化可以增强团队实力。但在解决问题和处理分歧时，情形就不同了。多元化会使团队变弱。团队必须采用一致的方法解决问题和处理分歧。反过来，这就需要积极地支持那些需要改变思维方式的团队成员。崇尚尊重文化的成员不太习惯开放型文化，同样地，若问题不能被开诚布公地提出来，具有开放型文化背景的成员则会感到烦恼。

对于两种处理问题和分歧的方式，团队可以选其一，重要的是，整个团队必须采用同一种方式。

## 肢体语言：理解多元化

肢体语言能明显地体现文化差异。对全球团队而言，你可以在讨论肢体语言这个话题时添加一些关于私人空间和个人形象的看法。肢体语言无对错之分，但是很容易让人产生误解。以下三个例子可以说明这点：

- 印度人在表示同意的时候会摇头，而其他成员可能会把摇头解读为不同意。
- 意外发生的时候，日本人可能会尴尬一笑，而其他成员可能会觉得他们在表示嘲笑，从而引发众怒。
- 英国人通常没有什么肢体语言，这样一来，别人便很难理解他们，还会认为他们不太友好，而他们的本意并非如此。

来自集体主义社会的人喜欢掩盖负面情绪。不同的文化会放大或缩小关键负面情绪，包括愤怒、恐惧、悲伤和蔑视等。一项针对日本人、北美人和俄罗斯人的肢体语言的对照研究发现：

- 俄罗斯人和北美人比日本人更常表达愤怒和蔑视。
- 比起俄罗斯人和日本人，北美人更常表达快乐的情绪。
- 日本人比俄罗斯人更常放大害怕和惊讶。

这些表现和文化有关。实验表明，私下里，日本人会像北美人一样大方地表达情绪。而在他人面前，日本人尤其会弱化负面情绪的表达。

这些差异非常重要。表达愤怒和蔑视在一种文化里可能是非常不礼貌的行为，但是在另一种文化里可能是有底气的象征。

私人空间的范围可能也会因文化的不同

> 表达愤怒和蔑视在一种文化里可能是非常不礼貌的行为，但是在另一种文化里可能是有底气的象征。

而不同。一项研究调查了以下三个国家的学生的平均会话距离：

- 日本：1.01米。
- 美国：0.89米。
- 委内瑞拉：0.81米。

这些差异看着不大，但是戏剧性十足。如果委内瑞拉人和日本人见面，那么画面看起来就像是日本人被逼无奈只好一步一步往房间里面退一样。日本人会不断向后退以保持一定的谈话距离，而委内瑞拉人会不断靠近，以便说话。一方表示的友好，对另一方来说却是侵犯。

最后，每个部落、每种文化都会有自己的着装规范。我们很容易通过一个人的穿着打扮去做预判，但是这很危险。想想这番景象：两位女士在迪拜的海滩上擦肩而过，一位穿着布卡罩袍，另一位却穿着比基尼，戴着墨镜。她们会怎么看待对方？

- 比基尼女士眼中的布卡罩袍女士："真可怜！一身上下除了眼睛之外全都给遮住了。她一定生活在一个性别歧视严重的男权社会。"
- 布卡罩袍女士眼中的比基尼女士："真可怜！一身上下除了墨镜之外什么也没穿。她一定生活在一个性别歧视严重的男权社会。"

在办公室，我们同样会轻易地下判断。如果一个人西装革履，并不会显得他多值得尊敬、值得信任，毕竟政客也穿西装。如果一个人穿着脏兮兮的牛仔衣，也不意味着他游手好闲，他也许是为了解决某个技术问题而彻夜未眠。

着装规范因种族、在公司所处的级别和职务而异。当然，着装规范也会随时间的变化而变化，很少有人会像他们的父母过去那样穿衣服。全球团队完全可以主张多元化的着装，只要在关键场合保持一致的着装规范就行了。

全球团队不应该规定什么样的肢体语言、私人空间和个人形象才算得体。相反，全球团队应该培养文化智能，让每一个团队成员都能理解和尊重彼此的文化规范。

## 交流方式：高语境文化与低语境文化

高语境文化和低语境文化很容易误解彼此。

这两种交流方式的区别就在于，维持关系和行动起来被赋予的权重不同：

- 高语境文化（亚洲地区、中东地区）：维持良好的人际关系是交流的关键点。这样一来，沟通过程就会变得拐弯抹角，关于处理问题和分歧的沟通则更是如此。
- 低语境文化（盎格鲁地区）：交流的关键点在于如何行动而非搞好关系。这样一来，沟通过程就会变得更为直接，交易性更强。

在低语境文化中，通过字面意思理解信息即可："我言即我意，我意即我言。"在高语境文化中，很多信息不是语言表达出来的。就像日本人说的"kuuki o yomu"一样。小说家谭恩美是这样说的："我试着向母语为英语的朋友解释，中国人比较讲究说话策略，而讲英语的人说起话来更直截了当，比如一个美国企业的高管会说，'我们做个交易吧'，而中国的经理会回答，'不知道令郎对您的零件生意感兴趣吗？'。"

德国和北美具有低语境文化的背景，来自这些地区的管理者会觉得很难理解有高语境文化背景的人间接、委婉地说的话到底蕴含着什么意思。但即便你来自低语境文化的国家，你也会获得丰富的经验去处理高语境文化问题。每天，你在家面临的都是高语境文化，家人表面上只说了这么多，但实际上说的可不止这么多。大家都可以感受得到字面言语背后真正的意思。

显然，这里非常容易发生误解。来自高语境文化国家的管理者可能会因为低语境文化直截了当的表达而受到冒犯，让彼此的关系出现裂痕。而来自低语境文化国家的管理者可能会因为高语境文化的躲躲闪闪和无所作为而神伤。

从实践来看，管理者并不会改变自己说话的方式，但是他们会改变自己倾听的方式，以便让自己理解和尊重同事的说话方式。

## 信任：个人信任与职业信任

信任是所有文化最终要达到的终点，它满足如下信任等式（详见第4章）。

$$t = \frac{i \times c}{s \times r}$$

这里提醒一下：信任的程度（$t$）与感情（$i$）和信誉（$c$）正相关，与自我倾向或自私程度（$s$）以及风险（$r$）负相关。

信任在程度上的差异就在于信任是如何建立起来的。这种差异大致与高语境文化和低语境文化的差别有关：

- 亚洲、中东和拉丁语国家属于高语境文化，优先强调人际关系。他们希望建立起共同的兴趣爱好和共同的价值观，因而需要先实现人与人之间相互理解，建立融洽的关系。根据信任等式，他们首先会在感情方面下功夫。
- 盎格鲁地区和北欧属于低语境文化，喜欢开门见山。在这种文化里，信任源于信誉，即告诉大家，你会说到做到。在建立个人信任和人际关系之前，首先要建立职业信任。

虽然建立信任的顺序有先有后，但是最终结果都是一样的。信任源于个人信任（感情）和职业信任（信誉）的配合。优先顺序的不同会让双方都出现失误。一位郁闷的管理者表达了一个典型的盎格鲁式观点，他发现解决关系问题的唯一办法就是让懂的人去解决：

"我们的土耳其经销商就像个孩子，总想和你聊上几个小时。所以，我就雇用了一个黎巴嫩老人来代替我和他说话。这个土耳其人会和黎巴嫩人说'跟你的老板说什么什么'。这个土耳其人只是需要一个听他说话的人而已，所以我雇了那个黎巴嫩人。"

实际上，几乎每个全球团队都会发现，尽快见面是有好处的。人和人只要见过面，彼此之间的信任度就会大幅提升，沟通也会方便很多。即便是在低语境文化下，和你的同事见见面，增进了解，也是大有裨益的。

> 人和人只要见过面，彼此之间的信任度就会大幅提升，沟通也会方便很多。

## 反馈：直接反馈还是间接反馈

大多数文化都乐于给出正面反馈，赞美和奉承普遍受推崇；同样地，大多数文化都不太喜欢给出负面反馈。它们对正式评估的反击十分强烈。2015年，埃森哲不再对其33万名员工进行年度评估。通用电气的"末位淘汰"评估体系闻名世界，或者说是臭名昭著，该体系将淘汰排名最后10%的员工。通用电气也打算不再使用这种评价体系。取消评估并不意味着减少反馈，相反，这需要管理人员提高反馈频率。通用电气的公司文化负责人贾尼丝·森珀对这一转变做出解释："这确实是通用电气的一大改变。我们把重点放在员工身上，加以培养，而非评估和淘汰员工。"

直接型文化和间接型文化的区别不仅在于他们说什么，而且在于他们如何说。

拥有直接型文化背景的管理者（包括荷兰人、俄罗斯人、尼日利亚人和法国人），看见什么就说什么：

- 对感知到的失败风险直言不讳。
- 不会只谈优点而少谈缺点。
- 以任务为导向，而不是以人为导向。
- 使用语气强势的词汇：绝对、总是、最差、绝不、必须……

拥有间接型文化背景的管理者（包括日本人、泰国人和印度尼西亚人）的说话方式则与以上不同。

- 尽量避免负面反馈。
- 把重点放在优势所在，让听者意识到没说出来的就是缺点。

举个例子，"你很擅长和老板沟通"的意思可能是"你不会和团队沟通"。

- 注重维持良好的人际关系。
- 使用语气温和的词汇或修饰语：有点、可能、好像、可以、可能……

还有许多文化是介于两者之间的。有很多文化都采用类似于"我爱你，但是……"这样的反馈，首先给坏消息裹上一层糖衣，即先扬后抑。双方都知道，"但是"前面的话都是废话。但是这确实给人一种仪式感，在给出负面反馈之前，首先对对方体现一定程度的尊重。

两种文化都是可行的。强势的荷兰文化允许双向反馈，团队成员也可以对老板做出负面评价。在泰国和印度尼西亚这样的国家，对老板做出负面评价简直是不可想象的行为。在这些国家，团队成员得学会听出字里行间隐藏的真正意义。

出现文化冲突时，问题也纷至沓来。

- 直接型文化之于间接型文化：给出强有力的直接反馈会破坏关系。具有间接型文化背景的团队成员会觉得受到了羞辱，还会十分苦恼。而这又反过来向他的团队领导者发出信号，团队领导者会觉得这个员工软弱无能。灾难接踵而至。
- 间接型文化之于直接型文化：团队领导者积极乐观，也比较委婉，让团队成员相信自己做得很好。团队成员读不出字里行间的隐含信息，也领会不到团队领导者暗示的任何危险信号。

反馈需要全球团队领导者具有极强的文化智能，他们需要根据不同的谈话对象来转变反馈方式。团队内部必须建立成员间反馈方式的规范。意识到大家的行事风格不同是好事，组织团队成员简单地讨论一下这个问题，就为降低误解的程度开了好头。

## 地位：张扬好还是不张扬好

张扬地位的文化很容易一眼看出来。菲律宾的一家大型啤酒厂设有董事长专用电梯，里面还有专门的服务员为董事长按电梯。对于员工们的毕恭毕敬和百般顺从，这位董事长不仅乐在其中，而且抱有期待。在看重地位的文化中，你越往上走，地毯就越红，鲜花就越美，陈设就越豪华。在这样的文化里，领导者习惯了员工的毕恭毕敬，忘记了被挑战是什么感觉。

### 要尊重地位高的人

这间会议室看着像是为《007》系列电影里面的反派设计的一样，仿佛军事演习一般，每个位置都设有旗帜和麦克风，就连进个门都要和一堆行政助理、领导跟班儿以及西装笔挺、肌肉发达、口袋鼓鼓的保安周旋谈判。

工作人员让我等着首席执行官。他来了，面红耳赤，一双眼睛瞪得像是要掉下来了。他气得不行："我要把克里斯托夫开了！他太没用了！"我委婉地建议说，一个能说七国语言的销售总监在即将到来的全球谈判上可能会有点用。"我宁肯要一个只会说一国语言的机灵鬼，也不要一个会说七国语言的傻瓜！"他厉声反驳，展现了一个只会说一国语言的领导者的经典反击。

进一步的调查显示，这位销售总监犯了个滔天大错。他一直走在首席执行官前面进门。这简直是对首席执行官的侮辱。他觉得自己当着访客的面被下属抢了风头，太丢脸了。

晚些时候，克里斯托夫在四名保安的护送之下最后一次离开了办公楼。如果领导者渴望人们对他毕恭毕敬，那就对他毕恭毕敬，他们有权力在手，而你没有。你不仅要学习语言，还要了解文化。

无论好坏，强调地位的文化有很明确的游戏规则，领导者喜欢当领导者，而下属必须毕恭毕敬地听从吩咐。实际上，这样的文化不利于开诚布公地对话，也不利于开展任何越级对话。

真正的挑战来自不张扬地位的文化。很多科技公司的首席执行官都特别喜欢在开放式办公室里办公。这是一种超级的民主状态：要是不算上首席执行官银行账户里面的几十亿美元，"我们就是一体的"。上网简单搜索一下，就可以搜到马克·扎克伯格（Facebook 创始人）、麦克斯·拉夫琴（PayPal 联合创始人、Affirm 创始人）和丹尼斯·克劳利（Foursquare 创始人）等人的图片。图片显示，他们坐在开放式办公室中央的小隔间内。他们公司的着装规范也和办公场所一样民主——大家穿的都是彰显个人主义的休闲服装。

讲民主的文化更加开放，因此没有必要过分地表现尊重。重要的不是表现你的恭敬和忠诚，而是表现你能够快速创造价值的见识和行动力。正如一位非常民主的首席执行官所言："不管是谁，想见我就随时来……我会给所有人一次见我的机会。如果他们真的有所成就，那么就可以再来见我。"言外之意很明显：可以给你一次机会浪费他的时间，但是真浪费了就不会有第二次了。

两种文化对地位的态度不同，于是人与人之间互动的风格也不同。一种看重忠诚和尊重，一种看重见识和行动力。团队的风格是由全球团队领导者来定的。

## 模糊性：选择忍受或是消除

在大多数文化中，大公司的管理者和创业者对模糊性所持的态度有很大的分歧。

虽然大公司的管理者可以很好地应对风险和管理风险，但是他们还是不喜欢模糊性。电影制片厂为制作电影承担风险，石油公司勘探新油田要承担风险，所有的银行都在从事信贷和交易这些需要预估风险的业务。模糊性和不确定性并不招这些行业待见。如果一个方案让首席执行官觉得"我们也不是很确定，但是我们会试试这种方法和那种方法……"，那么这个方案就会推行不下去，只会被扔进垃圾桶。但创业者与此相反，他们欢迎不确定性，觉得这是大干一场的好机会，可以去尝试新鲜事物，做创新，改变游戏规则。

> 虽然大公司的管理者可以很好地应对风险和管理风险，但是他们还是不喜欢模糊性。

大多数全球团队可以合理地管理风险，这也正是设计风险日志和规避措施的目的所在。但是，模糊性会让全球团队产生分歧。

大多数全球团队都会发现，模糊性是个很难处理的问题。直接型文化崇尚清晰度，他们想要有清晰的目标、清晰的角色、清晰的责任和清晰的流程。间接型文化就比较能接受模糊性。模糊性让团队自主决定最佳前进道路,决定每个人该做的事以及做事的方式。在这些文化里,不确定性不是通过正规的流程或机构来解决的,而是通过人与人的相互协调和社交规范来解决的。

全球团队对待模糊性的方式泾渭分明。有些团队把流程清晰和正式放在首位,另一些团队则把自主性和凝聚力放在首位。两种方式单独使用是可行的,但混在一起就不管用了。你必须在这两种方式中选取其一,说明理由后再付诸实施。

## 观念:要乐观还是务实

乐观的程度因国家而异。问问自己:"这个世界是越变越好了,还是越变越坏了?"最乐观的国家(认为世界在越变越好的人占该国受访者的百分比)如下:

- 中国:57%。
- 印度尼西亚:51%。

最不乐观的国家如下:

- 法国:14%。
- 芬兰:28%。

要说明的是,所问的问题和选择的样本不同会产生不同的结果。不管采取什么方法,全球团队都非常清楚,不同的文化会有截然不同的视角。中国的高管毕生面临的挑战只有一个——求增长。他们关注如何招募到并留住最优人才,如何管理现金流,以及如何提高产能。而许多西方高管毕生面临的挑战是保持发展平衡,甚至与前者相反，他们关注的是如何做到利润最大化，如何减少支出，如何裁员，以及如何改进工作方式在商业竞争中拔得头筹：更快、更好、更省钱。

这些相互矛盾的观点都十分有用，但是也很难处理。乐观的文化会努力实现最佳结果，在此文化环境下的人们不认为失败也是一种选择。务实的文化则更有风险意识。双方本应互补，乐观派会拔高团队，而务实派会避免风险。但是这两派的人无法理解彼此。乐观派会鄙视务实派，认为他们缩手缩脚，而务实派会觉得乐观派像幻想家。

有一个简单的方法，可以用来探讨其中的差异，那就是让每个团队成员参与乐观调查。积极心理学运动的发起人马丁·塞利格曼教授提供了一些非常不错的在线资源，你可以通过宾夕法尼亚大学的平台使用它们。

关于乐观主义的研究相当有结论性：乐观主义者会比悲观主义者活得更好，也更长寿，他们经历挫折后恢复得更好，也更成功。大都会人寿的一项经典研究表明，未通过初始技能测试但非常乐观的员工比通过测试但不太乐观的员工业绩更好。这项研究在之后的许多实践中得到了证实。不管是在人寿保险业还是在其他行业，结果都是如此。

如果你的团队成员都是务实派，那么你们可以成事，但是不会成大事。乐观派可以把团队拔高到新的高度，他们会让务实派看见不一样的思维方式和生活方式。

## 关注点：以任务为中心与以人为本

以任务为中心还是以人为本，这既是一种文化偏见，也是一种个人偏好。在以任务为中心的文化中，比如北欧地区和盎格鲁地区，一样可以找到很多以人为本的领导者。在更加以人为本的文化中，一样可以找到很多以任务为中心的领导者。全球团队需要平衡这些观念。表 9-2 总结了一些差异。

表 9-2　以任务为中心与以人为本观念的差异

|  | 以任务为中心 | 以人为本 |
| --- | --- | --- |
| 关注点 | 实现目标 | 维持关系 |
| 工作性质 | 按部就班 | 模糊不定 |
| 结果 | 高效 | 创新和学习 |
| 员工管理 | 设置指标 | 制造动力 |
| 激励方式 | 正式奖项和好处 | 认可与表彰 |
| 团队合作能力 | 低 | 高 |

这种差异正好印证了道格拉斯·麦格雷戈经典的"X-Y 理论"。所谓 X 理论，即对不可信任的低技能员工要采用传统的指挥和控制的管理方式；所谓 Y 理论，即管理高技能员工需要采取合适的激励方式。这里的区别就在于员工是一味服从（X）还是抱有责任心（Y）。显然，从以任务为中心的 X 型领导者转向以人为本的 Y 型领导者是当今世界的主流。

然而，研究表明，以任务为中心还是以人为本是依情况而定的。以人为本的方式更适用于以下这些情况：

- 员工的能力很强，需要高度的自主性。
- 任务本身可以自我满足。
- 领导者希望团队更有凝聚力。
- 学习和创新有价值。

这些都是全球团队里相当普遍的情况，可以表明团队适合哪一种领导风格。全球团队领导者需要把人们高效地组织在一起，并且在团队中建立信任纽带。领导者还需要有足够高的任务专注度，以保证团队能够实现目标。

在团队中，在管理得当的前提下，把各种技能综合起来是很有效的。这就需要团队和团队领导者具备一定的文化智能。举个简单的例子，介绍可能导致误会。北美人问"你好吗？"的时候，他们并不想听到太长的回答。而中东地区的人则希望从近况开始聊起，如果这是初次见面则更是如此。

文化风格就是这样的，全球团队必须学会应对它。不存在最好的应对方式。在团队中，以任务为中心的成员能够保证进度，以人为本的成员能够促进团队合作，重视这些差异就好。

### 开放性：开放或是封闭

一些文化对外部的影响非常开放，而另一些文化则较为封闭。全球团队发现，在开放的文化中开展工作会容易得多。

伦敦的开放性处于一个极端。在 2011 年的人口普查中，伦敦只有 44.9% 的人口是土生土长的英国白人（其中包括许多来自苏格兰、威尔士、北爱尔兰和英格兰其他地区的人）。伦敦的常住人口超 10 000 人，那里有 50 多个民族，说着 300 多种语言。这里的文化非常开放，适应着各种各样的外部影响。在伦敦，找一家外国餐馆比找一家英式餐馆要容易得多。

> 全球团队发现，在开放的文化中开展工作会容易得多。

北京和东京则处于另一个极端，其文化是基本同质的。东京的六本木有一个繁华的外国商业社区，北京也是这样。除去这些小小的外国人聚居区，两个城市的文化可以说是极其本国化、外来文化很少的。

对于全球团队，在开放的文化背景下工作会比在封闭的文化背景下工作要简单一些。不管是有意的也好，还是有什么别的原因也罢，相对封闭的文化会给外来者制造壁垒。封闭型文化会认为自己的文化就是最好的文化。日本人常说"Nihon chigau desu"，这句话的字面意思是"日本不一样"，倒也的确如此。不过，这句话还有隐含意义，即"日本更好"。这种封闭型文化应对全球化的方式是在世界各地复制其一贯做法，并为国外的子公司配备信得过的外派员工。外国人会发现，即便自己没有语言障碍，也难以获得总部的信任。

同样地，中国的名字为"中国"，"中"字或许也可以理解为"中心"。从历史的角度来看，西方国家也有一种固定的思维模式，觉得自己高人一等。19世纪欧洲的政治帝国和20世纪美国的商业帝国就是这样，它们认为自己的国家最为优越。这些帝国也没有给当地人做出多少让步。

当你显然有最好的做事方式时，封闭型文化就能起到作用。19世纪的欧洲帝国（科技业）、20世纪的美国企业（品牌模式、运营模式）和20世纪末的日本企业（汽车业等）都是如此。如果一家公司有着非常清晰的商业模式，那么文化封闭也依然行得通。它们可以在全球推广这种模式，不必根据不同的国家而调整。星巴克有一种模式，让相对同质

> 当你显然有最好的做事方式时，封闭型文化就能起到作用。

的领导团队取得了成功。在其 57 位高管中，只有 7 个人不是在美国读的书，他们主要来自盎格鲁地区——加拿大、英国和爱尔兰。

在全球竞争更激烈、更需要适应当地条件的情况下，封闭型文化就行不通了。持有封闭型文化的公司也会不可遏制地建立开放型文化。日产（日本汽车公司）就已经建立起了开放型文化，其五分之四的董事会成员都不是日本人，就连总裁兼董事长卡洛斯·戈恩都不是，而且 50 位高管里面有 20 位都不是日本人。

星巴克和日产的案例告诉我们，文化不是命中注定的。来自开放型文化的公司可以建立成功的封闭型文化（星巴克），来自封闭型文化的公司也可以建立成功的开放型文化（日产）。两者之间的差异在于，星巴克的做法是将一种成功模式国际化，而日产的做法是不过度依赖本国的技能和经验，建立真正意义上的全球公司。

如果一家公司想要做到真正的全球化，那么就必须变得开放。这种观念会通过晋升者、掌权者和决策者反映出来，也可以通过公司进入新市场时的学习能力和适应能力反映出来。如果一家公司只是想简单地实现国际化，那么也可以保持产品的同质性。

## 成长：固定性与适应性

个人团队不仅要有开放的态度，还要有很强的适应性。这通常被称作成长思维。这也是最为成功的领导者所拥有的七种思维之一。成长思维对学习持开放的态度，对新的想法和新的工作方式感兴趣，也做好准备去冒险、学习和成长。这些对团队成员来说都是非常有用的品质。

相比之下，固定思维对全球团队来说有害无利。这种思维抗拒新的挑战，抗拒新的工作方式，通过一贯的通用公式来规避风险，也不去学习。对某些工种来说，这种方式可以发挥暂时性作用，毕竟让图书管理员在图书管理方式上搞创新不见得是好事。但是大多数全球团队都需要互相适应、互相尊重和互相学习。成长思维和全球思维密不可分。

> 固定思维对全球团队来说有害无利。

固定思维和开放思维反映出不同的个人偏好和职业偏好，这点显而易见。

各种文化都或多或少地对学习、改变和成长持开放的态度。即使一个社会封闭且同质，它也能够从外部的影响中快速学习。日本意识到自己在技术上远远落后于西方，就在1868年开启了明治维新，并以极快的速度实现了工业化。日本学得很快，在1905年日俄战争中击败了俄罗斯。第二次世界大战后，日本以更加和平的方式继续学习西方，牢记爱德华·戴明的质量管理理论，在汽车业、消费电子产品业和办公用品业取得了巨大的成功。

相比之下，一些开放的社会反而更加抗拒改变。在来势汹汹的英语文化和盎格鲁价值观面前，法国热衷于保护自己的文化、自己的语言和自己的知识遗产。《图邦法》不仅规定在法国的所有官方文件使用法语，还规定电视和广播的法语配额。法兰西学术院是法语的官方保卫者。很难想象，议会竟然强制规定可以使用哪些英语单词、不可以使用哪些英语单词，还规定电视台应该播放什么节目。

每家公司和每个团队都有自己的文化。对全球团队来说，招募思维正确的成员对团队的成功至关重要。

## 时间约定：线性不变还是灵活可变

同事约你下午三点整见面。你几点到比较合适？

- 2:57。
- 3:00。
- 3:05。
- 3:15。
- 3:30。
- 随便什么时候，只要发信息把情况解释清楚就行。
- 能什么时候到，就什么时候到。

文化不同，给出的答案也会完全不同。这些不同的行事方式也会导致全球团队产生不必要的冲突和矛盾。

在日本，不管你要约见的是谁，三点整就是三点整。即使是社交活动也是按照精确的时间来进行的。想象一下，有人邀请你参加晚上七点到十点的晚宴。七点整，所有的宾客都会到达；十点整，所有的宾客都会离开。在时间观念很强的国家，迟到是非常不好的表现。这会显得你不尊重别人的时间，会显得你是一个效率很低、纪律性差的人，甚至还会让对方觉得你不尊重他。

日本人、德国人和瑞士人是时间观念强的极端例子。他们也因为在质量工程方面的精确严谨而闻名，这或许不是巧合。走另一种极端的是南亚人和中东人。介于两者之间的是盎格鲁人，这些国家会允许一定的时间差，但是可接受的时间差的范围很小，而且也是视情况而定的。

时间观念很强的文化认为时间是线性的，是一种具有实际价值的商品。专业的服务公司按照小时（或者以小于小时的时间单位）计费，其时间观念极强。在这样的文化里，人们会根据时间来安排事情，绝对不能浪费时间。

时间灵活度大的文化并不认为要按照时间来安排一天的事务。事务的优先级是按照人际关系和事情本身的特性来决定的。如果你正在做的事情非常重要，却因为某一特定时刻已经过了而停下的话，那么这是没有意义的。在南欧和中东，好好把话谈完比谈到一半就去开会更重要。在时间比较灵活的文化里，事件的重要性和人际关系决定了大家使用时间的方式。在日本和瑞士，公交车无论满员还是空车，都是到点了就走。在南亚、拉丁美洲和非洲的很多地方，公交车会等到满员了才走，这样比较经济，也能满足大多数人的出行需要。

> 时间灵活度大的文化并不认为要按照时间来安排一天的事务。

即使是地域相距较近的人，也可能会发生时间方面的文化冲突。瑞士人非常守时、非常线性，意大利人看待时间就灵活得多。北美和墨西哥人的时间观念也截然不同。具体见表9-3。

表9-3 时间约定

|  | 线性、死板 | 灵活、可变 |
| --- | --- | --- |
| 例子 | 日本、德国、北美 | 意大利、墨西哥、中东 |
| 截止时间 | 严格精确 | 仅供参考 |
| 重点 | 时间 | 关系 |
| 优先级 | 严格按照时间走 | 先结束手上的事 |
| 顺序 | 一次只做一件事 | 多任务同时进行 |

在大多数文化中，时间和等级制度密切相关。印度人的时间安排是相当灵活的：只要级别最高的领导到了，会议就开始；如果一个官员觉得自己很疲惫，他可能会让对方等上几个小时才见面。但是，即便在印度，如果总理约你下午三点见面，你最好还是在下午三点准时出现。对方越重要，守时就越重要，这在哪儿都一样。不要让美国总统等着你发送特急信息。即使是不看重时间的文化也知道，如果飞机要在 7:25 起飞，那么它到点了就会飞。在时间上灵活的文化可以根据需要来安排时间，如果他们觉得你的时间可以接受，那么他们就会灵活处理。

时间观念也会因为行业和时代的不同而不同。制造业的工程师和广告业的创意策划师对很多事情都会有截然不同的看法，对于时间也是如此。工程师重视组织纪律，喜欢按照逻辑顺序来处理事情。创意策划师则更加灵活机动，善于随机应变。在双方各自的环境下，他们的时间观念都是没问题的。但如果把他们放到一起，就会产生误解。

随着科学技术的发展，不同时代的人也有不同的时间观念。在手机出现以前，你无法告诉对方你会迟到，所以就必须守时。既然科技可以让对方知道我们会迟到，那我们让对方知道就行了。科技给了我们迟到的能力，但是没有给我们迟到的权利。奇怪的是，有一种技术可以让人们守时：预定好的 Skype 通话往往会在预定的时间准时开始。

全球团队在时间观念上遇到的挑战是显而易见的，毕竟一个团队里面会同时存在时间观念强的人和时间观念灵活的人。前者会准时出现在团队会议上，而如果后者让前者等个老半天，前者就会非常生气。后者也无法理解到底哪里有问题，也会因为对方的敌意而感到十分委屈。

如果全球团队觉得时间宝贵，那么对最大限度地减少等待的时间和浪费的时间达成一致是很有意义的。但重要的是，整个团队必须达成一致的时间规则，并且照着执行。

> **时间的节奏**
>
> 罗伯特·莱文研究了不同文化中的时间节奏。他发现不同生活节奏之间的差异十分巨大。在经济比较繁荣，气候也比较凉爽的环境下，人们的步行速度更快。步行速度最快的国家分布于欧洲和北美，如英国、德国、荷兰和美国。
>
> 在经济比较落后，气候也比较温暖的国家，人们的步行速度更慢，这些国家包括墨西哥、肯尼亚、巴西和印度尼西亚。研究还发现，人们在大城市的市中心会加快脚步，在农村则会走得慢些。在城市，人与人之间的社交互动少一些，大家的关注点在手头的任务上。
>
> 莱文虽然揭示了步行速度与繁荣程度有关，但是并没有说明其中的因果关系（如果有关系的话）。如果我们加快脚步，薪水会增加吗？公司的效益会增加吗？全球团队会取得更多成就吗？

## 时间范围：着眼长期还是短期

时间的关注点会因为文化和等级的不同而不同。一般来说，初级员工争分夺秒：他们愁的是今天以及这周的工作。中级管理者也会为了今天的工作而操心,但还会为本季度和本年度的工作而操心。这两种情况关注的就像时钟的秒针和分针。高级管理者会关注今天的工作,也会关注今年的工作,但还会为接下来的几年做计划——他们关注的是秒针、分针和时针。

如表 9-4 所示,不同的文化会关注不同的时间范围,而这些文化同国家和行业有关。

表 9-4 不同文化关注的时间范围

|  | 短期 | 长期 |
| --- | --- | --- |
| 国家 | 盎格鲁地区:美国、英国 | 日本、中国 |
| 行业 | 金融服务业、零售业 | 石油业、航空业、制药业 |

如表 9-5 所示,不同的时间范围会影响个人的行事方式、团队的合作方式以及公司的运转方式。

表 9-5 不同的时间范围对比

|  | 短期 | 长期 |
| --- | --- | --- |
| 结果的关注点 | 季度收入 | 竞争力和战略地位 |
| 产生的变化 | 可衡量的结果 | 未来的基石 |
| 决策方式 | 快速决策 | 反复衡量 |
| 员工评估 | 过去的表现 | 发展潜力 |

我们将依次讨论上述差异。

### 结果的关注点:季度收入还是竞争力和战略定位

美国以没完没了的季度收入报告而闻名于世,或者说臭名昭著。各种金融频道的主持人全天候地审视这些报告。类似地,英国对于"短期主义"的这个问题至少讨论了四十年,一般来说,短期主义遭受的都是负面评价。人们认为，短期主义发展观与持有长期主义发展观的公司格格不入。这样一来，管理者就有压力了，他们要满足这些短期指标才行。很多时候，在做得到的情况下，他们会篡改这些指标。短期主义的坏处可能被放大了。像石油业、航空业、制药业和电信业（沃达丰）这样的行业属于英国的支柱产业，它们都需要巨额投资，而巨额投资需要经过相当长的一段时间才能获得回报。长期主义和短期主义不一定是对立的。

相比之下，日本则着眼于长远发展。竞争力和战略地位这两个概念都以长远的视角考量企业如何成功发展。而对这些思想的最初的研究也是以正在颠覆西方工业的日本公司为重点对象。这绝非巧合。日本人有着长期性、革命性战略，佳能和施乐、小松公司和卡特彼勒以及本田的发动机都是典型的例子。

长期或短期主义发展观都会改变一个企业的管理方式，还会改变团队的合作方式和项目的推进方式，我们将在后文进行说明。

### 产生的变化：可衡量的结果还是未来的基石

在盎格鲁地区，项目变更通常是引人注目的大事。项目重组、重新设计、合并和收购都会在短时间内带来巨大的变化。这与看重季度收入的观点一致，即要快速获得成果。这也适用于大多数绩效管理系统。每一个人，尤其是首席执行官，都想告诉大家自己正在发光发热。

日本的做法则不一样："开后门，关前门。"日本企业不会每隔四年就进行大规模的结构重组、裁掉20%的员工，日本人喜欢慢慢来。每年提高5%的生产率，他们就可以通过不雇用新员工（关前门）和自然流失（开后门）的方式在四年内裁掉 20% 的员工。这种方式不会太冲击，反而更像是一种集体的努力，不过这样的话就没有那么多的英雄出现了。

实际上，这种方式可能会产生颠覆性的效果。松下是一家行业领先的消费电子公司，旗下拥有像莱美（Lumix）相机系列这样的强大品牌。但是，松下决定利用自己的消费基因，转型成 B2B 商业模式。松下不是直接为零售客户服务的，而是在核心电子产品领域发展尖端技术，并将其出售给其他公司，从而间接地为它们服务。B2C 到 B2B 是一个巨大的转变。最终，松下有超过 75% 的业务属于 B2B 业务。它们让不太引人注目的项目长期朝着一个方向发展，从而实现变革。

短期型文化想要的是即时的满足和即时的结果。长期型文化倾向于慢慢地实现变革，但产生的也是同等巨大的变化。用微软创始人比尔·盖茨的话来说就是："我们总是高估未来两年会发生的变化，而低估未来十年会发生的变化。不要让自己无所作为。"好好干，着眼长远就会带来巨大的改变。

> 我们总是高估未来两年会发生的变化，而低估未来十年会发生的变化。

### 决策方式

短期型文化注重快速决策，理由是时间就是金钱，推迟决策不仅要花钱，还会显得这样的管理不仅看着没什么用，还优柔寡断。好的决策是可以付诸实践的。如果发生了一些事，需要重新考虑这个决策，没问题，赶紧想办法，然后继续前进。

长期型文化愿意花更多的时间来决策。在这种文化下，人们希望探索每一种可能性，找到事情的最优解，而不是仅适用于当下的解决方案。他们也希望整个团队能够达成共识，而这通常也意味着决策的速度会慢得多，但实践起来会快得多。

这两种方式都有不妥之处，在一个团队里混用两种方法也会造成混乱。短期主义者会对长期主义者曲折冗长的决策方式心生沮丧，长期主义者会对短期主义者的草率感到大为震惊，还会觉得他们漠视公平。

团队可以决定行事方式，但重要的是大家要理解其中的差异，并做出明确的选择。

### 员工评估

我们发现，年度评估这东西已经声名狼藉了，通用电气、埃森哲和德勤等大型企业都已抛弃了它。不过，即使短期型文化和长期型文化观念截然相反，反馈也仍然是可以有的。

短期型文化希望看到可测量的结果，希望某项成绩和某位员工对应。高绩效文化应该是这样的：有清晰的结果、清晰的责任和清晰的截止日期。这对于西方企业来说非常重要。

长期型文化则不这么看。如果公司和团队想要实现深刻的变革，就像松下从 B2C 转型成 B2B 一样，那就需要大家长期的共同努力。培养变革所需的能力需要公司、团队和员工花上很长的时间。在这个世界上，并不是只有上个季度的绩效和成果才是重要指标。同样重要的指标还有公司、团队和员工是如何成长的，即他们所发展的技能、流程、能力和结构是否能够引领他们走向未来。短期型文化着眼于眼前，既回顾过去，又展望未来。长期型文化比短期型文化看得更加长远。

每个团队成员都需要知道，评估的标准是什么：

- 过去三个月的个人表现是衡量标准吗？
- 对团队的贡献以及个人发展是衡量标准吗？

这两种不同的评估方式会产生截然不同的作为。第一种方式关注短期成绩，个人主义很强；第二种方式关注团队合作，关注学习和成长。

从理想的角度上讲，全球团队能实现所有这些目标：优异的个人业绩、优秀的短期业绩、良好的团队合作以及共同的学习和成长。但实际上，团队不得不选择自己被评估的方式。

## 会议：注重过程与注重结果

"开会是破坏其他部门议程的绝佳机会。"一位法国内阁部长幸灾乐祸地表示。听到这番话时，我意识到，开会就像吃糖果。糖果有各种形状且大小不一，会议可以服务于各种各样的功能。全球团队成员容易感到会议太多，不仅降低了效率，而且会议过程也不佳：

- "开会没什么不好，大家都没意见，但是我发现我一天到晚都在开会。"
- "我开了一整天的会，不为别的，就为了知道正在发生什么事，然后再把它转告我的团队。"
- "让大家好好工作吧，不要总是开会，这只会徒增负担罢了。"

- "需要的是沟通,而不是开会。"
- "我开过一些没有明确目的的会。大家面对面开这样的会已经很糟糕了,而比这更糟糕的是远程开这样的会。"
- "有很多会议都没有领导者组织,大家只是在闲聊。"

造成这个问题的很大一部分原因在于,团队成员根本都不知道开这个会是为了什么,而这会造成巨大的文化隔阂。

在日耳曼地区和盎格鲁地区,能够得出一定结论的会议就是有效的会议。这个结论可以是决策,也可以是责任分配、项目规划和进度审核:"需要定期召开例会,需要明确地落实结果。"

这种注重结果的文化与其他注重过程的文化形成鲜明的对比。在日本,决策不是通过会议制定的,而是在会议外制定的。他们开会要么是为了在公开场合确认私下达成的共识,要么是为了收集信息以支持后续决策:

- "我们当然也开会,但是我们之后会喝点小酒,然后相互了解,促进信任。"
- "真正的决策者从不开会。"

这些不同的想法会给全球团队制造问题。如果团队成员期望通过开会来得出结论和制定决策,那么他们就会因为会议缺乏清晰的目的而感到苦恼。他们无法理解决策的过程,会怀疑自己是不是被孤立了,从而感到十分沮丧。他们会觉得开会是在浪费时间,工作积极性也随之下降。

相比之下,如果会议要公开决策,那么注重过程的团队成员就会害怕开会。他们会觉得没有机会去私下表达自己的真实想法，还会觉得自己是没有经过正式程序就被迫做出决定的，从而对决策过程和决策结果都失去信心。

私下决策和公开决策这两种方式都行得通，但是放在一起就行不通了。就像许多文化方面的挑战一样，透明度至关重要。团队需要知道，大家对于会议的看法不同，然后团队需要决定会议的目的和决策的方式。

## 法律：不近人情还是注重人情

世界各地的法律都是非常不同的。如果商务人员违反了当地的行事规则，就会造成轰动。举个例子，欧洲和亚洲对法律的看法就截然不同：亚洲人一般会在"法"的基础上兼顾"理"和"情"。

每一种文化都会对其他文化中法律体系的缺陷做批判。文化智能在于了解和理解事物，而不是对事物指手画脚。全球团队可以从亚洲人对法律的态度中学到很多东西，因为它更能反映企业内部的决策逻辑和正义逻辑。

从理论上来说，政府和企业所做的决策都是公正、独立、客观的。换句话说，它们的决策方式和欧洲法官、美国法官的方式一样。但是事实并非如此。公司并非理性决策，它们做决策的时候会考虑到情感因素、政治因素、人际关系和信任程度。就连政府和公务员也是这样决策的。大多数欧洲政府依然保持着中世纪的那一套运转方式。每个政府都会有一个庞大的公务员队伍，为决策过程和采购过程制定规则和程序。如果你是个普通官员，但得到了关键官员的支持，那么你就会发现所有的程序都会顺利进行。

## 真的是理性决策吗

这是个周五，时间也不早了，唐宁街10号打来电话。一位公务员表示，首相将于周一发表演讲，宣布"为英国而教"这一项目将会进一步扩大规模。我们委婉地向公务员解释，我们这个项目叫作"以教为先"，而不是"为英国而教"。我们又不那么委婉地解释，首相无权宣布我们的项目要扩大规模，因为我们是一个独立的慈善机构，我们没有资金扩大规模。

这位公务员变得不讲道理了起来。没有人可以对首相说"不"，除非他们想对自己的职业生涯说"再见"。如果首相想发表演讲，那他就能发表演讲。气氛也越发紧张了起来。首相对我们这一项目有着不可撼动的力量。

周末快结束的时候，首相发表了演讲，宣布政府将在接下来的几年拨款支持这一项目，一下子所有的采购规则、要上交给部长的文件和呈件以及所有的制约条件都消失了。首相仍然把我们的项目称作"为英国而教"——总不能什么便宜都让我们给占了吧。

如果你获得了老板的支持，所有的机制都会为了你而倾其所能。

许多公司和政府是一样的——决策方式还是中世纪的那一套。它们会用复杂的决策流程和相关协议作为包装，而这些协议实际上也只是为了最高领导者的想法服务的，到头来还是他们想怎么决策就怎么决策。首席

> 许多公司和政府是一样的——决策方式还是中世纪的那一套。

执行官就是皇帝，高管们就是丞相。作为一介小官，你必须摸清门路，想办法得到丞相乃至皇帝的支持。对全球团队来说，这是一个巨大的挑战。全球团队离权力中心很远，接近权力中心的渠道也十分有限，也不知道权力中心都有些什么风声。全球团队需要有一个有地位的官员来为他们说话，而帮助全球团队要能够让他有所得。运气好的时候，靠善意就能得到帮助，但是在运气不好的时候，需要有比善意更靠得住的东西来帮忙。

晋升和正义也讲人情。就算是在经营有道的公司，也很难对不同部门的员工做比较，因此部门领导者的游说能力和底下员工的发展紧密相连。全球团队的努力和表现是很难被看见的，更不用说团队成员的个人表现了。和决策的道理一样，全球团队的背后也要有一个强有力的支持者来支持团队和团队成员才行。

法律带来的教训很简单，即不要把你的未来完全托付给既定的公司制度。公司制度看起来可能和西方的法律一样不近人情、客观公正，然而实际上却和其他文化的法律一样，高层领导者也是根据自己的情感和立场来决策的。这也意味着，每个全球团队都需要一个来自总部的支持者，这个支持者要有能力影响决策、影响晋升、影响预算。

## 结论

在全球团队，文化是误解、矛盾产生的重大根源。全球团队中的文化问题可以通过以下三种方法来解决：

- 培养文化智能，而不只是文化知识。

- 理解并解决文化差异。
- 创建共同的团队文化。

## 培养文化智能,而不只是文化知识

人类学家可以将理解文化作为毕生事业。它与创建文化知识有关。你是没有时间也没有能力去深入地创建文化知识的,你也没办法对可能接触到的所有文化都有所理解。文化智能和文化知识是不一样的。培养文化智能需要建立这样的观念:

- 想办法理解,而不是指手画脚。
- 对新的想法和新的工作方式持开放的态度。
- 快速适应不同的情况。
- 尊重差异,正视差异。

伙伴制是快速地培养文化智能、了解文化的一种简单方法。每当你要接触一种新的文化,就找一个小伙伴引导你,为你解释当地的游戏规则。举个例子,如果你知道一些国家的红灯只是作为引导,没有法律效力,这个知识也许会救你一命。小伙伴并不一定是当地人,有时候外国人反而更能看见其中的差异。小伙伴可以帮助你了解当地文化,而你则需要用自己的文化智能来适应当地文化。你得秉持这样的文化观念,尽可能地去适应各种文化差异,而不是与之对抗。

## 理解并解决文化差异

文化差异真实存在,是不可抹杀的。这没什么大惊小怪的,提前预防文化方面的误解总比事后再去消除误解更好。防患于未然总是更好的。团队开始一个项目的时候，总是会先开一个启动会议，针对谁、什么时候、在哪里、做什么、为什么这么做等基本问题达成一致。启动会议对于全球团队而言的意义更加重要。任务和角色分散在五湖四海，其中的模糊性和不确定性会更大。而且，因为团队成员无法见面，所以在接下来的几周里，进行非正式调整的机会要少得多。但是，全球团队往往非常不擅长开这种启动会议，时间、成本和物流都会导致大家错过这至关重要的第一步。但是请你千万别错过！

在启动会议上，要明确好大家的文化习惯和工作方式。这里有两个简单的办法可以帮助你：

- 复习一下本章列出的20种文化差异。对于每一种差异，团队都可以予以认可和理解，并接受不同的工作方式，没有人需要改变。或者，团队也可以达成一种共同的工作方式——当两种工作方式相互冲突的时候，这就十分有必要了。
- 针对每个种族来一场文化欣赏的练习。大多数人都容易关注负面的刻板印象，这样就容易导致团队分裂。让团队欣赏各种文化，关注其积极的一面，想想不同的文化给全球团队的发展分别带来了什么益处。接着你可能就会问，各个文化可以怎么表现、可以如何通过不同的方式来帮助团队合作得更好。

## 创建共同的团队文化

一个团队要实现有效合作，就要有团队凝聚力，要有共同的目标、共同的价值观、共同的工作方式，这样才可以取得成功。差异很重要,但找到那些能够团结团队的因素更重要:"有时候,我们的眼中只有差异,没有共同点。"作为团队领导者,你必须建立起超越国家的共同文化。你不能把自己的文化强加给别人,但是你可以找到大家共同的价值观和共同的信念来团结团队。共同的价值观可能很简单,比如大家都一致追求卓越,大家也一致同意不要对人大喊大叫。

莱尔德的人力资源主管卡洛琳·柯尼格很好地解释了建立共同文化的重要性:"工作时的文化习惯和你自己在家时是不一样的。你是你,但是如果在莱尔德,你就得明白怎么做才是对的。公司的文化胜过当地文化。如果让当地的文化习惯凌驾在公司价值观之上,那只会赔了夫人又折兵,而且两边还会打架。如果真这么做了,团队就会像是来自 50 个国家的 50 个公司一样。"

创建共同文化的过程如同一场探索之旅。在旅程开始之时,所有的团队成员会朝着"诚实正直"这样的高尚品质去努力,但这个词对于不同的人来说可能有着不同的意义。

> 创建共同文化的过程如同一场探索之旅。

诚实正直的意思是,问题出现了,或者老板犯错误了,你要直言不讳吗?还是应该保持沉默,给老板留个面子?不同的文化会有不同的答案。你得确信,不管团队成员有着什么样的文化背景,大家对此问题的答案都必须是一样的:"团队不能以看一个国家的眼光来看世界。"

把每一次小的文化冲突当作团队学习并就工作方式达成一致的机会。不用告诉团队成员如何做,让他们自己寻找适合他们的解决方案。

# 第 10 章

# 结构：组织的协调与冲突

全球团队会面临组织的协调和冲突问题。任何一种组织在促进某个方面的协调的同时，都会在其他方面造成冲突。全球团队面对的典型冲突是总部和地方分部之间的冲突。这种冲突可以从以下五个方面来看：

- 相互尊重：文化智能。
- 信任员工。
- 理解客户。
- 设立目标。
- 制定决策。

本章的第一部分将探讨每种冲突的情形，并提供一些有关减少冲突的建议，需要说明的是，这些冲突并不能彻底消除。

本章的第二部分将探讨适用于全球公司的结构性选择。结构性选择能促进全球公司在一些方面的协调，但也会加剧在另一些方面的冲突。全球公司对此别无他法，只能明确冲突发生在哪些方面以及它们是如何发生的。

## 总部和分部之间的冲突

总部和分部之间的关系总是那么紧张，将来也是这样。大家一般都会觉得，总部的人都是游手好闲、工资过高的"文件下发机器"，对于周围的情况一无所知。与此同时，总部的人也对分部的员工心存怀疑，觉得他们在想方设法地和总部精心策划的方案过不去。

这是一个重大的结构性挑战：总部和分部之间总是存在隔阂。这一挑战体现在文化差异、信任的建立、客户需求的理解和响应、目标的设立以及决策的制定上。

对于全球团队，结构性挑战最为严峻。全球团队经常需要在总部和分部之间沟通。全球团队不认为自己隶属总部，因为自己可能被排除在外；全球团队也不觉得自己属于分部，因为自己着手的是全球议程。

以下探讨的是各种结构性挑战。

**相互尊重：文化智能**

如果结构分隔线两边的各机构（总部和分部）之间能相互尊重、相互信任，那么结构性挑战就会很快消失。但如果彼此之间做不到相互尊重，那么这个分隔线很快就会变成鸿沟。所有的文化和所有的总部都觉得自己是宇宙中心，相信自己优于一切。多数总部都有这样一个通病：如果公司在本国的声望越高，那它对其他地区的偏见就越大。在本国取得的成功可能会成为通往全球化道路的一个魔咒。一些总部能意识到这个问题，而另一些总部和它们的文化却意识不到。这一问题涉及文化和公司两个方面：

> 如果结构分隔线两边的各机构（总部和分部）之间能相互尊重、相互信任，那么结构性挑战就会很快消失。

- "一些日本公司，尤其是那些在日本国内市场做得成功的公司，会到处推广其母国模式，而且不做任何改变。我称之为成功的毒药。有些外派人员就只是总部的一个传话筒。总部根本不懂市场需求，还要求他们推销那些同母国一模一样的产品和服务，这让他们很郁闷，感觉领导者在压迫自己'omaega kite yare'（让你做，你就做）。"
- "总部的做法很傲慢。它们觉得，如果这种方式在这里行得通，那么在那里也会行得通。转变这种想法是关键。我们必须要明察秋毫，每个市场对产品、设计和团队合作的需求都不一样。"
- "我在为一家美国公司工作，公司充满了无知的人，他们只想控制一切，显示自己清楚在日本是怎么做事的。"
- "我们日本人是很讲条理的，但是有很多员工依然保持着他们国家的风格。他们不了解国外的方式，只觉得自己的方式是最好的。"
- "我们的东京分部有 99% 都是日本人。大家都受过良好教育。我们公司是个大公司，加盟进来很不容易。但是几乎没有员工会说多国语言，也没有什么和外国人打交道的经验。他们觉得，世界会主动接近他们，自己没必要向世界靠拢。"

总部和分部之间存在的组织隔阂可以通过相互尊重和相互信任来弥合。但是要做到这样，就需要具备文化智能和全球视野的人来帮忙。如果总部都是那些来自母国的优秀人才，其事业都是在母国打拼出来的，那么隔阂是不会弥合的——用日本零售公司迅销的总裁柳井正的话来说，这属于"表面的全球化"。

传统的总部思维认为，"总部最懂""我们国家的文化最棒"，这种想法必须改变才行：

"有很多日本人觉得自己的国家独一无二、天下第一。去书店逛一圈，就会发现很多书都在称赞日本。这让我反感，我希望让日本企业的总部学会全球思维，明白这是一个总部设在日本的外国公司。"

改变文化不能通过开研讨会和会议来完成，尽管它们能起到微小的作用。如果一家公司希望做到真正意义上的全球化，就需要有真正意义上的全球领导者。也就是说，公司要制定正确的人才政策，要在全球范围内物色、聘用和培养优秀人才。要保证那些来自母国的潜力股拥有足够的全球经验，并且不为优秀的外来人才的发展设限。

如果总部和全球团队具有全球视野，那么组织隔阂弥合起来就会容易得多。

## 信任员工

信任问题会加剧尊重问题。只有总部和分部相互信任，它们才能良好互动。正如 Harris & Hoole 的理查德·哈珀姆所说:"你得相信总部会支持你的工作。如果你在总部工作,也一样得相信分部会支持你的工作。"问题在于,双方的信任往往极度缺乏,他们都不能完全相信对方:

"总部的人会觉得分部的人都已经入乡随俗了,而分部的人觉得总部的人并不理解自己。"

信任问题具有不对称性。大家不信任对方的原因是不一样的。分部认为总部不理解自己,不顾自己的需求和利益。总部对分部没有信心,觉得分部的人的工作能力不如自己:

"我们吸引的人才中,要么是希望鹤立鸡群的人,要么是希望改变生活方式的人。但真正出类拔萃的人希望做人上人,我们很难能吸引得到这种人。"

回到信任等式,我们会发现,在大多数全球公司中,总部和分部之间都不可避免地不信任彼此。

$$t = \frac{i \times c}{s \times r}$$

信任是与感情($i$)和信誉($c$)正相关的。在总部,通过创建共同的价值观、共同的日程和共同的经历,彼此之间很容易就能亲密起来。在总部,大家经常见面,有很多机会可以相互了解,相互磨合。谁比较可靠,谁在忙什么,都肉眼可见,于是信誉就建立起来了。总部和分部之间彼此看不见,所以也无法建立信任。

信任是不可能靠规章制度强制建立起来的。这种结构性挑战可以通过人来解决。公司需要一批能在全球团队和总部之间斡旋的全球高管，这些全球高管就是连接总部和分部之间的重要桥梁。

在全球化的早期阶段，全球精英都来自同一个国家。这还挺有道理的——如果想把国内业务扩展到全球，就得靠本国员工来实现。这就是柳井正在上文提到的"表面的全球化"。要实现真正意义上的全球化，得靠来自世界各地的全球精英。比起国内人才库，全球人才库里可供挑选的人才更多。

> 信任是不可能靠规章制度强制建立起来的。

> 要实现真正意义上的全球化，得靠来自世界各地的全球精英。

## 理解客户

著名的间谍小说作家约翰·勒卡雷在《锅匠，裁缝，士兵，间谍》一书中写道："在办公室看世界是很危险的。"一些高管明白这个道理。卡特彼勒的首席执行官兼董事长道格·奥伯黑尔曼把这句话贴到了他的豪华办公室的入口处。

虽然坐在办公桌前可以阅读一切报告，但是这并不代表你了解市场，也不代表你能听见客户的声音。《金融时报》的首席执行官约翰·里丁对此做了这样的概述：

"从产品到客户，然后反过来，从客户到产品，你都得了解得明明白白。从管理到客户，再从客户到管理，你也要了解得清清楚楚。但是结构的矩阵破坏了各部门之间的关联，无论你怎么破解，还是会有隔阂。"

如果管理层和市场部门之间有隔阂，那么管理层和全球团队之间也会有隔阂。总部管理层可能是山顶视角，看到的是宏伟蓝图，无法理解山谷里杂乱无章的日常。总部管理层关注的是实现全球融合，而分部关注的是响应本土需求。这就需要全球团队来消除这种犹如山顶与山谷之差的结构性隔阂。全球团队承担的这项任务并不是什么好办的差事，既要实现全球融合，又要响应本土需求，这很难做到。戈沙尔和巴特利特的研究表明，整个公司层面都需要在全球融合和响应本土需求之间做权衡，而全球团队经常被要求每天都要做这种权衡。

> 全球团队承担的这项任务并不是什么好办的差事，既要实现全球融合，又要响应本土需求，这很难做到。

坐在办公桌后思考全球融合和响应本土需求，似乎是一个很有趣的战略性、智力性和组织性问题。全球团队面对的是客户，而不是办公桌，对他们来说，这是一种经营困境。总部想要以标准价格推出标准产品之时就是冲突的开始。非标准产品比较复杂，也会增加成本。非标准定价会给跨境购买产品的客户制造价格套利的机会。换言之，非标准定价至少需要面对产品降价，给公司制造压力。与此同时，本土团队面临着客户方面的压力，他们得要满足顾客的产品需求。他们也要面对价格竞争的压力。全球视角和本土视角会相互冲突。

因为全球团队的本土需求经常得不到理解和满足，所以他们常常为此深感气愤和不满。但结果仍然是这样，他们要以不合适的价格销售不合适的商品。对此，他们表达了强烈的气愤：

- "那些对其他国家一无所知的人根本不懂。他们不了解别国的文化，也不了解不同的客户有不同需求。他们首先要做的事是了解差异。全球化不是装出来的。我们之前在日本有一个团队，他们努力想做好所有的产品和服务，但是没有成功。原因是他们不了解外国市场的需求。"

- "美国总部认为，分部什么都得向它们请示，殊不知本土市场可以做得比母国市场还好。总部的人并不了解各本土市场的细微差别。于是总部和本土市场之间的鸿沟越来越大。"
- "问题在于，日本有3000个客户，而我们只有60个客户。所以日本在需求上赢过了我们。在市场竞争中，我们总是落后的。"
- "过去凡事都要站在美国的角度，非美国人觉得自己被轻视、被排斥。曾经有一个关于电视市场趋势的演讲，但是美国当时是一个非常独特的电视市场——它们没有公共服务广播，但是有很多有线电视。"
- "你会在日本酿葡萄酒，然后出口到法国吗？日本应该出口清酒才对。总部希望我们销售和它们一样的产品，但是这些产品并不能满足我们的需求。"

看待客户的角度各不相同，也不全面，这在所难免。虽然没有完美的方案，但是减轻痛苦还是可以做到的：

- 明确地选择一个优先角度。你希望培养行业经验丰富的专家或本土经验丰富的专家，还是希望把国内业务成功地推广到国外？一旦做出选择，就可以从产业群或地域的角度来组织团队，或在总部建立出口部门或者特许经营部门。显然，任何选择都无法让每一个人都满意，但是它会让团队成员明确目标，从而让他们也能做明智的决定。
- 人才调动。如果你希望就客户话题获得颇有见地的交谈，那你就得找那些跟全世界客户打过交道的人，仅靠干巴巴的报告是不够的。
- 聆听客户的声音。邀请客户参加年度异地会议；了解社交媒体上的舆情；即便高管不再扮演传统意义上的面向客户的角色，也要要求他们会见客户。

> 聆听客户的声音。

## 设立目标

全球团队面临的最大挑战是目标模糊。总部和分部对此持截然不同的看法，全球团队必须弥合两者之间的差异。对于公司高层，目标十分清晰，即实现利润目标、销售目标和市场份额目标。对于公司基层，目标也十分清晰：每个销售人员都知道自己需要完成什么样的目标。而对于介于两者之间的所有中层管理者，目标却是模糊的。这是因为，矩阵中的各方会向中层管理者施加各种压力，让他们实现各种相互冲突的目标。模糊性还来源于距离的间隔、种种误解以及众多利益相关者等因素。

组织架构会加剧目标的模糊性和加深误解，原因有二。其一，在目标以及目标设立背景的沟通过程中，距离的间隔和复杂的组织架构会让沟通变得愈加困难。其二，全球团队不仅要为公司内部多个利益相关者服务，同时还要为公司外部的多个利益相关者服务，而这是不可避免的。

由于间隔距离远，关于目标及其设立的背景的沟通会变得更加困难：

- "目标不明确。人们想的和说的不一样。我不知道我们的全球目标是什么。"
- "目标是由董事会设立的，设立好了之后再通过部门分派给我们。目标可能是明确的，但是如果你对目标的背景一无所知的话，这事儿就没有意义了。"
- "如果每个人都在千里之外，那么就更容易产生误解，也更容易偏离轨道。不过，即使大家在同一个屋檐下，也可能出现麻烦。"

同时为组织内部和外部多个利益相关者提供服务会降低目标的清晰度：

- "这个问题和建立明确的目标和共同的价值观有关。大多数人的想法都是满足直接客户，即他们的经销商，但是这样的话，就可能无法让最终消费者满意。我们必须把注意力放在最终消费者身上。但如果直接客户不开心了，你就永远不可能接触到最终消费者。所以真的需要好好权衡我们的目标。"
- "明确目标是一种逃避现状的托词。这是因为，全球团队的目标永远做不到像本土团队的目标那样明确，全球团队成员的责任和职能也永远不可能清晰。他们不得不接受存在矛盾性和不确定性的状况：因为凡事都不能简单化，所以团队成员需要秉持共同的价值观，以便事情处理的结果是正确的。别假装是小事，从而一切简单了事。"

在关于目标的章节已经提到过,明确目标一直是全球团队需要面对的挑战。追求目标明确是无可厚非,但团队需要降低那些本不可避免的不确定性,这要求团队做到以下几点:

- 不仅要了解目标,还要了解背景,这样才能做出正确的权衡。
- 对目标及其设立的背景要达成共识,甚至要在模糊性和需要权衡的问题上达成共识。
- 树立共同的价值观,以促进团队相互信任,做出正确的权衡。

### 制定决策

如果你在总部工作,你就能知道决策是如何制定出来的,也就会找合适的机会去影响决策。你能见到决策制定者及其影响者,能了解这些人的日程,并且能得到小道消息。全球团队成员则处在非常不利的境地,他们不得不为了了解与决策相关的情况而煞费苦心。正如一位阅历丰富的全球高管所言:

"必须和总部拉近距离。我确信,我见过所有向老板汇报工作的人,我让他们给我提建议并给予我工作上的支持,希望他们帮我事先在老板面前说好话。我每年至少去纽约两次,每逢有重大决策的时候我都会去。对总部里那些爱说闲话和制造麻烦的人,你不得不应付他们。那些在总部身居要职却爱搬弄是非的人是潜在的危险分子。因此你得拉拢总部的一些人,让他们来向你透露消息。"

由于组织结构存在地理上的分隔,这意味着必须抓住一切机会在全球团队和总部之间建立关系:"总部来人的话,我们就会请他们吃饭。这样做有重要的意义,不仅仅是为了尽地主之谊,也是工作所需。"

在讨论系统和流程的章节里,我们介绍了全球团队在决策方面面临的挑战。这里需要注意的一点是,任何结构的总部和分部之间都存在鸿沟,这是不可避免的。相比分部的人,总部的人影响决策会更加轻而易举。

> 任何结构在决策的时候都会有偏向。

任何结构在决策的时候都会有偏向:

- 重地缘的结构倾向于培养本国巨头,他们会对自己的地盘严防死守。
- 重职能的结构容易产生筒仓效应,这会放慢决策制定的速度。
- 重行业或客户的结构倾向于培养行业专才,但这会造成本土知识和本土适应性的缺失。
- 矩阵式结构有利于达成各方的平衡,但复杂的结构会导致各利益相关方钩心斗角。

经验丰富的高管明白,公司的旋转木马会不停旋转,因为矩阵不可避免地会这样或那样倾斜,公司的重心会从行业转移到职能再到地区,然后又回到行业。结构重组不是为了追求结构完善,完善的结构是不存在的。相反,结构重组是为了寻求平衡,通过拔除根深蒂固的权力者而实现强行的变革。结构关乎权力控制,而结构重组就是争夺控制权的战争,即新官上任后取得控制权的好办法。

从高层的角度来说,改变公司结构的各项决策具有政治意义,它们可以让财务体系和竞争体系都更加合理。结构重组对全球团队的影响，就和马后炮差不多。不过，对于全球团队来说，每一次结构重组都可能是生死攸关的事情。全球团队远程费尽心力培养的信任关系和影响力纽带，可能因此一下子变得毫不相干，这是很致命的问题。因为一些重大决定或者优先事项，都是等结构重组完了之后才制定的。全球团队会发现，在最需要影响力的时刻，自己的影响力却降到了最低谷。

## 全球化公司真正的崛起

全球化的性质一直在变。过去，全球化是一个强大的枢纽，其影响力可以辐射到世界各地。这种中心辐射的模式让母国公司占据主导地位，即公司的业务可能扩展到了全球，但是这些业务仍然保持着母国的所有特征。公司的发展足迹也许遍布全球，但就其结构运作体系和管控方式而言，都仍然保持着母国特色。

> 全球化的性质一直在变。

这种中心辐射模式至少表现为以下四种形态：

- 贸易商。如英国东印度公司和荷兰东印度公司，其业务遍及全球，但这些业务很大程度上都仍然是其母国公司的衍生品。
- 出口商。以繁荣时期的日本为例，起初，日本的海外业务没有那么多，其产品依赖日本国内集中生产，实现质量经济和规模经济。日本开始运营海外业务的时候，这些业务都是由外派人士主导的。这样做促进了沟通和信任的建立，但重在确保公司的日本化，而非全球化。
- 投资组合经理。如20世纪七八十年代的美国国际电话电报公司和汉森，它们在全世界收购了大量的企业组合投资。收购的目的不是整合，而是学习财务方式和管理方式，以获得更好的回报。这些方式在全世界的企业都是共通的，而且反映了本土公司的具体实践。如果把每个国家和每家公司看作独立的实体，那么私募股权公司就是过去企业集团思想的继承者。
- 国际化。以20世纪的宝洁为例，这种企业面向全球，拥有全球品牌管理体系。它们的重点不是整合全球运营和全球品牌，而是复制母国（对宝洁而言是美国）成功模式，并推广到国际。

### 国际化和全球化：复制还是整合

人们常常会认为国际化和全球化是一回事，但并非如此。国际公司注重的是在世界各地复制母国模式，全球公司注重的是对世界各地的业务进行整合和协调。这是公司运作方式上的差异，既微妙又重要。所以，值得用宝洁的例子进行说明。

1930年，宝洁收购了总部位于英国纽卡斯尔的托马斯·赫德利公司，这是宝洁首次涉足海外。对宝洁来说，这也算是回了个家。宝洁的创始人是英国的威廉·普罗克特和爱尔兰的詹姆斯·甘布尔。此后托马斯·赫德利继续经营原有业务和自有品牌，直到1962年才更名为宝洁。这种方式和投资组合有点像，它为宝洁提供了重要的学习机会。

沃尔特·林格尔于 1945 年成为宝洁的内部运营经理。他观察着托马斯·赫德利的经营方式，意识到不同的国家有不同的需求和不同的传统，以相同的方式在世界各地销售相同的产品是行不通的。相反，他认为"在其他国家取得成功的最佳方式，就是在每个国家建立美国宝洁公司的精确复制品"。

林格尔把宝洁辛辛那提总部的模式复制到世界各地，创造了许多迷你宝洁公司。这些分部一直复制着美国的管理模式，宝洁甚至用这种方式来总结其业务扩展的过程。这种复制型的方式不允许进行高度的全球整合。每个国家都可以开发自己的品牌，比如英国就继续经营其原有品牌，这些品牌包括 Fairy Liquid、Fairy Toilet Soap 和 Flash。而 Flash 在法国叫作 Mr Propre，在德国叫作 Meister Proper，在墨西哥叫作 Maestro Limpio，在西班牙叫作 Don Limpio。也就是说，这一方面并没有搞什么全球性的整合和调整。

国际化是将商业模式复制到相对独立的国家单位里。

相比之下，全球化就是整合不同国家的品牌和其管理方式、运营方式。这就是宝洁过去 30 年走过的路。宝洁从日内瓦开始，其品牌建设、运营方式和生产制造一点点地整合至整个欧洲。宝洁的日内瓦分部拥有 3000 名员工，他们来自 68 个国家，负责 120 多个国家和地区的业务。

全球整合和全球协调的需求一直在不断上升。有六大因素推动了这一需求：

- 全球客户。
- 全球规模。
- 全球需求和全球喜好。
- 全球市场。
- 全球传播。
- 全球供应链。

这六个因素是相互促进的，每个因素都很重要。

## 全球客户

全球公司需要全球支持。在过去，律师事务所、会计师事务所和咨询公司这样的专业服务公司是按地区组织起来的。渐渐地，这类公司开始按照跨国行业集团的方式组织起来，以打造扎实的专业团队，为全球客户提供服务。富士通 EMEIA 及美洲地区负责人邓肯·泰特解释了客户的"完美逻辑"是如何驱动企业走向全球的：

"我们之前是若干自治实体的集合体，但因为我们的客户是全球性的，所以现在已经朝着更加全球化的方向转变了。我们正在构建全球统一的流程和交付细则。客户说：'你们为什么不早这么做？我们想要的就是这种。'"

## 全球规模

对某些行业来说，最小的有效规模就是全球化。在研发成本和其他初始成本非常高的情况下，实现收支平衡的唯一方法就是在全球范围内销售。高德纳（Gartner）估计，到 2020 年，半导体工厂若要建立行业领先的有效规模,就需要花费 150 亿～200 亿美元的成本,对某些行业来说,20 年后成本就会翻 6 倍。这些成本只能通过在全球范围内销售来收回。同样地,开发新型空客 A350 的成本估计为 150 亿美元,这也需要通过在全球范围内销售才能实现收支平衡。

> 对某些行业来说,最小的有效规模就是全球化。

## 全球需求和全球喜好

在过去,市场区间很大程度上是基于社会经济的背景在各国内部细分的。但是,如今市场细分的方式也在变化。营销人员发现,世界各地都存在相似的市场细分方式,而且并不是按照社会经济背景来细分的。妈妈们都希望宝宝开心,而宝宝感到身上干爽才会开心,于是帮宝适就是可以满足全球需求的全球性解决方案;时尚是身份象征,于是 LVMH 和其他奢侈品品牌就为那些希望成为全球精英的人提供了身份证明。品牌识别可以做到影响力和全球化。苹果在其粉丝和其他人之间划清了界限,这一界限也是全球性的。

## 全球市场

1960 年,美国的名义国内生产总值(GDP)大于其后十个经济体国家的名义 GDP 的总和。2020 年,美国的经济规模仍然很大,但只有其后十个经济体国家总和的一半。以前,如果一个公司能在美国出人头地,那么它就能在全世界出人头地,因为其不仅拥有令人羡慕的经济规模,还占据了大部分的既有市场。如今,还没有一个市场能成为全球垄断市场。要想取得全球性的成功,需要全球化的运营方式和思维模式。所谓需求和喜好超越国界，意思是公司必须顺应全球客户的需求和喜好，才能占据全球市场。

## 全球传播

显而易见，社交媒体是全球性的。互联网有超过 30 亿的用户，社交媒体有超过 25 亿的用户，Facebook 有超过 15 亿的用户。传统媒体也在走向全球化。《每日邮报》是拥有中等市场份额的英国小报。经过六年的测试，《每日邮报》于 2009 年推出了线上报纸，报道硬新闻（也称重要新闻）和名人八卦。

ComScore 的数据指出，《每日邮报》的包月订阅用户超过 2 亿，在三年内成为世界上最受欢迎的网络报纸。

全球传播会产生三种效果：

- 可以更轻松地通过全球媒体传播一致的全球信息。
- 不容易传播不一致的消息。
- 促进供应链的协调和整合。

国家媒体正在被跨越国界的网络媒体颠覆。有了全球媒体，就很难为不同的国家或地区提供不一致的信息。举个例子，肖恩·康纳利代言了日本三得利出品的威士忌，但是他不太希望苏格兰人知道。他是一个苏格兰人并且强烈地热爱着苏格兰，而支持日本的威士忌似乎表明他不是那么热爱苏格兰。不过，他代言日本威士忌是 1992 年的事情，那时候社交媒体还没出现，所以他与日本品牌的这个关系不算广为人知。有了社交媒体，就没有这种好事了。如今，肖恩·康纳利为三得利的各种代言广告正在 YouTube 这样的社交媒体上广泛传播。

## 全球供应链

46% 的美国进口以及 70% 的美国从日本进口发生在与进出口贸易有关联的公司之间。如果一家全球公司创建了全球供应链，并将部分产品离岸，贸易就会发生。全球贸易的增长很大程度上得益于全球公司的贸易往来，而非本土公司间的贸易往来。发达经济体之间的贸易尤其如此。全球供应链在全球范围内具备较低的成本优势和不同的技能组合优势。这是竞争优势所在，任何竞争者都无法忽视这一点，为了保持竞争力，整个贸易行业必须实行全球化。

## 全球公司的结构性选择

全球化推动公司在系统、流程、文化和结构方面进行紧密的整合。但是世界仍然是不同质的，仍然存在着大量的离心力。这就意味着公司要因地制宜。就算一个公司再全球化，也得在一定程度上妥协于当地的条件。

举个例子，麦当劳在全球范围内拥有超过 36 000 家分店。它似乎是保持全球一致性的典范：进了麦当劳，你就知道里面有什么。麦当劳的服务、质量、管理和理念都可能是一致的。但是，即使是麦当劳也得根据当地口味改良菜单：

- 菲律宾：麦意面。
- 印度：鸡肉巨无霸、素食麦乐鸡。
- 加拿大：麦龙虾汉堡。

- 日本：照烧猪肉堡、奶酪汉堡。
- 法国：热香蕉饮料。

同样地，可口可乐公司在全世界售卖的产品并不是一模一样的。日本可口可乐公司不断创新，新产品上市快，退市也快。仅在 2016 年 3 月，日本可口可乐公司就推出了五款新产品：矿泉水、绿茶、维生素饮料和两种咖啡。日本可口可乐公司旗下拥有 190 多个品牌，其中可口可乐这个核心品牌所创造的收入占总收入的三分之一还不到。这些产品脱胎换骨，和最原始的"可口可乐"大相径庭。维持公司的纽带向来不是公司旗下的品牌，而是公司本身。换而言之，可口可乐公司同时采取两种运营模式，从公司的全球资讯、全球定位和全球方案上看，品牌毫无疑问是全球性的。但是，可口可乐公司同时也是一家国际化的公司，这点和林格尔管理宝洁的方式类似，其优势在于将其管理系统和实践复制到全球。可口可乐公司一边进行整合，一边实现差异化；一边全球化，一边国际化。

全球化的力量会把企业同时朝两个方向拉扯。其中一股力量推动企业整合和全球化，另一股力量则推动施行差异化和响应本土需求。这就是国际公司采取的多元本土化的做法。

关于全球公司的结构，戈沙尔和巴特利特合写的 *Managing across Borders* 是一本经典著作。书中提出，跨国管理的主要挑战是，在整合需求和响应本土差异化需求之间达成平衡。对于像可口可乐公司和麦当劳这样的全球公司，无法二者择其一，而是必须兼而有之。全球团队就

> 整合需求还是响应本土差异化需求，无法二者择其一，而是必须兼而有之。

处在对这两者做平衡的前锋位置。

实际上，整合和差异化贯穿于整个价值链。这就意味着，一些公司可以实现全球范围内的运营，但其总部很强大，本土化程度或差异化程度很低。可口可乐公司和麦当劳看见了全球营销的重要性，也看见了适应当地的重要性。沙特基础工业公司（SABIC）则相反，SABIC 是石化行业的巨头，钢产量巨大，年收入超过 500 亿美元。SABIC 在刚开始运营的时候，只在沙特阿拉伯设有生产设备。其运营方向不是适应当地市场，而是研究如何才能最有效地为全球市场提供服务。SABIC 不仅要平衡各区域的供应情况，还要平衡长期客户和短期的现货市场之间的需求。这指向的是一种集中且全球性的运营方式。其价值链的其余部分也高度集中，几乎不需要适应本土需求，如图 10-1 所示。

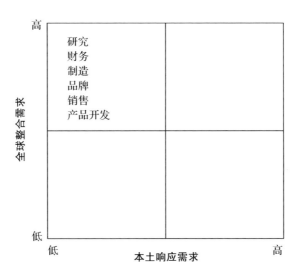

图 10-1　SABIC 价值链中的整合需求和响应需求是一致的

SABIC 不仅具备全球性的规模，还具有全球影响力。公司的每个职能团队都背负着全球性使命，大家都可以在总部办公。SABIC 早期的运营模式就是全球性的，但是因为他们都在一个地方办公，所以没有遇到全球团队会遇到的任何问题。

相反，宝洁代表着另一类业务较复杂的公司。这类公司的一部分价值链必须本土化，一部分价值链不得不全球化。具体如下：

- 销售业务本质上是面向本土的，其销售对象主要是全国国内连锁店，或者购买对象也按国家区分（但有一些明显的例外，比如沃尔玛旗下的阿斯达）。
- 品牌建设发生了转变。如上所述，以往的公司在不同的国家有不同的解决方案（见图 10-2 中标（1）的地方），而如今的公司成了更加一体化的全球品牌集团，只是不同的地区有不同的管理方式（见图 10-2 中标（2）的地方）。
- 基础研究需要全球各方的共同努力，宝洁就试图在公司内外都采取最优配置。宝洁的"联发"项目是一项开放式创新计划，借鉴了众包和共同创业。
- 产品开发还是要面向本土，至少在一定程度上要面向本土，要适应不同类型的环境、法律法规和消费者的习惯。
- 财务管理和信息技术体系本质上是全球性的。如果不同国家的公司都采用不同的财务体系和不同的控制手段，那么混乱就会接踵而至。在某种程度上，它也是全球化的。一个公司的核心业务可以外包到世界各地，以实现成本最小化。
- 制造业也变得越来越一体化。与 SABIC 不同，宝洁永远不会倾尽母国公司之力服务于他国的市场，但是规模经济会推动跨国公司的整合。

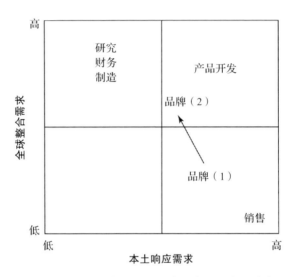

图 10-2　宝洁洗涤剂价值链中的整合需求和响应需求各不相同

宝洁公司的价值链结构，需要一个既能实现整合又能响应当地市场的全球团队。这类型的公司不想在整合需求和响应本土差异化需求之间做权衡，它们想要鱼和熊掌兼得。这是全球团队必须面对的挑战。

## 结论

所有的组织结构都是折中的产物，试图寻找完美的解决方案，到头来只会白费力气，因为世界上没有完美的解决方案，而且世界是在不断变化的，这意味着，即便是最优方案，它也会不断变化。

在不完美的世界里，想让组织结构和全球团队进行良好的合作，就要注意以下四点：

- 选择合适的结构。
- 倾听客户的声音。
- 解决冲突。
- 进行人才投资和文化投资。

## 选择合适的结构

别老忧心忡忡地想找到完美的结构。你要想着去找到能体现工作重心——行业、客户、地区或者职能的结构。良好的结构重组不仅仅会带来结构的改变，还会产生以下三个方面影响：

- 向每个团队明确传达新的工作重心和优先事项信息。
- 挑战权贵和利益集团，进而改变现状。
- 让每个团队成员拥有新的期望和心理契约。

换句话说，重组既关乎过程，也关乎结果。重组得好，就可以让团队和成员获得一次充电、重新调整的好机会。重组得不好，团队就会产生恐惧、怀疑和不确定性，失去士气和动力。

## 倾听客户的声音

公司的结构越复杂，就越听不见客户的声音。团队会就与自己息息相关的内部事务相互争论，而不把注意力放在市场上。要想

> 公司的结构越复杂，就越听不见客户的声音。

解决这个问题，就要确保整个公司都能听见且尊重客户的声音。在正常情况下，如果在组织结构和优先事项上有问题，那么倾听客户的声音可以驱散公司内部的思想迷雾。

## 解决冲突

组织就是为了解决冲突而建立的。因为公司各部门都会有各自的想法和优先事项，所以分歧和冲突在所难免。优先事项和预算的制定需要经过建设性冲突。公司总部和分部之间一直会存在冲突，谁也不信任谁。

> 组织就是为了解决冲突而建立的。

设立目标和制定决策的时候也是双方冲突最剧烈的时候，分部的想法经常受到总部的排斥和忽视。如果总部在设立目标和制定决策的时候没有考虑分部的想法，那么分部就很容易产生抵触情绪，士气也会下降。有一种解决方案是，让大家都觉得目标设立和决策制定的过程是公平的。但是，非正式流程很容易跳过正式流程。在非正式流程中，个人的人脉和关系会导致大家在私底下就把决策给制定了。鉴于这一现实情况，公司必须让全球团队参与到这些台面下的关系中去。最好的办法就是在总部和分部实行轮岗，确保每个全球团队领导者都必须与总部的人建立关系。

## 进行人才投资和文化投资

成功的全球公司会努力创造富有凝聚力的文化，这种文化可以超越国籍、地域和职能范围。其目标是让公司上下团结一心，而不是形成相互竞争的"军阀帮派"。

给公司带来凝聚力的人是了解"全球性"含义的人。真正了解全球性的办法只有一个，那就是去全球各地工作。公司必须投资全球人才库，并在总部和分部之间开展人才调动。人才调动必须是双向的，仅仅从总部向地方分部外派人员是远远不够的，优秀人才还需要从地方派送到总部。这样做不仅有助于培养凝聚力和全球性思维，还能有效地吸引和留住全球人才。

Global
Teams

How the Best Teams
Achieve High Performance

第 4 部分

# 迎接全球挑战：引领、信任与支持

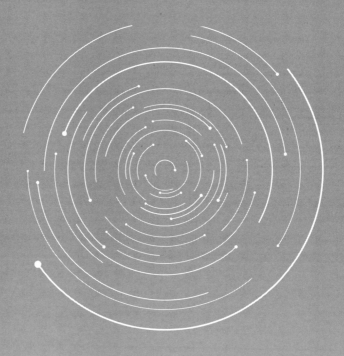

# 第11章

# 结　　论

在开始写这本书之前，我不太清楚全球团队是否面临着挑战。初看上去，似乎所有的全球团队都有相同的需求，都需要明确的目标、明确的角色分工和明确的流程，以及相互信任且沟通良好的高效能团队。而最大的问题是："全球团队真有不同之处吗？"

答案是显而易见的：全球团队与本土团队有根本的区别。同样显而易见的是，全球团队是推动公司全球化、促进全球公司发展的润滑剂。

> 全球团队和本土团队有根本的区别。

关于全球公司结构问题的研究有很多，研究的重点是如何在全球和本土之间做权衡。如果你要为一家全球公司做结构设计，那么全球和本土之间的权衡问题就是一个有趣的智力挑战。如果你在全球团队工作，那么全球和本土之间的权衡不仅是个有趣的挑战，也是每天都要面对的实际问题，即必须平衡好全球需求和本土需求。而就算是最灵活的组织结构设计方案，也无法帮你解决这个棘手的问题。

探讨国与国之间文化差异的书也已经数不胜数，再出类似的书委实没有必要。在日本运作全球团队，你面临的挑战可远远不止学习如何交换名片那样简单。管理全球团队和管理本土团队有截然不同之处。

## 全球团队有何不同之处

全球团队与本土团队的不同之处是显而易见的，在距离、时区、文化和语言等方面都存在差异。这些差异导致的后果不容小觑。

### 距离导致的不可见问题

如果你无法和团队里的其他同事见面，团队合作就会出问题：

- 如果你无法和其他同事见面，你怎么知道他们是在努力奋斗还是在偷懒懈怠？
- 面对一大堆工作，你不知道他们要如何应对，这种时候你应该如何有效地给他们安排工作？
- 如果你看不见其他同事的工作过程，要怎么指导他们、管理他们？
- 如果你看不见其他同事的肢体语言，要怎么判断你们是否进行了有效的沟通，要怎么判断他们是不是真的同意你的想法？
- 如果其他同事没有参与到办公室的闲聊之中，他们要如何掌握情况，了解决策背景？

- 如果你看不见同事，不了解他们的需求和愿望，要怎么在千里之外影响他们和决策？

你看着数以百万的人为了通勤在公共交通上挤来挤去，陷入拥堵的交通，自然会问："明明科学技术让我们可以远程办公，却要花这么多的时间和成本让大家在同一个屋檐下工作。这样做的意义何在？"但是，等你不再和大家在一起办公，就知道一起办公的好处了。如果大家在一起办公，就会不断地交流，也会经常在非正式的情况下进行相互调整。这样一来，就可以最大限度地减少误解。如果大家不在一个地点办公，这些非正式的沟通、指导、决策、工作分配和员工管理就行不通了。一切都得更加结构化和系统化才行。

即使团队只是分散在一个城市的不同区域，也会面临距离上的挑战。而时区、文化和语言的差异更会加剧这一挑战。

## 时区差异导致的信任问题

时区上的差异会加剧距离方面的问题。因为大家的在线时间不一致，所以彼此之间很难沟通。时区差异也会导致基本的信任问题。如果大家在不同的时区工作，你就必须得相信他们在没有你的情况下也会正确决策和正确行动。在管理控制之下，他们不至于在没有领导的情况下擅自决策，但是仍可能做出愚蠢的决策。信任问题为全球团队带来了一系列的挑战：

- 我要如何寻找并留住那些即使我不在场也一样好好工作的优秀人才？
- 公司要如何管理人才发展体系和晋升体系，以吸引全球的顶尖人才？还是说，公司应该通过外派信得过的母国人士来领导世界各地的团队？
- 对于无法实时监控的团队，任务可以下放到什么程度？
- 需要建立什么样的流程和系统，才可以替代非正式的信任？

## 文化：需要培养文化知识还是文化智能

人类学家可能要花一生的时间才能了解一种文化。团队和团队领导者需要做的事情就更多了。在短短几周的时间里，他们不仅要观察多种文化背景的人的行事方式，还要学会和多种文化背景的人一起共事。人类学家可以把文化研究透，这是一个团队无法企及的。相反，团队必须培养优秀的文化智能。文化智能的关键不在于详细了解其他文化，而在于快速了解和快速适应不同的工作方式和思维方式。拥有文化智能的团队不会在工作方式上钻牛角尖，"要么走我的路，要么就别走"的做法只会让团队产生冲突，走进死胡同。

本书定义了跨国工作中会出现的 20 种主要文化差异。实际上，如果到一个新的文化背景下工作，是会出现数百种主要差异和次要差异的，这些差异可能带来惊奇、喜悦或者烦恼。与其把全部的差异总结出来，不如详细说说这些差异对于管理全球团队的影响：

- 如何在团队内培养文化智能？
- 既然文化噪声会让沟通出现误差，产生误解，那么如何避免文化噪声？或者说，如何将文化噪声降到最低？
- 如何在公司内建立文化凝聚力？你是想将本国文化输出到世界各地，还是想创造不分国界的全球性文化？这对招聘方式、培训方式、人才发展体系和晋升体系有什么影响？
- 出现问题的时候，要如何才能分辨出它是一个无关文化的实质性问题？

## 语言：需要共同的语言、共同的价值观

在研究之初，我认为语言问题会是一个大问题。我算是想对了一半。会使用同一种语言（通常是英语）进行交流，被视作在全球团队工作的前提。但仅就语言的使用这一点，就马上出现了一些挑战性问题：

- 如果有的人说着一口流利地道的英语，而有的人因为英语是自己的第二语言甚至第三语言，只会使用简单直接的表达，那么大家如何进行良好的沟通？这两种人要如何适应对方的语言需求？
- 如果全球团队说英语，而负责制定所有决策的总部却不说英语，要如何弥合两者之间的差异？
- 和预算、资源、晋升以及战略有关的决策属于关键决策，如果关键决策是由说另一种语言的人制定的，你们之间要如何建立信任？
- 对总部乃至整个公司来说，语言能力和文化智能对招聘和晋升的影响有多大？公司应该使用双语开展工作吗？

结果证明，语言挑战主要与文化有关。全球团队希望使用共同的语言，这其实是指他们希望整个团队拥有共同的价值观。这就给公司和团队带来了问题：

- 如何在团队中创建没有国界之分的共同的价值观？
- 所有的成员都需要具备什么样的核心价值观？
- 技能和价值观在多大程度上影响团队招募？
- 如果一个人很优秀且拥有良好的价值观，但是缺乏你想要的全球思维，你会拿这个人怎么办？

> 全球团队希望使用共同的语言，这其实是指他们希望整个团队拥有共同的价值观。

## 不断涌现的全球运作方案

如何让全球团队运转已经不是什么新鲜的问题了。多年以来，无数公司都在寻找有效的全球运作方案。有研究表明，相关的方案在不断涌现出来。本书的目的就在于汇集那些来之不易的经验之谈。虽然新的运作方案仍然在不断地涌现，但也没有什么通用的"三步走"套路可以套用。很不幸，这种想法不合那些畅销的管理类图书的套路，即为复杂的问题提供简单的解决方案。一般说来，这类解决方案和美国西部的庸医推销的神药一样管用。

根据大多数畅销书指明的"三步走"套路，全球团队要遵循以下三点：

- 团队领导者：需要提高准入门槛，改变游戏方式。
- 团队：需要建立信任，保持沟通。
- 公司：需要创造有利于成功的环境。

"三步走"套路归纳如下。

## 团队领导者：需要提高准入门槛，改变游戏方式

经过一番研究，一个成功的团队领导者的形象就明朗起来。要想在全球环境下取得成功，团队领导者需要具备三个品质：

- 具备很高的传统技能和专业技能。在全球的环境下，距离、时区、语言和文化上的差异会将你和团队分隔开来，所以员工激励、绩效管理、沟通、指导和任务委派都会变得更加困难。在本土团队，大家一起办公，任何误解都能马上解决，从而使问题马上解决。全球团队就没有这样的安全保障体系。全球团队任何时候都得快速正确地领会对方的意思才行。这是一个很难跨越的障碍。

- 具备在全球背景下进行管理的特殊技能。在全球团队，你得远程影响决策，远程影响利益相关者和团队成员。你无法直接掌控自己的命运，也就意味着影响力的艺术就变得更为重要。对团队来说，影响力不体现在命令和控制上，而是体现在建立信任和做出承诺上。对于关键的利益相关者来说，扩大影响力意味着建立联盟、调整日程和在千里之外说服他人。影响力的艺术，对于本土团队领导者只是锦上添花的东西，但对于全球团队领导者却是至关重要的东西。

- 具备独特的思维。本土团队领导者掌握着一套屡试不爽的成功管理模式。除非环境发生变化，不然改变这种管理模式是很不明智的。而全球环境会改变一切，适用于本土团队的那

套成功模式所能起到的作用是有限的。成功的全球团队领导者必须高度适应不同的工作方式，要善于倾听、善于学习，还要具备很高的文化智能。有人称之为"成长思维"。在全球团队，一成不变地坚持自己的方式是很危险的。

要求具备这些技能和思维未免太苛刻。好消息是，未来所有的领导者都需要拥有这样的技能。未来的全球团队需要的不是现在固有的颐指气使型领导者，而是能够处理模糊性、不确定性以及众多变化的领导者，领导者要能领导与自己不一样的人。因此，如果你想成为一名成功的领导者，领导全球团队是提升自我、培养技能的一个很好的途径。

> 如果你想成为一名成功的领导者，领导全球团队是提升自我、培养技能的一个很好的途径。

## 团队：需要建立信任，保持沟通

不管是本土团队还是全球团队，信任和沟通都是很重要的。但是，对于全球团队来说，做好建立信任和保持沟通的工作要困难得多，也重要得多。信任和沟通是全球团队成员最为重视的两个重要因素。

信任至关重要，其原因在于你得相信在不同时区工作的员工能做出正确的决策。你得放权给他们，这需要信任。没有人愿意跟不信任自己的人共事。团队领导者要放权给团队成员，那就得信任他们。团队成员也得相信他们的领导者会对他们的利益报以关切，不会让他们失望。建立这种信任关系的人，彼此相距遥远，也不曾相见,他们拥有各自不同的文化,他们的工作方式也不一样。因此,相比于本土团队,信任问题对全球团队的挑战更大。

建立信任的方法可以通过信任等式来看($t$ 表示信任):

$$t = \frac{i \times c}{s \times r}$$

建立信任的第一步是建立感情($i$),即让团队发现共同的价值观、共同的需求和共同的利益。全球团队的多次报告表明,组织面对面会议的意义巨大。虽然在组织会议上需要投入时间和财力,但这样做也会带来丰厚的回报。在全球团队成立初期组织面对面的会议的性价比最高。在这个时期组织会议,可以让团队成员相互磨合,快速进入工作状态。这种会议明面上可以说是在做培训或者做计划,其最大的好处在于在整个团队建立信任。一旦在团队建立起信任,沟通起来也就容易得多。

建立信任的第二步是建立信誉($c$)。信誉源于说到做到。也就是说,把丑话说在前头,早早说清楚你的期望是什么,什么是可以实现的,什么是不能实现的。在强调等级制度和恭敬顺从的社会中,人们会避免说这些"丑话",于是沟通问题就出现了。

通过在团队中创建无私的文化也有助于建立信任。自我倾向或自私程度($s$)会破坏信任,破坏团队合作。你还得管理风险($r$),而风险总是与个人有关。即便是像反馈这样的小事,也可能造成意外风险。在强调等级的文化中,团队成员永远不可能对领导者说逆耳忠言。一定要清楚你想要的是什么,根据情况相应地进行风险管理。

在全球团队,信任和沟通是相辅相成的。高度的信任会促进大家开诚布公地沟通,而开诚布公地沟通也会避免误解,从而建立信任。对于沟通方式的优先顺序，全球团队有一致的看法：

- 面对面的交流。
- 远程面对面的交流：包括通过 Skype、Facetime、Hangouts 这样的视频软件交流。
- 电话交流。
- 开放式沟通平台的交流：Slack、WhatsApp、谷歌文档、Trello。
- 邮件交流。

团队会更喜欢形态丰富的沟通方式。这样一来，他们不仅可以听到对方说的话，还可以通过视觉和听觉感受到对方说话的语境、说话的方式和对方的感受。视觉和听觉上的暗示是沟通的重要内容。电子邮件或多或少地曾遭到大家的诟病，"回复给所有人"的功能太过分，收发邮件都会留下证据。随着时间的积累，这种方式就会让彼此产生误解，失去信任。

所有的团队都一样，嘴上抱怨时间都花在沟通上了，却不做任何实际的努力来改变这种情况。对于沟通需求特别高的全球团队，这尤其是一大挑战。沟通做得好的团队，会建立一个清晰且可预测的沟通节奏，团队成员也就知道应该在什么时候以什么样的方式沟通什么内容。在同一个地点办公的团队可以依靠非正式的对话和临时的对话来沟通，而全球团队则需要建立多种形态结构的沟通方式，以达到沟通效果。

## 公司：需要创造有利于成功的环境

全球公司面临的核心挑战是，保持公司在全球范围内的凝聚力。

这包括创建共同的文化和共同的价值观，协调市场准入方式，综合利用全球资源，分享共同的系统和共同的流程，其中包括IT系统、绩效管理方式、人才管理政策和沟通方式等。

所有的公司必须选择要如何实现凝聚力。大致上看，公司有两种可以成功实现凝聚力的模式，即复制模式或整合模式。两种模式都管用，但是效果不一样。

### 复制模式

复制模式是全球化的最初说法。所谓复制模式，就是在全球各地复制母国的成功模式。母公司提供的产品、服务或者商业模式只有十分过硬，才能够被复制到全球各地。一些具有全球影响力的产品和品牌，如Facebook、亚马逊、麦当劳、宝马、丰田和星巴克等，就没有多大的必要去适应当地市场。没有人会怀疑这些公司的母国模式，其管控权在哪也一目了然。这些公司的主导文化和控制权仍然根植于母国。

复制模式的主要表现形态就是把一种商业模式复制到全球各地。这也是宝洁最初的全球化模式。它们把自己的品牌管理模式复制到它们可触及的每一方土地上，虽然其经营的品牌会根据当地情况做调整，但其管理体制仍具有全球性。

如果坚持采用母国的文化和管理模式，那么维系公司文化也会相对容易一些。而这遇到的挑战往往和人才有关。在母国享有盛名的公司可以招到当地最为优秀的人才，但除非其享誉全球，否则也一样很难吸引到顶尖的全球人才。顶尖的全球人才并不会想在一个有着"国籍金字塔"的公司工作。由于他们的国籍处于第二等级，发展前途也因此会受到限制。许多顶级的日本企业都在为此纠结，它们可以吸引最优秀的日本人才，但在海外却不是很吃香。这些公司在世界各地都保持着一贯的日本文化特色，而其付出的代价是很难招募到最优秀的非日本籍人才。中国企业在走向全球的过程中可能也会遇到类似的情况，即公司带有强烈的中国特色，这让它们在中国国内很吃得开。

## 整合模式

整合模式和复制模式的主要区别在于，公司在世界各地保持母国特色的程度不同。整合型公司与母国至少处于半分离的状态。它们没有"国籍金字塔"，不会给本国人才开后门。这种公司的优势在于，可以招募到全球人才库中的顶尖人才。它们面临的挑战在于，在吸引不同文化背景的人才的同时，需要考虑如何达成团队的凝聚力。无一例外的解决办法就是创造一种不分国界的公司文化。这种文化通过选拔、培训和频繁的跨国聚会得以建立，沟通和评估体系也得以不断强化。这会传递给员工很简单的信号，即在你自家的地盘，随便你遵循什么文化都可以。但一旦涉及工作，你就得遵循统一的公司文化。

整合型公司和复制型公司对学习和创新有着不同的看法。复制型公司喜欢集中力量搞创新，苹果公司的大部分创新都来自加州的库比蒂诺。宝洁在这一方面则更像整合型公司，它们会在公司内部和公司外部四处寻找创新方案和解决方案。这两种方式都管用。

许多公司都在朝着整合型公司发展，好让自己可以吸引全球人才，并以最有效的方式在全球范围内进行组织管理和资源部署。不足为奇的是，走在整合道路前面的是那些严重依赖人才的公司。专业服务公司、提供金融服务的公司以及系统集成公司都要求以最低的成本雇用到最优的人才。IBM、麦肯锡、高盛以及其他一些公司都在慢慢地去美国化，走向全球化。

无论整合型公司还是复制型公司，都必须为全球团队的成功发展创造有利环境。你得"不停砍柴——做到这样是很让人头大，但要做到也并非难事"。对全球公司来说，最困难的挑战在于以下方面：

- 人才管理：你更重视国内人才库还是全球人才库？
- 文化创建：怎样创建不分国界、具有凝聚力的文化？
- 目标设立：怎样才能设立清晰的共同目标，并确保团队成员了解目标背景——不仅知其然，而且知其所以然？要培养团队成员的责任感并能做到成员间的相互理解，这对于快速采取正确行动至关重要。
- 决策制定：面对参差不齐的全球利益相关者与全球议题，如何确保流程的公正性和意愿的公平性？
- 沟通：怎样才是合适的沟通节奏，以确保能以合适的方式进行充分的沟通，并避免过度沟通？

即使在本土，创造利于成功的环境也是一个艰巨的任务。但是在本土环境下，至少大家的文化背景相似，工作方式也相似。就算有问题，也比较容易发现和解决。而在全球环境下，误解更容易产生，更难发现，也就更难解决。这样一来，创造利于成功的环境就会变得愈加重要，也会变得愈加困难，所以公司必须"不停砍柴"。

## 全球团队的未来

全球团队的作用只会变得越发重要。全球化的逻辑是不可撼动的。这意味着,公司哪怕寻遍天涯海角,也得找到最优秀的人才、最好的创意和最大的价值。通过全球团队在供应链、产品开发、销售、市场、服务、研究、创新、财务、信息技术、人力资源等各个部门的高效运作,这些公司的全球资源得以充分利用。

> 全球化的逻辑是不可撼动的。这意味着,公司哪怕寻遍天涯海角,也得找到最优秀的人才、最好的创意和最大的价值。

全球团队不是大型全球公司的专利。本书的研究表明,初创公司对全球化的重视程度在不断上升。一些最具创新的全球团队运作方式就来自规模不到20人的微型全球公司。

对公司来说,组建全球团队既是一个巨大的机遇,也是一个巨大的挑战。配备全球团队的公司,会有最优秀的人才、最好的创意和最大的价值。忽视这一机遇的公司则会被淘汰。

对个人来说,在全球团队工作是一个提升个人素质和工作能力的好机会。这也是一场自我发现之旅,旅途虽然充满艰险,却也十分有趣。无论你的全球之旅如何,都尽情享受吧。

# 术语表

在撰写本书的过程中,我尽可能避免使用行话和陈词滥调。研究表明,人们喜欢简单的文字和简单的表达。这也正是我的意图。毫无疑问,我偶尔还是会有失误,我要为此表示歉意。但是,在讨论全球团队的书里,必然会需要描述一些独特且复杂的概念。为了尽量减少误解,术语表摘选了本书中出现的一些关键词和短语,并结合其所在的上下文给予相应的注释。

大部分术语在书中出现时就已经做过注释。比如"受害者思维"和"责任思维",这两个术语已在书中做过注释,所以无须在这里再次注释。术语表还收录了在本书中出现频率较高的用语。

**盎格鲁**(以及**盎格鲁地区**),指具有某种共同文化特征的一些国家,包括美国、英国、澳大利亚、新西兰和加拿大等。虽然这些国家各自珍视自己的文化,彼此之间存在文化差异,但是从全球团队领导力的角度看,它们的文化非常相似。

**文化智能**,有别于文化知识。文化知识表示对另一种文化的认识,和人类学的概念有些类似。文化智能不是指对另一种文化的认识,而是指学习、磨合和适应不同文化以及不同环境条件的能力。

**本土团队**，指一个国家内的团队。

**情商**，这是一个通俗的术语，用于描述"个体识别自己和他人情绪的能力，辨别不同的情绪并赋之以恰当标签的能力，以及利用情绪化信息来指导思维和行为的能力"。

**公司**，泛指一切全球性组织，包括非政府组织和非营利组织（区别很大的情况除外）。在这种情况下，易读性优于精确性。

**全球性**，泛指团队跨国工作。有些研究涉及在10个国家（或地区）工作的团队，有些研究则着眼于仅在两个国家（或地区）工作且使用同一种语言的团队。这是区分距离、文化、语言和时区等变量的行之有效的方法，所有这样的团队都具有全球性。

**轮毂**，通常指一个团队的总部或大本营，它经常放在"轮毂与辐条"和"总部和分部"等语境下使用。

**智商**，通常指对人类智力的标准化衡量结果，人的平均智商是100。管理智商指的是在模糊的情况下进行判断和模式识别的能力，和传统意义上的智商概念不完全相关。

**思维**，这个词如今用得很多，而且经常被滥用。在本书中，它是"思维习惯"的简写，意在指思维习惯有可能会受到个人条件或文化背景的影响，而且通常是无意识的，这正是其可怕之处。

**非政府组织**，常指不受政府控制的慈善机构或其他非营利组织。

**政商**，即政治商数，是用来衡量领导者在其职权范围之外（组织内部及外部）的办事能力的非正式测量结果。政商的核心是影响他人的能力，这一点对全球团队至关重要。

**地区/地区的**，与"全球"意义相对的一个概念，欧洲、北美洲或南亚等都可以看作一个地区。

**辐条**，如果一个人在远离总部或远离母国（轮毂）的地方工作，就可以说他在辐条上工作。

**西方**，泛指包括北美地区和欧洲地区等在内的一系列地区，其采用的是西方商业惯例，范围比盎格鲁地区更广。

# 推荐阅读

## 底层逻辑：看清这个世界的底牌
作者：刘润 著　ISBN：978-7-111-69102-0
为你准备一整套思维框架，助你启动"开挂人生"

## 底层逻辑2：理解商业世界的本质
作者：刘润 著　ISBN：978-7-111-71299-2
带你升维思考，看透商业的本质

## 进化的力量
作者：刘润 著　ISBN：978-7-111-69870-8
提炼个人和企业发展的8个新机遇，帮助你疯狂进化！

## 进化的力量2：寻找不确定性中的确定性
作者：刘润 著　ISBN：978-7-111-72623-4
抵御寒气，把确定性传递给每一个人

## 进化的力量3
作者：刘润 著　ISBN：978-7-111-75081-9
有策略地行动，无止境地进化

# 推荐阅读

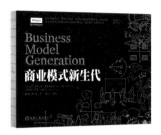

### 商业模式新生代（经典重译版）
作者：（瑞士）亚历山大·奥斯特瓦德 等
ISBN：978-7-111-54989-5 定价：89.00元
一本关于商业模式创新的、实用的、启发性的工具书

### 商业模式新生代（个人篇）
### 一张画布重塑你的职业生涯
作者：（美国）蒂莫西·克拉克 等
ISBN：978-7-111-38675-9 定价：89.00元
教你正确认识自我价值，并快速勾勒出超乎想象的人生规划

### 商业模式新生代（团队篇）
作者：（美）蒂莫西·克拉克 布鲁斯·黑普
ISBN：978-7-111-60133-3 定价：89.00元
认识组织，了解成员，
一本书助你成为"变我为我们"的实践者

### 价值主张设计
### 如何构建商业模式最重要的环节
作者：（瑞士）亚历山大·奥斯特瓦德 等
ISBN：978-7-111-51799-3 定价：89.00元
先懂价值主张，再设计商业模式。
聚焦核心，才能创造出最优秀的模式